CHRISTIANO **CASSETTARI**
COORDENADOR

JOÃO PEDRO **LAMANA PAIVA**
PÉRCIO BRASIL **ALVARES**
AUTORES

REGISTRO DE TÍTULOS E DOCUMENTOS

QUINTA EDIÇÃO

2021 © Editora Foco
Coordenador: Christiano Cassettari
Autores: João Pedro Lamana Paiva e Pércio Brasil Alvares
Diretor Acadêmico: Leonardo Pereira
Editor: Roberta Densa
Assistente Editorial: Paula Morishita
Revisora Sênior: Georgia Renata Dias
Capa Criação: Leonardo Hermano
Diagramação: Ladislau Lima
Impressão miolo e capa: GRAFNORTE

Dados Internacionais de Catalogação na Publicação (CIP) (Câmara Brasileira do Livro, SP, Brasil)

P149r   Paiva, João Pedro Lamana
          Registro de títulos e documentos / João Pedro Lamana Paiva, Pércio Brasil Alvares ; coordenado por Christiano Cassettari. - 5. ed. - Indaiatuba, SP : Editora Foco, 2021.

          180 p. ; 17cm x 24cm.

            Inclui índice e bibliografia.
            ISBN 978-65-5515-192-3

             1. Direito. 2. Direito civil. 3. Registro de títulos. I. Alvares, Pércio Brasil. II. Cassettari, Christiano. III. Título.

2020-3097   CDD 347   CDU 347

Elaborado por Vagner Rodolfo da Silva - CRB-8/9410
Índices para Catálogo Sistemático:
1. Direito civil 347   2. Direito civil 347

DIREITOS AUTORAIS: É proibida a reprodução parcial ou total desta publicação, por qualquer forma ou meio, sem a prévia autorização da Editora FOCO, com exceção do teor das questões de concursos públicos que, por serem atos oficiais, não são protegidas como Direitos Autorais, na forma do Artigo 8º, IV, da Lei 9.610/1998. Referida vedação se estende às características gráficas da obra e sua editoração. A punição para a violação dos Direitos Autorais é crime previsto no Artigo 184 do Código Penal e as sanções civis às violações dos Direitos Autorais estão previstas nos Artigos 101 a 110 da Lei 9.610/1998. Os comentários das questões são de responsabilidade dos autores.

NOTAS DA EDITORA:

Atualizações e erratas: A presente obra é vendida como está, atualizada até a data do seu fechamento, informação que consta na página II do livro. Havendo a publicação de legislação de suma relevância, a editora, de forma discricionária, se empenhará em disponibilizar atualização futura.

Erratas: A Editora se compromete a disponibilizar no site www.editorafoco.com.br, na seção Atualizações, eventuais erratas por razões de erros técnicos ou de conteúdo. Solicitamos, outrossim, que o leitor faça a gentileza de colaborar com a perfeição da obra, comunicando eventual erro encontrado por meio de mensagem para contato@editorafoco.com.br. O acesso será disponibilizado durante a vigência da edição da obra.

Impresso no Brasil (12.2020) – Data de Fechamento (12.2020)

2021
Todos os direitos reservados à
Editora Foco Jurídico Ltda.
Rua Nove de Julho, 1779 – Vila Areal
CEP 13333-070 – Indaiatuba – SP
E-mail: contato@editorafoco.com.br
www.editorafoco.com.br

> "Para que existe o registro a não ser para dar segurança aos direitos?"
>
> Afrânio de Carvalho

Ao Professor Christiano Cassettari,
nosso cordial agradecimento pelo honroso
convite para ajudarmos a construir essa importante
coleção dedicada a temas básicos
do Direito Registral brasileiro.

Os autores

Abreviaturas

AgR – Agravo Regimental

AI – Agravo de Instrumento

AIRR – Agravo de Instrumento em Recurso de Revista

CC – Código Civil (Lei n. 10.406/2002)

CCB – Cédula de Crédito Bancário

CCC – Cédula de Crédito Comercial

CCI – Cédula de Crédito Industrial

C.Cív. – Câmara Cível

CEJCJF – Centro de Estudos Judiciários do Conselho da Justiça Federal

CLT – Consolidação das Leis do Trabalho

CNJ – Conselho Nacional de Justiça

CNNRCGJRS – Consolidação Normativa Notarial e Registral da Corregedoria Geral de Justiça do Estado do Rio Grande do Sul

CNPJ – Cadastro Nacional de Pessoas Jurídicas do Ministério da Fazenda

CRV – Certificado de Registro de Veículo

CTPS – Carteira de Trabalho e Previdência Social

CVM – Comissão de Valores Mobiliários

Des. – Desembargador(a)

DJ – Diário da Justiça

DJe – Diário da Justiça eletrônico

DOE – Diário Oficial do Estado

DOU – Diário Oficial da União

FGTS – Fundo de Garantia do Tempo de Serviço

FIP – Fundo de Investimento em Participações

FIP-IE – Fundo de Investimento em Infraestrutura

FIP-PD&I – Fundo de investimento em produção econômica intensiva em pesquisa, desenvolvimento e inovação

IRTDPJBRASIL – Instituto de Registro de Títulos e Documentos e de Pessoas Jurídicas do Brasil

LRP – Lei dos Registros Públicos (Lei n. 6.015/73)

MI – Mandado de Injunção
Min. – Ministro(a)
NCC – Novo Código Civil (Código Civil de 2002)
PRONAF – Programa Nacional de Fortalecimento da Agricultura Familiar
R. – Região
RCPJ – Registro Civil de Pessoas Jurídicas
RE – Recurso Extraordinário
Rel. – Relator(a)
REsp – Recurso Especial
RO – Recurso Ordinário
RR – Recurso de Revista
RTD – Registro de Títulos e Documentos
STF – Supremo Tribunal Federal
STJ – Superior Tribunal de Justiça
T. – Turma
TD – Títulos e Documentos
TED – Títulos e Documentos
TJ – Tribunal de Justiça
TRT – Tribunal Regional do Trabalho
TST – Tribunal Superior do Trabalho

Sumário

APRESENTAÇÃO XIII

1. INTRODUÇÃO 1

2. NOÇÃO HISTÓRICA 3
   2.1 Introdução 3
   2.2 Noção histórica dos registros públicos no direito brasileiro 6
   2.3 Noção histórica do registro de títulos e documentos 7

3. PRINCÍPIOS REGISTRAIS APLICÁVEIS AO RTD 11
   3.1 Princípio da legalidade 11
   3.2 Princípio da fé pública 11
   3.3 Princípio da rogação 12
   3.4 Princípio da publicidade 12
   3.5 Princípio da qualificação 13
   3.6 Princípio da continuidade 13
   3.7 Princípio da concentração 13
   3.8 Princípio da eficácia predeterminada 14

4. CONCEITO, ORGANIZAÇÃO E ATRIBUIÇÕES DO RTD 15
   4.1 Conceito 15
   4.2 Organização 16
   4.3 Atribuições 17
   4.4 O advento do registro eletrônico 25
      4.4.1 As Centrais Eletrônicas de Registros Públicos no Brasil 25
      4.4.2 A Central de Registro de Títulos e Documentos e de Pessoas Jurídicas ... 26

5. PROCEDIMENTOS REGISTRAIS NO RTD 29
   5.1 Introdução 29
   5.2 Procedimento geral para registro 29

5.3	Exigibilidade da Certidão Negativa de Débitos Previdenciários	32
5.4	Espécies registráveis	33
	5.4.1 Introdução	33
	5.4.2 Glossário de espécies registráveis	34
	5.4.3 Importância do registro da carteira de trabalho	82
	5.4.4 Registro do "bolão" de loteria	82
5.5	Modelos de documentos utilizáveis no RTD	84
	5.5.1 Pedido de registro com finalidade de conservação	84
	5.5.2 Pedido de registro de documento relativo a imóvel, que não obteve ingresso no Registro de Imóveis	84
	5.5.3 Pedido de registro de termos de abertura e encerramento de livros	85
5.6	Qualificação registral no RTD	85
	5.6.1 Critérios básicos	85
	5.6.2 Penhor	86
	5.6.3 Atas de condomínio	87
	5.6.4 Documentos de procedência estrangeira	88
	5.6.5 Procurações	91
	5.6.6 Alienação fiduciária em garantia	92
	5.6.7 Letras de composições musicais	94
	5.6.8 Compromisso de constituição de consórcio	94
	5.6.9 Registro de sociedade em conta de participação	94
	5.6.10 Cédulas de crédito	95
	5.6.11 Compra e venda ou trespasse de estabelecimento	101
	5.6.12 Fomento mercantil, faturização ou *factoring*	101
	5.6.13 Constituição de Clubes de Investimento	102
	5.6.14 Constituição de Fundos de Investimento em Participações (FIP)	105

6. PRÁTICA REGISTRAL NO RTD		107
6.1	Os livros do RTD	107
	6.1.1 Da microfilmagem à atualidade do registro	108
	6.1.2 Livro de protocolo	111
	6.1.2.1 Apontamento dos documentos	112
	6.1.2.2 Encerramento diário	113
	6.1.2.3 Exemplo de apontamentos no protocolo	113
	6.1.3 Livro "B"	114
	6.1.3.1 Da realização do registro	114

		6.1.3.2	Do cancelamento do registro	115
		6.1.3.3	Exemplos de lançamentos de registro integral no Livro "B"	117
	6.1.4	Livro "C"	122
		6.1.4.1	Da realização do registro	122
		6.1.4.2	Exemplo de lançamento de registro resumido	123
		6.1.4.3	Desuso do registro resumido	123
	6.1.5	Livro "D"	124
		6.1.5.1	Exemplo de lançamento nas fichas do Livro "D"	124
6.2	Da exigência de reconhecimento de firmas	124
6.3	Da recusa do registro e da suscitação de dúvida	125
	6.3.1	Exemplo de notas devolutivas	128
6.4	Das notificações	129
	6.4.1	Vantagens da notificação extrajudicial	136
	6.4.2	Do procedimento da notificação	136
	6.4.3	Exemplos de notificações	136
		6.4.3.1	Constituição do devedor em mora na alienação fiduciária	136
		6.4.3.2	Constituição do devedor em mora na compra de imóvel a prestação	141
		6.4.3.3	Constituição em mora do devedor de financiamento do SFH	143
		6.4.3.4	Restituição dos bens em arrendamento mercantil (leasing)	144
		6.4.3.5	Revogação de procurações	147
		6.4.3.6	Cientificação de prazo para exercício de preferência pelo inquilino	148
		6.4.3.7	Envio de fatura de prestação de serviços	150
		6.4.3.8	Convocação de assembleias	152
		6.4.3.9	Exercício de preferência na aquisição de quotas sociais	154
6.5	Dos cancelamentos no RTD	155
6.6	Das certidões	156

REFERÊNCIAS 159

Apresentação

A Coleção Cartórios foi criada com o objetivo de permitir aos estudantes, tabeliães, registradores, escreventes, juízes, promotores e profissionais do Direito acesso a estudo completo, profundo, atual e didático de todas as matérias que compõem o Direito Notarial e Registral.

A obra sobre o Registro de Imóveis contém: a parte geral do registro imobiliário, os atos ordinários e os procedimentos especiais que tramitam no ofício imobiliário. No livro de Tabelionato de Notas trata da teoria geral do Direito Notarial e dos atos praticados neste cartório, como as escrituras, os reconhecimentos de firma e a autenticação dos documentos. Já o de Registro Civil divide-se em duas obras: um volume sobre o Registro Civil das Pessoas Naturais, que contém a parte geral do registro civil das pessoas naturais, o registro de nascimento, a habilitação e o registro de casamento, o óbito e o Livro "E"; já o outro volume se refere ao Registro Civil de Pessoas Jurídicas, que trata dos atos em que se registram as pessoas jurídicas que não são de competência das juntas comerciais estaduais.

Em Tabelionato de Protestos encontram-se todas as questões referentes ao protesto de títulos e documentos da dívida, estabelecidas nas leis extravagantes, dentre elas a de protesto. No livro sobre Registro de Títulos e Documentos, estão reunidas todas as atribuições desse importante cartório e, ainda, análises de outros pontos importantes para serem estudados.

Há, ainda, um volume dedicado a quem se prepara para a 2ª fase do Concurso de Cartório, contendo os modelos dos atos praticados em todas as especialidades, de maneira comentada.

A coleção terá um volume sobre Teoria Geral do Direito Notarial e Registral, que está sendo preparado, e que pretende abordar os aspectos da Lei dos Notários e Registradores (Lei n. 8.935/94).

Reconhecidos no cenário jurídico nacional, os autores possuem vasta experiência e vivência na área cartorial aliando teoria e prática, por isso esperamos que esta Coleção possa ser referência a todos que necessitam estudar os temas nela abordados. Preocupamo-nos em manter uma linguagem simples e acessível, para permitir a compreensão daqueles que nunca tiveram contato com esse ramo do Direito, reproduzindo todo o conteúdo exigido nos concursos públicos e cursos de especialização em Direito Notarial e Registral, além de exemplificar os assuntos sob a ótica das leis federais e com as posições dominantes das diversas Corregedorias-Gerais de Justiça dos Estados e dos Tribunais Superiores.

Minhas homenagens aos autores dos livros desta Coleção, que se empenharam ao máximo para que seus livros trouxessem o que de mais novo e importante existe no Direito Notarial e Registral, pela dedicação na divulgação da Coleção em suas aulas, palestras, sites, mídias sociais, blogues, jornais e diversas entidades que congregam, o que permitiu que ela se tornasse um sucesso absoluto em todo o país, logo em suas primeiras edições. Gostaria de registrar os meus mais sinceros agradecimentos a todas as instituições que nos ajudaram de alguma forma, especialmente a ANOREG BR, ENNOR, ARPEN BR, COLÉGIO NOTARIAL DO BRASIL, IRIB, IEPTB e IRTDPJ, na figura de seus presidentes e diretores, pelo apoio irrestrito que nos deram, para que esta Coleção pudesse se tornar um grande sucesso. Qualquer crítica ou sugestão será bem-vinda e pode ser enviada para o meu e-mail pessoal: contato@professorchristiano.com.br.

Salvador, fevereiro de 2020.

Christiano Cassettari
www.professorchristiano.com.br
Instagram: @profcassettari

1
Introdução

Este livro é o resultado de alguns anos de atuação no Registro de Títulos e Documentos (indicado, em muitas oportunidades, no texto, como "RTD"), de alguma troca de informações e experiências entre colegas e de algum tempo dedicado ao estudo de seus institutos.

De grande importância para a vida econômica do país, assim como o Registro Civil de Pessoas Jurídicas, do qual é "irmão siamês", esse órgão registral, entretanto, parece estar sempre relegado a segundo plano em termos de estudo de suas matérias peculiares, investimento em tecnologia e produção de obras específicas acerca das atividades registrais que lhe incumbem. Além disso, a dificuldade e aridez de muitos de seus temas parecem ser outro fator que não atrai a atenção de muitos que entram em contato com seus postulados básicos.

Realizamos um esforço para tentar produzir um texto que talvez ajude àqueles que fazem o primeiro contato com a matéria a superar essas dificuldades iniciais e colabore na motivação para seu estudo através de uma visão mais sistematizada e atraente acerca dos temas peculiares ao estudo da importante atividade que é o Registro de Títulos e Documentos no Brasil.

A abordagem do tema inicia-se pela exploração dos aspectos históricos, por meio do capítulo intitulado NOÇÃO HISTÓRICA. Nele procuramos traçar um panorama das atividades registrais, desde a Antiguidade até nossos dias, passando por uma análise evolutiva dos registros públicos no Direito brasileiro, finalizando, a seguir, com os aspectos específicos relativos à evolução histórica do Registro de Títulos e Documentos e pessoas jurídicas no país.

A seguir, passamos a um amplo exame dos princípios registrais aplicáveis a esse ramo da atividade registral no capítulo que denominamos PRINCÍPIOS REGISTRAIS APLICÁVEIS AO RTD, sendo o momento da obra em que apresentamos os aspectos principiológicos provindos dos registros públicos como atividade jurídica, imprimindo-lhes um enfoque analítico todo especial naquilo em que trazem suas peculiaridades quando aplicados à atividade específica do Registro de Títulos e Documentos.

No capítulo intitulado CONCEITO, ORGANIZAÇÃO E ATRIBUIÇÕES DO RTD, passamos à conceituação do que é o Registro de Títulos e Documentos, à exposição a respeito de como ele está organizado no país e de quais as atribuições que lhe são reservadas no âmbito do extenso setor que tem a seu cargo a realização dos registros de títulos e documentos, visando a conferir-lhes publicidade e oponibilidade em relação a terceiros, produzindo efeitos jurídicos peculiares no âmbito do Direito brasileiro.

Nos PROCEDIMENTOS REGISTRAIS NO RTD, a partir do esclarecimento de que a expressão "procedimentos registrais" designa aquele conjunto de providências e da necessária instrução dos pedidos realizados, cuja realização, perante o Registro de Títulos e Documentos, é necessária para que o interessado possa obter a realização do *ato registral* pretendido e aufira os efeitos jurídicos dele decorrentes.

O capítulo que trata da PRÁTICA REGISTRAL NO RTD apresenta aspectos elementares da realização dos atos de registro, desde a caracterização dos livros de registros, assim como das praxes administrativas de realização dos registros, sugerindo, inclusive, modelos que possam servir de base para que, a partir deles, os registradores e seus prepostos possam desenvolver o aperfeiçoamento de suas rotinas na atividade diuturna dos Registros de Títulos e Documentos, de acordo com suas características locais e regionais.

A abordagem da matéria relativa ao Registro de Títulos e Documentos, apesar de, desde a origem histórica mais remota de seu surgimento como órgão registral autônomo no país, durante o período republicano, ter constituído como que um "irmão siamês" do Registro Civil de Pessoas Jurídicas – tanto assim que sempre foi atribuído a um mesmo titular –, recebeu, nesta abordagem, um enfoque direcionado tão somente aos institutos do registro documental, diferentemente de outras obras que sempre os apresentam como se constituíssem uma especialidade registral única.

A todos, portanto, nossa gratidão por terem prestigiado a obra, sendo, desde já, convocados a colaborarem para o seu aperfeiçoamento, com suas indispensáveis e enriquecedoras críticas e sugestões.

Boa leitura a todos!

2
Noção Histórica

2.1 INTRODUÇÃO

O vocábulo *registrar*, desde as primeiras civilizações, sempre teve um sentido básico de *consignar por escrito*, inscrever, historiar.

Foi o advento da *escrita*, portanto, que passou a possibilitar a prática dos registros. Inicialmente, foi a História, enquanto ciência, que passou a reduzir a escrito os fatos da memória e da experiência humanas.

O surgimento da escrita, além disso, foi uma das maiores revoluções tecnológicas da humanidade, introduzindo profundas alterações nos hábitos e no modo de vida das pessoas, porque ela foi o instrumento capaz de fixar, preservar, conservar, para resgate e difusão, no presente ou no futuro, as ideias, descobertas, segredos, planos, negociações, compromissos e tantas outras informações valiosas para os povos.

O problema que surgiu, logo a seguir, foi resolver como os *escritos* poderiam ter fé ou confiabilidade suficiente para que se afirmassem como verdadeiros, autênticos, originais, quando realizados no passado, de modo a serem respeitados, produzindo efeitos no futuro.

Foi daí que surgiu a atividade dos *escreventes* como encargo de caráter público, passando a realizar-se por pessoas incumbidas, pelo governo, de escreverem *autenticamente* o que a população perante eles declarasse ou firmasse compromisso, guardando consigo esses *escritos*, de modo a serem consultados, para o esclarecimento das dúvidas surgidas no futuro, acerca das declarações ou avenças realizadas.

Há, por exemplo, registros no Antigo Testamento referindo a importância de colocar por escrito os negócios (entre os hebreus, era tradicional que os escribas lavrassem as escrituras), adotando cautelas para que essas escrituras fossem adequadamente conservadas, como pode ser visto no Livro de Jeremias (XXXII, 1 a 15):

"Esta é a palavra que o Senhor dirigiu a Jeremias no décimo ano do reinado de Zedequias, rei de Judá, que foi o décimo oitavo ano de Nabucodonosor. Naquela época, o exército do rei da Babilônia sitiava Jerusalém e o profeta Jeremias estava preso no pátio da guarda, no palácio real de Judá. (...)

E Jeremias disse: 'O Senhor dirigiu-me a palavra nos seguintes termos': 'Hanameel, filho de seu tio Salum, virá ao seu encontro e dirá': 'Compre a propriedade que tenho em Anatote, porque, sendo o parente mais próximo, você tem o direito e o dever de comprá-la'.

Conforme o Senhor tinha dito, meu primo Hanameel veio ao meu encontro no pátio da guarda e disse: 'Compre a propriedade que tenho em Anatote, no território de

Benjamim, porque é seu o direito de posse e de resgate. Compre-a!'. Então, compreendi que essa era a palavra do Senhor. Assim, comprei do meu primo Hanameel a propriedade que ele possuía em Anatote. Pesei a prata e lhe paguei dezessete peças de prata. Assinei e selei a escritura, e pesei a prata na balança, diante de testemunhas por mim chamadas. Peguei a escritura, a cópia selada com os termos e condições da compra, bem como a cópia não selada, e entreguei essa escritura de compra a Baruque, filho de Nerias, filho de Maaseias, na presença de meu primo Hanameel, das testemunhas que tinham assinado a escritura e de todos os judeus que estavam sentados no pátio da guarda. Na presença deles dei as seguintes instruções a Baruque: assim diz o Senhor dos Exércitos, Deus de Israel: 'Tome estes documentos, tanto a cópia selada como a não selada da escritura de compra, e coloque-os num jarro de barro para que se conservem por muitos anos'. Porque assim diz o Senhor dos Exércitos, Deus de Israel: 'Casas, campos e vinhas tornarão a ser comprados nesta terra'".[1]

À medida que as civilizações cresciam, surgiu também a necessidade de dar *publicidade* a muitos dos atos – mais ou menos sacramentais – realizados perante esses "funcionários" para que chegassem ao conhecimento das gentes que habitavam o lugar, reforçando ainda mais a confiança naquilo que ficara consignado nos escritos.

Assim, além da tradição de escrever, passou-se a utilizar grandes festas ou eventos comemorativos às alianças, negócios, tratados que, mais que uma celebração, tinham a importante função de difundir amplamente o conhecimento sobre a existência e os limites das tratativas realizadas.

Assim, na Babilônia, por exemplo, já sob o Código de Hamurabi, o *koudourrou* era a pedra na qual a descrição dos limites da propriedade imóvel era gravada (para sempre e sob a proteção dos deuses), a qual era colocada como um marco sobre a terra adquirida, de modo a ser facilmente vista. Uma cópia do original era depositada no templo, sendo que a retirada indevida do marco de pedra colocado sobre a terra acarretava maldição divina.[2]

Na origem histórica egípcia, tinham-se a *escritura*, o *registro* e a *siza* ou imposto. Além disso, havia o *cadastro* ou *cartório*, porque não bastava que os contratos fossem registrados, exigindo a lei que também fossem transcritos no cartório do tribunal ou juízo e que fossem depositados no cartório do conservador dos contratos.

Na tradição hebraica, tornou-se muito conhecida a classe dos *escribas,* que se caracterizava pela rapidez com que realizava a lavratura de suas escrituras.[3]

Na Grécia, durante o período aristotélico, eram conhecidos os *mnemons* (notários), os *epístates* (secretários) e os *hieromnemons* (arquivistas). Os negócios pertinentes à propriedade imóvel observavam formalidades rigorosas com o objetivo precípuo de conferir-lhes ampla publicidade.

---

1. Versão da Sociedade Bíblica Internacional, 2003. Disponível em: <http://pt.youversion.com/bible/chapter/nvipor/jer/32>. Acesso em: 23 maio 2011.
2. BATALHA, Wilson de Souza Campos. *Comentários à Lei dos Registros Públicos.* 2. ed. Rio de Janeiro: Forense, 1979, v. I, p. 13.
3. BATALHA, Wilson de Souza Campos. *Comentários à Lei dos Registros Públicos*, p. 15.

Em Roma, os antigos jurisconsultos distinguiam as *res mancipi* e as *res nec mancipi*. *Mancipi* eram as coisas mais importantes para os romanos: a terra, a casa, os animais domésticos e os servos. Tais coisas só se podiam alienar pelo ato solene da *mancipatio*, na presença obrigatória de cinco testemunhas, que representavam a comunidade. Era ato *extrajudicial* de aquisição da propriedade. Já a *in jure cessio* operava-se perante o magistrado, constituindo processo com a publicidade peculiar das formas processuais típicas, conforme refere Gaio, nas suas *Institutas*.

Os romanos conheceram os *notarii*, que não exercem funções públicas, limitando-se a redigir os atos jurídicos mediante notas. Mais tarde, no Baixo Império, surgiram os *tabelliones*, que redigiam inicialmente em tabuletas (*tabulae*) e depois em protocolos. No último estágio da legislação romana, os atos dos *tabelliones* se completavam com a *insinuatio*, que consistia em depositar, nas mãos do *magister censu*s, em Roma e Constantinopla, e dos magistrados municipais, nas províncias, os seus escritos, que só passavam a constituir *scripturae publicae* depois desse depósito nos edifícios públicos.

Sob o feudalismo, após a queda do Império Romano do Ocidente, a organização social e política passou a fundamentar-se na propriedade imobiliária instituída como *feudo* de grande extensão territorial. Nesse período, ganham relevo os *pactos de fidelidade* entre vassalo e suserano, por meio dos quais, paralelamente à concessão da terra, estabelecia-se uma vinculação de reciprocidade pessoal de natureza ética, política e jurídica. A *publicidade* desses negócios jurídicos tornou-se de fundamental importância para a manutenção do regime. Dessa forma, além dos atos formais e solenes, de acordo com as *Feudorum Consuetudines*, a celebração dessas alianças era marcada por grandes festividades, que envolviam desde os representantes da nobreza até os servos de gleba, com um efeito publicitário muito amplo.

No direito germânico, como característica marcante, nunca foi suficiente um simples contrato ou uma imissão de posse para a realização da transmissão imobiliária entre vivos. Assim, nos primeiros tempos, havia um ato de investidura no próprio imóvel perante a comunidade. Depois, passou a ser suficiente uma tradição simbólica perante o tribunal do local onde estava situado o imóvel.[4]

A partir do século XVI, passou a ser rejeitada, entre os povos germânicos, a tradição romana de aquisição da propriedade, voltando-se ao direito germânico antigo baseado na exigência de uma certificação oficial para a realização das operações imobiliárias. No século XVIII, passaram a ser admitidas duas formas de registro imobiliário: ou se fazia pelo conjunto de propriedades lançadas numa *matrícula*, ou pelo nome do proprietário. A partir de 1872, esse sistema foi aperfeiçoado, admitindo-se a inscrição concomitante tanto dos bens (*Realfolien*) como pelo nome do proprietário (*Personalfolien*), passando ao Código Civil de 1896.

No direito francês, desde a promulgação do Código Civil de Napoleão I, sempre existiu um registro público para a venda de terras e para as hipotecas. Já sob o Código Civil de 1804, os registradores deviam inscrever, diariamente e pela ordem,

---

4. BATALHA, Wilson de Souza Campos. *Comentários à Lei dos Registros Públicos*, p. 24.

as entregas de atos de mutação imobiliária a serem transcritos, certificando aos interessados. Também receberam disciplina por esse Código os atos relativos ao registro das pessoas naturais.

2.2 NOÇÃO HISTÓRICA DOS REGISTROS PÚBLICOS NO DIREITO BRASILEIRO

Durante o **período colonial**, aqui vigoravam as Ordenações do Reino de Portugal, as quais davam relevo especial à atividade dos Tabeliães, nomeados exclusivamente pelo Rei para atuarem em todo o Reino. Essas ordenações regulavam especificamente a prática dos atos a cargo desses funcionários (Livro I, títulos LXXVII e LXXX; Livro II, título XLV), dispondo sobre como seriam lavradas as escrituras negociais (contratos) e testamentos.

Durante o **Império**, que teve início em 1822, com a declaração de independência, houve ênfase, em matéria de registros públicos, relativamente à tutela das pessoas e da propriedade imobiliária. A atividade de realização desses registros (de pessoas naturais e da propriedade imobiliária) ficou principalmente a cargo da Igreja Católica, refletindo a situação social tremendamente deficitária do país e a debilidade da estrutura administrativa governamental. Para que se tenha uma ideia dessa situação, de acordo com o primeiro recenseamento demográfico feito no país, em 1872, apenas 18% da população era alfabetizada.

Em tais condições, o governo imperial enfrentaria grandes dificuldades se tivesse de organizar os serviços de registros públicos, o que naturalmente o levou a fazer essa "parceria" com as autoridades eclesiásticas para a realização dos serviços registrais (o registro de batismo comprovava o nascimento; o casamento católico era comprovado pelo assento lavrado pelo pároco, assim como em relação aos óbitos, porque a administração dos cemitérios tradicionalmente era feita pelas paróquias). Quanto ao aspecto político, esse sistema reforçava os laços seculares do Estado com a Igreja no Brasil. Houve uma tentativa frustrada de institucionalizar o registro civil, em 1851, por meio do Decreto n. 798. Entretanto, essa institucionalização, assim como a laicização do casamento no país, só ocorreria definitivamente com o advento da República.

Com relação à questão registral da posse das terras no país, durante o Império, teve relevo o surgimento do denominado *registro do vigário*, decorrente da Lei n. 601, de 18 de setembro de 1850 (denominada Lei de Terras), e instituído pela respectiva regulamentação por meio do Decreto n. 1.318, de 30 de janeiro de 1854. Afrânio de Carvalho reconhece esses diplomas legislativos como sendo a base primordial da atividade registral no país: "o registro das posses era feito pelos vigários das freguesias do Império, definindo-se, portanto, a competência dos registradores, desde os primórdios registrais, pela *situação do imóvel*".[5]

Apesar dessa abalizada opinião, Sérgio Jacomino diverge do grande mestre, afirmando conclusivamente, após substanciosa argumentação, que "o chamado *registro do*

---

5. CARVALHO, Afrânio de. *Registro de imóveis*. 4. ed. Rio de Janeiro: Forense, 1997, p. 2.

vigário tinha uma característica francamente notarial – não registral. O tabelião-vigário tinha incumbências precisas e os dados, por ele coletados, comporiam um livro de registro que seria posteriormente encaminhado para uma Diretoria-Geral das Terras Públicas para a constituição do registro geral das terras possuídas do Império".[6] A partir daí, afirma que o Registro de Imóveis não pode ser considerado um herdeiro histórico do chamado *registro do vigário*, porque este tinha a destinação precípua de legitimar a aquisição pela posse, formalizando títulos a partir de declarações unilaterais dos posseiros, e que os antecedentes do moderno sistema registral pátrio seriam estabelecidos somente a partir do Decreto n. 482, de 17 de novembro de 1846, que criou o registro hipotecário brasileiro.

Com a proclamação da **República,** em 1889, teve início uma verdadeira revolução no âmbito dos Registros Públicos, que passaram a ter total controle e gerenciamento a cargo do Estado. Os governos republicanos passaram a revisar a antiga legislação e a reorganizar a estrutura administrativa do país, sendo editadas muitas normas de atualização, até que, em 1916, ocorreu a aprovação de um novo Código Civil.

A seguir, no governo Arthur Bernardes, foi editado o Decreto n. 4.827, de 7 de fevereiro de 1924, estabelecendo uma reorganização geral dos registros públicos instituídos pelo novo código, e, no governo Washington Luís, por meio do Decreto n. 18.542, de 24 de dezembro de 1928, foi estabelecida uma disciplina unificada para a realização desses registros em todo o país, a qual veio a ser atualizada, posteriormente, já com Getúlio Vargas no poder, pelo Decreto n. 4.857, de 9 de novembro de 1939.

Em 1969, quando o país estava sob o governo de uma junta militar, toda a matéria de registros públicos veio a receber nova disciplina por meio da edição do Decreto-Lei n. 1.000, de 21 de outubro de 1969, o qual, após várias prorrogações quanto ao início de sua vigência, nunca chegaria a entrar em vigor, porque, antes disso, terminou sendo revogado pela atual Lei dos Registros Públicos, Lei n. 6.015, de 31 de dezembro de 1973, a qual só passou a vigorar três anos depois, em substituição ao Decreto n. 4.857/39.

2.3 NOÇÃO HISTÓRICA DO REGISTRO DE TÍTULOS E DOCUMENTOS

O registro de títulos e documentos, bem como o registro de pessoas jurídicas, foi instituído no país somente no período republicano, por força da Lei n. 973, de 2 de janeiro de 1903, como criadora do registro facultativo de títulos, documentos e outros papéis, na Capital Federal, atribuindo-o a um *oficial privativo* e, dessa forma, retirando-o da atribuição dos Tabeliães de Notas, que até então exerciam essa atribuição legal no território nacional. É a seguinte a disposição do art. 1º da referida norma (com sua ortografia atualizada):

---

6. JACOMINO, Sérgio. *Cadastro, registro e algumas confusões históricas.* São Paulo: IRIB, 2006, p. 21. Disponível em: <http://www.educartorio.com.br/documentos.htm>. Acesso em: 22 maio 2011.

Art. 1º O registro facultativo de títulos, documentos e outros papéis, para autenticidade, conservação e perpetuidade dos mesmos, como para os efeitos do art. 3º, da Lei 79, de 23 de agosto de 1892, que ora incumbe aos tabeliães de notas, ficará na Capital Federal a cargo de um oficial privativo e vitalício, de livre nomeação do Presidente da República, no primeiro provimento; competindo aos tabeliães somente o registro das procurações e documentos a que se referirem as escrituras que lavrarem e que, pelo art. 79, parágrafo 3º, do decreto n. 4.824, de 22 de novembro de 1871, podem deixar de incorporar nas mesmas.

Nesse mesmo ano, de acordo com o Decreto n. 4.775, a esse oficial privativo foi atribuído o registro das sociedades de direito civil (religiosas, científicas, artísticas, políticas, recreativas e outras), que era realizado até então pelos oficiais do registro hipotecário. Verificamos, pois, que é da tradição histórica brasileira o caráter *cumulativo* de atribuir-se, ao mesmo órgão incumbido do registro de pessoas jurídicas, o registro dos títulos e documentos.

Também em razão das disposições ditadas por essa norma regulamentar se atribuiu a esse órgão registral o caráter *residual* da competência registral que o caracteriza até os nossos dias, tal seja, a de realizar quaisquer registros não atribuídos privativamente a outros órgãos registrais.

O Decreto n. 4.775, de 16 de fevereiro de 1903, que regulamentou a Lei n. 973/1903, foi também a norma que atribuiu a denominação "**Ofício do Registro Especial**" ao ofício incumbido do registro de títulos e documentos e de pessoas jurídicas "civis", expressão que se tornou tão tradicional que prosseguiu sendo utilizada na vigência da Lei n. 6.015/73 para designação, sob uma só expressão, da dupla atribuição registral que lhe era cometida. Assim dispunha o art. 4º da referida norma (com sua ortografia atualizada):

> Art. 4º. O ofício do Registro Especial, no Distrito Federal, compreende: *a)* o registro facultativo de títulos, documentos e outros papéis para autenticidade, conservação e perpetuidade dos mesmos (art. 1º); *b)* o registro a que se refere o art. 3º da lei n. 79, de 23 de agosto de 1892 para a validade dos títulos, documentos e papéis contra terceiros (art. 1º); ... *d)* a averbação do reconhecimento de letra e firma feito pelos tabeliães, para os títulos, documentos e papéis particulares valerem contra terceiros, nos termos do art. 3º da lei de 26 de agosto de 1892 e do art. 49, 2ª parte, da lei n. 859, de 16 de agosto de 1902 (art. 1º, parágrafo 2º); *e)* quaisquer registros que não estiverem ou não forem atribuídos privativamente a outro serventuário (art. 1º, § 1º, 2ª parte).

Esses grandes traços característicos imprimidos pelas disposições legislativas originárias do registro de títulos, documentos e pessoas jurídicas, no país, mantiveram-se, em sua maioria, ao longo do tempo, através da legislação posteriormente editada em matéria de registros públicos, tendo, seus principais institutos, chegado à atualidade, mantendo as linhas gerais das primeiras concepções de sua disciplina jurídica no país.

Assim, depois desse momento fundador vivido em 1903, somente em 1924 foi realizada uma grande alteração na legislação nacional, com a edição do Decreto n. 4.827, que promoveu a unificação dos registros públicos civis previstos pelo Código Civil de 1916. Quinze anos depois, já sob a Constituição de 1937, em pleno Estado Novo, foi editado o Decreto n. 4.857, de 9 de novembro de 1939, renovando a disciplina da execução dos serviços concernentes aos registros públicos, o qual se manteve até o início da aplicação da atual Lei de Registros Públicos, a partir de 1977.

De qualquer forma, através dos tempos, apesar das mudanças constantes no *suporte utilizado* para a materialização dos registros (pedra, madeira, pele de animais, tecidos, papiro, papel e até virtualmente, nos dias atuais), sob o impulso da evolução tecnológica, nunca se deixou de *consignar por escrito*, ficando o documento sob a guarda de um terceiro, independente e dotado de fé pública, visando à conservação, publicidade, autenticidade e efeitos de oponibilidade do registro em relação a terceiros.

3
Princípios Registrais Aplicáveis ao RTD

3.1 PRINCÍPIO DA LEGALIDADE

Tenha-se bem presente que as atividades relativas a *registros públicos*, nas suas diversas espécies, como a própria denominação sugere, são de índole pública, apesar de, no Brasil, sua *gestão administrativa* ser desenvolvida privadamente (*caput* do art. 236 da Constituição), o que não subtrai o predomínio do interesse estatal na regulação de sua atividade-fim, deixando no âmbito privado apenas o que decorre de sua atividade-meio.

Apesar de os agentes registrais não serem formalmente integrantes nem da Administração Direta, nem da Administração Indireta, não deixam de pertencer, todavia, à Administração Pública no seu sentido mais amplo. Os delegatários de serviços públicos notariais e registrais são particulares (pessoas naturais) aos quais o Poder Público, mediante prévio concurso de provas e títulos, outorgou *fé pública* para, como profissionais do Direito, organizarem tecnicamente a atividade e conferirem *autenticidade*, *segurança* e *eficácia* aos atos jurídicos, na forma preconizada pela lei civil.

Dessa forma, quanto à realização dos atos registrais e à aplicação da legislação que lhes é peculiar, induvidosamente, incide o princípio constitucional da *legalidade*, referido no *caput* do art. 37 da Constituição da República, como grande princípio orientador da Administração Pública brasileira, já que, em relação aos particulares em geral, aos quais os atos registrais são dirigidos, é assegurado esse princípio, enquanto direito fundamental (inciso II do art. 5º da Constituição).

Concluindo a lógica desse sistema, a disposição do art. 198 da LRP, relativa ao procedimento de *dúvida registral*, também aplicável ao Registro de Títulos e Documentos (art. 296 da Lei n. 6.015/73 e art. 30, XIII, da Lei n. 8.935/94), estabelece que qualquer exigência feita pelo registrador em sua impugnação escrita deve estar de acordo com a lei, revelando a preponderância do princípio da *legalidade* no âmbito dessa atividade registral, o que não poderia ser de outra forma, já que, se é garantido a todos os cidadãos somente fazer ou deixar de fazer alguma coisa senão em virtude de lei, há que se fixarem limites à ação do Estado e seus agentes, ante a cidadania, também no âmbito dos registros públicos.

3.2 PRINCÍPIO DA FÉ PÚBLICA

O princípio da fé pública consiste na atribuição de *certeza* e *veracidade* aos atos registrais praticados pelo registrador de títulos e documentos, cuja representação se faz pelas certidões por ele emitidas, gerando a autenticidade, a segurança e a eficácia jurídica deles esperadas.

Tal princípio está consagrado, na legislação de regência, por meio das disposições do art. 3º da Lei n. 8.935/94.

3.3 PRINCÍPIO DA ROGAÇÃO

Também denominado *princípio da instância*, estabelece que o registrador só possa agir, na prática de seus misteres, mediante *provocação* do interessado ou de outro legitimado, na forma da lei. São verdadeiramente excepcionais as situações autorizadas em lei nas quais o registrador, nas diversas áreas de atuação, vai praticar atos registrais por sua própria iniciativa. Esse princípio é consagrado por meio das disposições do art. 13 da Lei n. 6.015/73 (Lei dos Registros Públicos).

3.4 PRINCÍPIO DA PUBLICIDADE

O princípio da publicidade diz com a ideia de conhecimento da prática do ato registral por todas as pessoas, uma vez que esse conhecimento, socialmente amplo, não resulta somente de uma ficção jurídica, porque presume, também, a potencialidade de que o ato venha a ser conhecido, procurando-se a informação em lugar único e adequado à sua obtenção – o órgão registral competente.

Quanto ao ato de registro em títulos e documentos, não é diferente, porque, uma vez praticado pelo órgão registral competente, está gerada a ficção de seu amplo conhecimento, diferentemente do que ocorre com os atos notariais e até mesmo com as decisões judiciais ou administrativas, que, ainda que estejam acessíveis, não são oponíveis por si, exigindo veiculação por meio de um órgão específico de publicidade.

A publicidade relativa ao ato de registro em títulos e documentos é das mais amplas e ecléticas dentre as espécies registrais, notabilizando-se por conferir publicidade a uma imensa variedade de títulos, papéis e documentos passíveis de ingresso nesse órgão registral específico, proporcionando-lhes, a partir do efeito publicitário, a agregação de eficácia probatória (art. 127, I, da LRP), eficácia conservativa (art. 127, VII, da LRP), eficácia cronológica, a partir do momento em que fixa a data (art. 130, parágrafo único, da LRP), e eficácia na oponibilidade contra terceiros (arts. 127 e 129 da LRP). Todas essas eficácias decorrem da publicização de que o registro *existe* e foi *regularmente realizado*, o que é demonstrado pela competente *certidão* dos atos registrados (arts. 16 a 21 da Lei n. 6.015/73 e art. 1º da Lei n. 8.935/94).

É também por meio de sua eficácia publicística que o registro no RTD confere *autenticidade* a documentos estrangeiros para validade no país (art. 129, inciso 6º, da LRP).

Como se vê, o RTD é instrumento eminentemente publicitário dos atos e negócios jurídicos, estendendo, por meio de seus registros, essas eficácias, também, à realização de quaisquer registros não expressamente atribuídos a outro ofício, nos termos do que dispõe o parágrafo único do art. 127 da LRP.

3.5 PRINCÍPIO DA QUALIFICAÇÃO

A função registradora, no Brasil, não se limita simplesmente a *arquivar* o título apresentado, como ocorre em outros países de tradição registral diversa.

Na nossa tradição, o registrador é independente para realizar a qualificação dos documentos que lhe sejam submetidos, realizando uma prévia verificação de sua legalidade e legitimidade para, só posteriormente, realizar o registro. Não estando o título apto à realização do ato registral, o registrador devolve-o ao apresentante ou interessado no registro, fundamentando seus motivos por escrito. Não se conformando, o apresentante ou interessado, com as exigências ou alegações, poderá o caso ser submetido ao *"procedimento de dúvida"*, no qual o juiz competente solucionará juridicamente a dúvida suscitada.

Cabe frisar, por oportuno, que o art. 156 da LRP impõe ao registrador o dever de recusar registro a títulos e a documentos que não revistam as formalidades legais, e nem mesmo os *títulos judiciais* (ver inciso IV do art. 221 da LRP) estão imunes à qualificação registrária, conforme já consagrado em doutrina,[1] jurisprudência[2] e normas administrativas específicas.[3]

No âmbito do Registro de Títulos e Documentos, a aplicação do princípio não é diferente. Sua previsão legal vem expressa por meio do art. 198, combinado com o art. 296, da Lei n. 6.015/73.[4]

3.6 PRINCÍPIO DA CONTINUIDADE

Também denominado princípio do trato sucessivo, tem importância no contexto do Registro de Títulos e Documentos, especialmente em relação aos aditivos, exigindo que todas as alterações por que passar o ato originário devem observar uma rigorosa *sucessividade* ao longo do tempo, sem solução de continuidade, desde sua primeira transcrição no registro até os atos mais próximos.

3.7 PRINCÍPIO DA CONCENTRAÇÃO

O *princípio da concentração* diz respeito à regularidade com que devem ser realizadas *remissões* ou *anotações* que façam referência aos *registros* de atos originários ou relativos à mesma pessoa física ou jurídica, constantes do mesmo órgão registral, de modo a concentrar todas as referências que lhes sejam pertinentes. O princípio da concentração

---

1. LOUREIRO, Luiz Guilherme. *Registros Públicos; teoria e prática*. 9. ed. Salvador: JusPodivm, 2018, p. 652-653.
2. CONSELHO SUPERIOR DA MAGISTRATURA DE SÃO PAULO, Apelações Cíveis n. 22.417-0/4 (Piracaia) e n. 44.307-0/3 (Campinas), e SUPREMO TRIBUNAL FEDERAL, Habeas Corpus 85.911-9/RJ, j. 25-10-2005, DJ 2-12-2005.
3. As Normas de Serviço da Corregedoria-Geral da Justiça do Estado de São Paulo (Cartórios Extrajudiciais), aprovadas pelo Provimento n. 58/1989 e atualizadas pelo Provimento n. 56/2019, dispõem: "Incumbe ao oficial impedir o registro de título que não satisfaça os requisitos exigidos pela lei, quer o sejam consubstanciados em instrumento público ou particular, quer em atos judiciais" (item 117 do Capítulo XX, Tomo II).
4. LAMANA PAIVA, João Pedro. *Procedimento de dúvida no registro de imóveis*. 2. ed. São Paulo: Saraiva, 2010, p. 45.

é consectário do princípio da publicidade, que procura ampliar a eficácia do *quantum* de informação de interesse comum que esteja agregado a um mesmo acervo registral de amplo interesse (parágrafo único do art. 135 e arts. 138 e 139 da Lei n. 6.015/73).

3.8 PRINCÍPIO DA EFICÁCIA PREDETERMINADA

A lei estabelece previamente a carga de eficácia que cada registro outorga. Dessa forma, pode-se levar ao Registro de Títulos e Documentos qualquer espécie documental, mas o registro lhe conferirá efeitos específicos. Assim, exitoso o registro pleiteado, saberá, previamente, o interessado, os efeitos por ele conferidos ao seu direito.[5]

---

5. ERPEN, Décio Antônio. Registros públicos. In: DIP, Ricardo; JACOMINO, Sérgio (Org.). *Doutrinas essenciais:* direito registral. São Paulo: RT, 2011, v. I, p. 103.

4
Conceito, Organização e Atribuições do RTD

4.1 CONCEITO

Apesar de o Registro Civil de Pessoas Jurídicas (RCPJ) e o Registro de Títulos e Documentos (RTD) serem, de acordo com a legislação de sua instituição, desde os primórdios históricos, como que *"irmãos siameses"*, e apesar de a prática instituída quanto a sua organização e atribuições, nos mais diferentes lugares do país, ter mantido essa tradição de serem atribuídos, em cada comarca, distrito ou circunscrição, a um mesmo titular da delegação registral, por meio dos competentes atos do Poder Judiciário nas diversas Unidades da Federação, a organização didática desta obra os concebe como unidades jurídicas independentes, ligadas às suas características únicas e peculiares, de modo que não se fará, aqui, uma abordagem acerca de suas funções, atividades e atribuições de maneira cumulativa, como se integrassem órgão registral único, tal como pode ser verificado em obras de outros autores na abordagem desse tema.

Feito esse esclarecimento inicial, podemos dizer que denominamos *Registro de Títulos e Documentos* ao órgão registral a que é incumbida, na forma da lei, como principal e preponderante atribuição, a realização do registro destinado a conferir, ao instrumento particular que prova as obrigações convencionais de qualquer valor, desde que feito e assinado, ou somente assinado, por quem esteja na livre disposição e administração de seus bens, bem como ao instrumento da respectiva cessão de direito, os efeitos em relação a terceiros, na forma estabelecida pelo art. 221 do Código Civil, especialmente quando essas obrigações não sejam convencionadas em relação a bens imóveis.

A denominação desse órgão registral provém não somente da Lei n. 6.015/73 (inciso III do § 1º do art. 1º e Título IV), mas também da Lei n. 8.935/94, que dispõe sobre as atividades dos notários e registradores públicos, no momento em que faz referência, no inciso V do art. 5º, à denominação dos profissionais do direito que exercem a *titularidade* dos referidos serviços. Nesses termos, o Registro de Títulos e Documentos é uma das espécies de serviços de registros públicos instituídos com base no art. 236 da Constituição da República, os quais são organizados nacionalmente e exercidos em caráter privado, por delegação do Poder Judiciário, com ingresso na atividade mediante concurso público de provas e títulos, sendo, pois, uma das espécies de registros instituídas pelo Código Civil de 2002 – que manteve a tradição provinda do revogado Código Civil de 1916 –, e que foram inteiramente regulados nos termos da Lei n. 6.015/73.

4.2 ORGANIZAÇÃO

Apesar de a matéria relativa a registros públicos estar submetida à competência legislativa da União (art. 22, XXV, da Constituição), a *organização* dos serviços do Registro de Títulos e Documentos, assim como dos demais serviços regulados pela LRP, está submetida, também, às leis de organização judiciária estadual e demais normas de estruturação administrativa editadas pelas Corregedorias de Justiça do Poder Judiciário das Unidades da Federação (Estados e Distrito Federal), especialmente quanto à fixação das unidades de serviços e suas circunscrições territoriais de atuação, tendo em vista que a *fiscalização* em relação ao exercício das atividades notarial e de registros é atribuída ao Poder Judiciário (§ 1º do art. 236 da Constituição). Essa *fiscalização* compreende tanto a *orientação* como o *controle* (art. 37 da Lei n. 8.935/94), a *polícia* de natureza administrativa (art. 38) e o exercício do *poder administrativo disciplinar* em relação aos delegatários (arts. 31 a 36).

É característica da organização federativa brasileira, ainda que a legislação relativa à atividade provenha da União (nível de organização política "nacional" ou muito comumente dita "federal"), a organização dos serviços notariais e registrais (que cobre todo o território nacional) está a cargo das Unidades da Federação (Estados e Distrito Federal), ou seja, do nível de organização política "estadual".

Assim, dependendo da unidade federada, varia a terminologia que designa as circunscrições territoriais relativamente às quais a prestação do serviço registral tem sua "competência" definida, haja vista, também, a vinculação dos serviços notariais e registrais à respectiva organização judiciária dos Estados e do Distrito Federal – comarcas judiciais, seções judiciárias, circunscrições judiciárias etc.

Apesar disso, a organização territorial dos serviços notariais e de registros, no país, resta definida, em termos de fixação de seus limites geográficos, tomando por base geral o território dos *Municípios* do respectivo Estado. Assim, uma *comarca* judicial ou outra qualquer forma de designação que seja dada às circunscrições territoriais utilizadas na respectiva organização judiciária corresponderá a um grupo de Municípios, a um só Município ou a uma fração do território de um Município (distritos, subdistritos, bairros etc.), os quais constituem um referencial mais facilmente identificável pela população usuária dos serviços.

Dessa forma, as serventias extrajudiciais de um Estado podem ter suas circunscrições definidas em relação a todo o território de uma comarca, composta de vários Municípios. Poderão, também, ter suas circunscrições definidas em relação ao território de um ou mais Municípios integrantes de uma mesma comarca, assim como poderão, ainda, ter suas circunscrições correspondendo a uma fração de território de um Município (distrito ou subdistrito), pertencente a uma comarca, seja ela formada territorialmente por Município único ou por vários Municípios. Tudo dependerá, especialmente, das características fisiográficas (que possibilitam maior ou menor acesso), populacionais, de desenvolvimento local e de estrutura de serviços públicos.

Como se pode observar, a organização das circunscrições territoriais de atuação dos respectivos serviços registrais e notariais é bastante flexível, para que possa corresponder às demandas da população relativamente a esses serviços, e será definida por meio dos atos normativos baixados pelas respectivas Corregedorias-Gerais de Justiça das Unidades da Federação.

É cediço, na legislação específica e em muitos atos administrativos, ver-se a utilização do termo "competências" para a designação do conjunto de atribuições cometido aos notários e registradores, assim como a utilização do termo "jurisdição" para designar-lhe a circunscrição territorial. Entretanto, essa terminologia é adequada tão somente em relação a autoridades do Poder Judiciário que exercem atividades jurisdicionais. As autoridades de índole administrativa exercem "atribuições" dentro de determinada "circunscrição", como ocorre com os *delegatários* de serviços notariais e registrais, categoria que exerce um *ofício* público.[1]

4.3 ATRIBUIÇÕES

Quando se estuda acerca das *atribuições* do Registro de Títulos e Documentos, está-se procurando, em verdade, esclarecer quais os atos nele registráveis.

Quanto a essas atribuições, portanto, ganha relevo no contexto da legislação específica o disposto no art. 127, I a VII, que estabelece que nesse registro serão "transcritos":

a) os instrumentos particulares, para a prova das obrigações convencionais de qualquer valor;

b) o penhor comum sobre coisas móveis;

c) a caução de títulos de crédito pessoal e da dívida pública federal, estadual ou municipal, ou de Bolsa ao portador;

d) o contrato de penhor de animais, não compreendido nas disposições do art. 10 da Lei n. 492, de 30-8-1934;

e) o contrato de parceria agrícola ou pecuária;

f) o mandado judicial de renovação do contrato de arrendamento para sua vigência, quer entre as partes contratantes, quer em face de terceiros (art. 19, § 2º, do Decreto n. 24.150, de 20-4-1934);

g) facultativamente, quaisquer documentos, para sua conservação.

Além das atribuições apresentadas nas alíneas acima, integra atribuição desse órgão registral a realização de *quaisquer registros* não atribuídos expressamente a outro ofício registral (parágrafo único do art. 127 da LRP), bem como as *averbações*, à margem dos respectivos registros, de quaisquer ocorrências que os alterem, quer em relação às obrigações, quer em atinência às pessoas que figurem nos atos, inclusive quanto à prorrogação dos prazos neles estabelecidos (art. 128 da LRP). Tais averbações, cuja natureza é *acessória* ao registro, são lançadas na coluna mais à direita em cada página (destinada às averbações e anotações), imediatamente ao lado da coluna que a precede, destinada à transcrição integral (Livro "B") ou resumida (Livro "C") dos títulos a registrar.

---

1. MIRANDA, Henrique Savonitti. *Curso de direito administrativo*. 3. ed. Brasília: Senado Federal, 2005, p. 145.

Leciona Walter Ceneviva que os termos *transcrever* e *inscrever*, presentes na legislação registrária, confundem-se com o termo genérico *registrar*.[2] Assim, realizar a *transcrição* e realizar o *registro* consistem no mesmo ato de *reproduzir o teor do documento* submetido a registro, o que, no regime do Código Civil de 2002, corresponde à transposição da forma original do próprio documento, por meio reprográfico ou eletrônico, para os arquivos do ofício registral. O termo "transcrição", pois, vem de uma época em que se *copiava* o conteúdo literal do documento apresentado para os livros de registro.

Esclarece, ainda, o prestigiado mestre que, embora o art. 127 omita estar presente a finalidade de a transcrição surtir *efeito contra terceiros* – a qual é apresentada expressamente no art. 129 –, este efeito está presente em razão das garantias decorrentes do art. 1º da LRP, excluído apenas em relação à facultatividade expressa no inciso VII do art. 127.[3]

Observa Wilson de Souza Campos Batalha que a transcrição prevista para os instrumentos particulares, na forma do inciso I do art. 127, não constitui condição de *validade* entre as partes, mas *meio de prova* das obrigações convencionais,[4] as quais têm natureza civil.

O *penhor comum*, referido pelo inciso II do art. 127 da LRP e regulado na forma do art. 1.431 do Código Civil, é constituído pela transferência efetiva da posse de uma coisa móvel, suscetível de alienação, que, em garantia do débito, faz o devedor, ou alguém por ele, ao credor ou a quem o represente. Assim, apresentado o instrumento ao oficial, este deverá conferi-lo, verificando se foi consignado o valor do débito e a detalhada individualização da coisa empenhada, que, se for fungível, deverá ser indicada pela quantidade e qualidade, em atenção ao que estabelece o art. 144 da LRP.

A *caução*, referida no inciso III do art. 127 da LRP, é tratada pelo Código Civil como espécie de penhor, nas disposições dos arts. 1.458 a 1.460, tendo por objeto mais próprio os títulos de dívida ou de crédito, porque, nessa modalidade de penhor, seu objeto não é consubstanciado por coisas móveis em si, mas por *direitos* sobre coisas móveis, passíveis de cessão, sendo constituído por meio de instrumento particular ou público registrado no Registro de Títulos e Documentos. O titular do direito empenhado, assim, entrega o documento comprobatório desses direitos ao credor pignoratício.

A constituição do *penhor comum de animais* também é realizada mediante transcrição do instrumento no Registro de Títulos e Documentos (art. 127, IV, da LRP), já que, se caracterizado o *penhor rural* (agrícola ou pecuário), na forma dos arts. 1.438 a 1.446 do Código Civil e da Lei n. 492/34, o registro caberá ao Livro 3 (Registro Auxiliar) do Registro de Imóveis, nos termos do art. 178, VI, da LRP. O instrumento indicará precisamente o lugar onde se encontram os animais apenhados, o seu destino, espécie, raça, mestiçagem, marca ou sinal e demais característicos de identificação, o que deve ser verificado pelo oficial, sob pena de nulidade.

A parceria é *agrícola* quando o objeto cedido é utilizado para produção vegetal. Quando compreender animais para criação ou trato, será *pecuária*. O *arrendamento* e a

---

2. CENEVIVA, Walter. *Lei dos Registros Públicos comentada*. 19. ed. São Paulo: Saraiva, 2009, p. 306.
3. CENEVIVA, Walter. *Lei dos Registros Públicos comentada*, p. 306.
4. BATALHA, Wilson de Souza Campos. *Comentários à Lei dos Registros Públicos*, p. 422.

parceria destinam-se a regular o uso temporário da terra entre quem disponha de imóvel rural e aquele que nela se proponha a desenvolver atividades rurais (agrícolas, pecuárias etc.). O *arrendamento* rural é contrato agrário pelo qual alguém, mediante aluguel ou outra retribuição, cede a outrem o uso do imóvel e suas utilidades e benfeitorias para que desenvolva atividade exploratória agrícola, pecuária, extrativa ou agroindustrial. São objetos de regulação pela Lei n. 4.504/64 (Estatuto da Terra) e legislação correlata.

Apesar de o Decreto n. 24.150/34, previsto no inciso VI do art. 127 da LRP, ter sido revogado pela Lei n. 8.245/91 (Lei do Inquilinato), subsiste a necessidade de registro do mandado judicial relativo à sentença que defere ação renovatória proposta pelo locatário de imóvel comercial.[5]

Relativamente ao Registro de Títulos e Documentos, o art. 130 da LRP estabelece as situações *não facultativas* de realização do registro (abrangendo as hipóteses previstas nos arts. 127 – exceto o inciso VII –, 128 e 129 da LRP), ao passo que o inciso VII do art. 127 estabelece a *facultatividade* dos registros, esta última para a hipótese de serem destinados à *conservação* dos documentos.

Frise-se que é da natureza do registro *facultativo*, destinado a promover a *conservação* do documento, que seja realizado de forma *integral* no Livro "B" (inciso II do art. 132 da LRP), sendo incompatível, portanto, sua realização como registro resumido ou por extrato no Livro "C".

São inscritíveis no Registro de Títulos e Documentos, obrigatoriamente, para que produzam efeitos em relação a terceiros, na forma do art. 129, incisos 1º a 9º, da LRP:

a) os contratos de locação de prédios, sem prejuízo do disposto no art. 167, I, n. 3;

b) os documentos decorrentes de depósitos ou de cauções feitos em garantia de cumprimento de obrigações contratuais, ainda que em separado dos respectivos instrumentos;

c) as cartas de fiança, em geral, feitas por instrumento particular, seja qual for a natureza do compromisso por elas abonado;

d) os contratos de locação de serviços não atribuídos a outras repartições;

e) os contratos de compra e venda em prestações, com reserva de domínio ou não, qualquer que seja a forma de que se revistam, os de alienação ou de promessas de venda referentes a bens móveis e os de alienação fiduciária;

f) todos os documentos de procedência estrangeira, acompanhados das respectivas traduções, para produzirem efeitos em repartições da União, dos Estados, do Distrito Federal, dos Territórios e dos Municípios ou em qualquer instância, juízo ou tribunal;

g) as quitações, recibos e contratos de compra e venda de automóveis, bem como o penhor destes, qualquer que seja a forma que revistam;

---

5. CENEVIVA, Walter. *Lei dos Registros Públicos comentada*, p. 127.

h) os atos administrativos expedidos para cumprimento de decisões judiciais, sem trânsito em julgado, pelas quais for determinada a entrega, pelas alfândegas e mesas de renda, de bens e mercadorias procedentes do exterior;

i) os instrumentos de cessão de direito e de créditos, de sub-rogação e de dação em pagamento.

Nos termos do inciso 1º deste art. 129, os *contratos de locação predial* de qualquer natureza, para que surtam efeitos contra terceiros, reclamam registro no ofício de Títulos e Documentos, ressalvados aqueles contratos locativos nos quais tenha sido estabelecida cláusula de vigência, ou seja, cláusula de continuidade da locação, ainda que alienada a coisa locada na vigência do contrato, exigindo, nesse último caso, *duplo registro*, tal seja, registro do instrumento também perante o Registro Imobiliário (art. 167, I, n. 3, da LRP), para oponibilidade específica, contra terceiros, da referida cláusula. É o que se dessume do disposto na Súmula 442 do STF.

Os *depósitos* e *cauções* que interessam ao inciso 2º do art. 129 da LRP são aqueles realizados em garantia de obrigações contratuais. No contrato de *depósito*, o depositário recebe a guarda de coisa móvel, dela cuidando como se fosse sua até que reclamada pelo depositante, quando a devolverá com os frutos e acréscimos exigidos. Quanto à caução, já se fez referência linhas atrás, quando comentado o art. 127, inciso III, da LRP. A separação de instrumentos é admitida em razão de que o contrato garantido pode constar de documento a ser submetido a outro registro, hipótese em que a duplicidade do registro garante a eficácia do ato.

Na *fiança*, a que alude o inciso 3º do art. 129, uma pessoa se obriga para com o credor da outra. Só se estabelece essa obrigação por contrato escrito, no qual o fiador se compromete a satisfazê-la, caso o devedor não a cumpra. O instrumento é registrável sem necessidade de anuência do afiançado.

O inciso 4º do art. 129 da LRP cuida dos contratos de *locação de serviços*. Apesar de a relação de locação de serviços ser regulada na legislação do trabalho, o registro destina-se especialmente aos contratos de prestação eventual de serviços, alheios à relação de emprego. Apesar de haver outros órgãos a que o registro possa ser atribuído, não há óbices ao duplo registro.

O inciso 5º do art. 129 da LRP trata do registro dos contratos de *compra e venda*. Nos termos do art. 481 do Código Civil, nesse contrato, um dos contratantes obriga-se a transferir o domínio de certa coisa, e o outro, a pagar-lhe certo preço em dinheiro. A compra e venda a que alude o inciso 5º do art. 129 da LRP é aquela relativa a *bens móveis* tão somente, mediante prestações, com ou sem reserva de domínio ou alienação fiduciária em garantia.

José Maria Siviero, ao abordar o tema, teve grande habilidade expositiva, sintetizando com rara felicidade seus principais aspectos, tanto históricos como práticos:

"**Reserva de domínio** é cláusula contratual das vendas em prestações, que faz com que o comprador entre na posse da coisa comprada, mas o domínio permaneça reservado ao vendedor para ser transferido só depois do pagamento da última parcela do preço total. A **alienação fiduciária**, uma instituição do Direito Romano, foi revivida pela Lei 4.728 de 14/7/1965 que disciplinou o Mercado de Capitais.

Anteriormente a essa Lei, a aquisição de bens móveis era feita através de contrato de compra e venda com reserva de domínio. Ao vender um veículo, por exemplo, o vendedor financiava a operação em várias prestações para possibilitar a realização do negócio, pois o comprador não possuía condições de adquirir o bem à vista. Com o advento da alienação fiduciária, apareceu a figura da entidade financeira, que entra com o dinheiro, possibilitando que o vendedor receba o preço à vista. Assim, a financeira torna-se proprietária do bem desejado pelo comprador e financia a este, que fica investido apenas da posse do bem, até o final do pagamento das prestações. No término do pagamento a financeira transmite, ao comprador, a propriedade do bem. Dessa forma, nas obrigações garantidas por alienação fiduciária de bem móvel, a instituição financeira detém a propriedade da coisa alienada até a liquidação da dívida garantida. A alienação fiduciária somente se prova por escrito e seu instrumento público ou particular – qualquer que seja o seu valor – será arquivado, obrigatoriamente, no Registro de Títulos e Documentos, sob pena de não valer contra terceiros. O instrumento de alienação fiduciária deverá conter, obrigatoriamente: o total da dívida ou sua estimativa; o prazo ou a época do pagamento; a taxa de juros; a descrição do objeto da alienação; e os elementos indispensáveis à sua identificação".[6]

O Código Civil de 2002, pretendendo pacificar os dissídios doutrinários e jurisprudenciais acerca de muitos aspectos do tema,[7] estabeleceu, nos termos do *caput* de seu art. 1.361 e §§ 2º e 3º, que se considera fiduciária a propriedade resolúvel de coisa móvel infungível que o devedor, com escopo de garantia, transfere ao credor.

Com a constituição da propriedade fiduciária, dá-se o deslocamento da posse, tornando-se o devedor possuidor direto da coisa. A propriedade superveniente, adquirida pelo devedor, torna eficaz, desde o arquivamento, a transferência da propriedade fiduciária.

Quanto à constituição da propriedade fiduciária, dispôs o § 1º do art. 1.361 do Código Civil que esta se faz com o *registro do contrato*, celebrado por instrumento público ou particular, que lhe serve de título, no Registro de Títulos e Documentos do domicílio do devedor ou, em se tratando de veículos, na repartição competente para o licenciamento, fazendo-se a anotação no certificado de registro do veículo. Nesse particular, já estabelecera, desde 1993, a Súmula 92 do STJ que "a terceiro de boa-fé não é oponível a alienação fiduciária não anotada no Certificado de Registro do veículo automotor".

Estabeleceram, também, os incisos I a IV do art. 1.362 do Código Civil, os requisitos que deve conter o contrato que serve de título à constituição da propriedade fiduciária: a) o total da dívida, ou sua estimativa; b) o prazo, ou a época do pagamento; c) a taxa de juros, se houver; d) a descrição da coisa objeto da transferência, com os elementos indispensáveis à sua identificação.

Os *documentos de procedência estrangeira*, referidos pelo inciso 6º do art. 129 da LRP, são aqueles vindos do exterior, não versados em língua portuguesa, mesmo que não caracterizados propriamente na acepção técnico-jurídica como *documentos*, tais como as escrituras e certidões, mas também os recortes de impressos, cartas, discos, filmes e outras gravações. Para que possam ser registrados, devem vir traduzidos por *tradutor público* devidamente registrado em Junta Comercial, aplicando-se, também, aos documentos produzidos no Brasil em língua estrangeira e a todo aquele que, para ser

---

6. SIVIERO, José Maria. *Títulos e documentos e pessoa jurídica*: seus registros na prática. São Paulo, [s. ed.], 1983, p. 18-19.
7. CENEVIVA, Walter. *Lei dos Registros Públicos comentada*, p. 315.

executado no Brasil, precise ser traduzido. Pode ter sido escrito em língua *morta*, como o latim, ou em língua não correspondente a qualquer nacionalidade, como o *esperanto*. É igualmente registrável, de acordo com a previsão da LRP, o documento estrangeiro escrito em língua portuguesa para que seja eficaz no país.[8]

A Súmula 259 do STF estabeleceu não ser necessária a inscrição, no registro público, para que produzam efeitos em juízo, dos documentos de procedência estrangeira, autenticados por via consular brasileira. Continuam, entretanto, a tradução e inscrição como pré-requisitos da sua acolhida e eficácia perante os órgãos da Administração Pública brasileira, mesmo após sua apreciação judicial. Não havendo consulado brasileiro no país de origem do documento, basta, por evidente, a tradução e sua inscrição no Registro de Títulos e Documentos para apresentação em juízo. Acerca da qualificação registral de documentos de procedência estrangeira, ver item 5.6.4 deste livro.

O inciso 7º do art. 129 da LRP estabelece que a oponibilidade a terceiros das quitações, recibos e contratos de compra e venda de *automóveis*, bem como o penhor destes, qualquer que seja a forma que revistam, depende de seu registro no Registro de Títulos e Documentos. Esclareça-se, inicialmente, que o termo *"automóveis"*, utilizado no dispositivo legal, deve ser interpretado como *"veículos"*, de quaisquer espécies ou categorias.

Também importante frisar, nesse particular, que prescindirá desse registro, nos termos do § 1º do art. 1.361 do Código Civil, valendo para tanto a anotação no certificado de registro do veículo perante a repartição de trânsito competente, o contrato de compra e venda garantido por *alienação fiduciária*, já que essa anotação só é válida para a constituição da propriedade fiduciária sobre o veículo automotor.

Os *atos administrativos* a que alude o inciso 8º do art. 129 da LRP são geralmente aqueles editados por autoridades alfandegárias em relação, especialmente, às questões de incidência e exigibilidade do imposto de importação ou do imposto de circulação de mercadorias sobre produtos estrangeiros, quando estabelecida divergência de entendimento entre as autoridades e os contribuintes, sendo obtida, por estes últimos, decisão judicial não transitada em julgado (caracteristicamente, são liminares concedidas em sede de mandados de segurança), determinando a liberação ou desembaraço das mercadorias. Ocorrida a hipótese, tem aplicação o registro especificado pelo referido inciso 8º, relativamente ao ato administrativo liberatório dos bens, de modo a dar-lhe a adequada publicidade e oponibilidade a terceiros adquirentes dessas mercadorias acerca de sua situação pendente de decisão judicial definitiva e que, como tais, podem vir a constituir objeto de negócios temerários, cujo risco deve ser previamente avaliado.

Os instrumentos de *cessão de direitos e de créditos*, cujo registro para efeito de oponibilidade a terceiros é exigido pelo inciso 9º do art. 129 da LRP, podem ser públicos ou particulares, por meio dos quais o credor cede seu direito ou crédito, se a cessão for compatível com a natureza da obrigação e se autorizada por lei e pelo contrato. Não havendo disposição em contrário, a cessão abrange todos os acessórios do direito ou

---

8. CENEVIVA, Walter. *Lei dos Registros Públicos comentada*, p. 315.

crédito cedido. Nos termos do art. 221 do Código Civil, o registro é requisito formal obrigatório para a geração dos efeitos do negócio em relação a terceiros.

Nos termos do mesmo inciso 9° do art. 129 da LRP, é exigido o registro para conferir oponibilidade à *sub-rogação* em relação a terceiros. No regime de nosso Código Civil, pode a *sub-rogação* ser legal ou convencional.

No art. 346 do Código Civil, temos a *sub-rogação* legal, a qual se opera de pleno direito, independente de convenção, em favor:

a) do credor que paga a dívida do devedor comum;

b) do adquirente do imóvel hipotecado, que paga a credor hipotecário, bem como do terceiro que efetiva o pagamento para não ser privado de direito sobre imóvel;

c) do terceiro interessado, que paga a dívida pela qual era ou podia ser obrigado, no todo ou em parte.

Dessa forma, a exigibilidade do *registro do instrumento* não está dirigida à *sub-rogação legal*, mas especificamente à *sub-rogação convencional*,[9] que, nos termos do art. 347, incisos I e II, do Código Civil, se estabelece:

a) quando o credor recebe o pagamento de terceiro e expressamente lhe transfere todos os seus direitos;

b) quando terceira pessoa empresta ao devedor a quantia precisa para solver a dívida, sob a condição expressa de ficar o mutuante sub-rogado nos direitos do credor satisfeito.

O registro do instrumento no ofício de Títulos e Documentos, para conferir-lhe eficácia *erga omnes*, também é previsto para a hipótese de *dação em pagamento*. Assim, quando o credor consente em receber prestação diversa da que lhe é devida, ocorre a *dação em pagamento*. Nesses termos, se o pagamento da prestação era estipulado em dinheiro e o credor aceita um bem em pagamento, deverá ser determinado o preço do bem dado em pagamento, passando, as relações entre credor e devedor, a partir daí, a ser reguladas pelas regras do contrato de compra e venda (arts. 356 e 357 do Código Civil).

Entretanto, se a coisa dada em pagamento for título de crédito, a operação importará a realização de *cessão de crédito* (art. 358 do Código Civil).

Perdendo o credor a coisa dada em pagamento, por força de decisão judicial, será restabelecida a obrigação primitiva, ficando sem efeito a quitação dada, ressalvados eventuais direitos de terceiros (art. 359 do Código Civil).

O registro dos títulos e documentos enumerados nos arts. 127 e 129 da LRP será realizado no lugar do domicílio das partes contratantes e, quando residam em circunscrições territoriais diversas, deverá ser realizado em todas elas, no prazo de vinte dias da data da sua assinatura, completando-se a eficácia do negócio jurídico celebrado desde a assinatura, nos termos do que estabelece o art. 130 da LRP.

A apresentação dos títulos ou documentos a registro, depois de vencido o aludido prazo, faz com que a produção de efeitos interpartes se verifique a partir da data de sua

---

9. BATALHA, Wilson de Souza Campos. *Comentários à Lei dos Registros Públicos*, p. 481.

apresentação a registro, tal seja, da data de seu apontamento no protocolo do órgão registral competente.

O *efeito em relação a terceiros*, entretanto, como bem observa Walter Ceneviva,[10] depende do *registro*, e não da data de apresentação ao órgão registral, já que o efeito publicitário *erga omnes* conferido ao instrumento obrigacional e que, afinal, vai-lhe autorizar a oponibilidade extrapartes, pressupõe, necessariamente, a finalização do ato de registro.

O art. 131 da LRP, que estabelecia serem os registros de títulos e documentos não dependentes de prévia *distribuição*, restou derrogado pelo art. 12 da Lei n. 8.935/94 (Lei dos Notários e Registradores), ao dispor sobre a matéria com uma amplitude diferenciada, mas mantendo, no *caput* do art. 12, o mesmo critério original da LRP de que, em princípio, os registros, nos ofícios de títulos e documentos, prescindem de distribuição. Essa é a regra geral do país, onde predomina a unicidade de circunscrição registral que geralmente corresponde a um Município ou abrange totalmente o território de mais de um Município.

Entretanto, na nossa forma de ver, ao instituir, a LNR, em seu art. 13, a categoria dos ofícios de registro de distribuição, com a principal incumbência de realizar a distribuição equitativa, pelos serviços de mesma natureza, *quando essa distribuição passe a ser previamente exigida*, possibilitou, a lei, para a organização dos serviços registrais, de acordo com suas características nos mais distintos lugares do país, a adoção da distribuição prévia de títulos quando esse critério de organização administrativa venha a se mostrar adequado ou, dito de outra forma, conveniente e oportuno às autoridades administrativas que têm a seu cargo definir tais normas nas Unidades da Federação, em especial nos grandes centros urbanos que possuem vários ofícios registrais, não zoneados geograficamente, com atribuições sobre uma mesma base territorial extensa, o que geralmente termina por manifestar-se como sinônimo de confusão e conflitos de interesses que só vêm em prejuízo dos usuários, reclamando, pois, providências ordenadoras por parte da autoridade administrativamente superior.

Tanto é assim que em alguns lugares do país, como é o caso da Capital paulista e da Capital gaúcha, nas quais, a despeito de grandes discussões sobre a maior ou menor rigidez das normas que estabelecem vedação à prévia distribuição dos títulos e documentos apresentados a registro, fixadas na legislação federal específica, adotou-se a prática da distribuição como forma de resolver problemas de modo equânime, a partir, inclusive, de consenso entre os próprios registradores atuantes na mesma circunscrição.

Nesse aspecto, é compreensível a defesa de uma saída honrosa para a questão, por iniciativa de Walter Ceneviva, ao propugnar pela inconstitucionalidade dessas normas fixadas por meio de lei federal em matéria de distribuição (arts. 131 da LRP e 12 da LNR), uma vez que essa matéria não constituiria competência da União, mas reservada aos Estados.[11]

---

10. CENEVIVA, Walter. *Lei dos Registros Públicos comentada*, p. 318.
11. CENEVIVA, Walter. *Lei dos Registros Públicos comentada*, p. 320.

Além dos aspectos já analisados, convém lembrar outro aspecto importante que milita em favor da necessidade de distribuição em localidades nas quais existam vários ofícios de Registro de Títulos e Documentos: não havendo distribuição, naturalmente cresce a dificuldade de localizar determinado registro.[12]

4.4 O ADVENTO DO REGISTRO ELETRÔNICO

4.4.1 As Centrais Eletrônicas de Registros Públicos no Brasil

As Centrais Eletrônicas de Registros Públicos de todas as especialidades registrais contempladas pela Lei n. 6.015, de 31 de dezembro de 1973 (registro civil de pessoas naturais, registro civil de pessoas jurídicas, registro de títulos e documentos e registro de imóveis), representam o maior aporte tecnológico já introduzido no contexto dos serviços extrajudiciais de notas e de registros públicos brasileiros nos últimos tempos. Independentemente disso, o fenômeno atinge também a atividade notarial (a cargo dos tabelionatos de notas e de protesto de títulos) que também aceleram o dinamismo das atividades a cargo dos serviços extrajudiciais do país, previstos no art. 236 da Constituição.

A instalação dessas centrais eletrônicas constitui indispensável instrumento de prestação dos serviços de *registro eletrônico*, há muito aguardados em nosso país, especialmente pelo usuário final do sistema registral, facilitando-lhe o acesso e ampla circulação da informação, o que terminou por promover uma verdadeira revolução na forma de prestação dos serviços nesse segmento de serviços públicos do país, devido à integração nacional que essas estruturas tecnológicas de informática e telemática estão passando a proporcionar.

O tema já vinha sendo discutido há muito tempo no Brasil, mas foi a Lei n. 11.977, de 7 de julho de 2009, que, através das disposições de seus artigos 37 a 40, estabeleceu o marco regulatório para a introdução do registro eletrônico no país:

> Art. 37. Os serviços de registros públicos de que trata a Lei nº 6.015, de 31 de dezembro de 1973, observados os prazos e condições previstas em regulamento, instituirão sistema de registro eletrônico.
>
> Art. 38. Os documentos eletrônicos apresentados aos serviços de registros públicos ou por eles expedidos deverão atender aos requisitos da Infraestrutura de Chaves Públicas Brasileira – ICP e à arquitetura e-PING (Padrões de Interoperabilidade de Governo Eletrônico), conforme regulamento.
>
> Parágrafo único. Os serviços de registros públicos disponibilizarão serviços de recepção de títulos e de fornecimento de informações e certidões em meio eletrônico.
>
> Art. 39. Os atos registrais praticados a partir da vigência da Lei nº 6.015, de 31 de dezembro de 1973, serão inseridos no sistema de registro eletrônico, no prazo de até 5 (cinco) anos a contar da publicação desta Lei.
>
> Parágrafo único. Os atos praticados e os documentos arquivados anteriormente à vigência da Lei nº 6.015, de 31 de dezembro de 1973, deverão ser inseridos no sistema eletrônico.
>
> Art. 40. Serão definidos em regulamento os requisitos quanto a cópias de segurança de documentos e de livros escriturados de forma eletrônica.

---

12. BATALHA, Wilson de Souza Campos. *Comentários à Lei dos Registros Públicos*, p. 483.

4.4.2 A Central de Registro de Títulos e Documentos e de Pessoas Jurídicas

A Central Nacional de Registro de Títulos e Documentos e de Registro Civil de Pessoas Jurídicas – **Central RTDPJ-Brasil** (http://www.rtdbrasil.org.br) é um grande sistema integrativo, de abrangência nacional, que possibilita o intercâmbio de informações entre os ofícios de Registro de Títulos e Documentos (RTD) e de Registro Civil de Pessoas Jurídicas (RCPJ), o Poder Judiciário, a Administração Pública e o público em geral, proporcionando celeridade e eficácia na prestação dos serviços de registro das referidas especialidades.

Essa Central Nacional é constituída pela maior plataforma de registro eletrônico implantada até o momento no País.

Cabe a essa Central o acompanhamento de todo o processo registral, desde a solicitação por parte do usuário, até a emissão do registro e respectivas certidões por parte dos cartórios em todo o território nacional.

A plataforma é uma solução tecnológica que proporciona, economia de tempo, sistematização de processos, agilidade, celeridade e conforto aos usuários no momento da utilização dos serviços oferecidos pelos ofícios registrais.

A Central RTDPJ-Brasil é administrada pelo Instituto de Registro de Títulos e Documentos e Pessoas Jurídicas do Brasil (IRTDPJ-Brasil) e tem suas atividades reguladas pelo Conselho Nacional de Justiça (CNJ), órgão de cúpula da organização do Poder Judiciário brasileiro.

O IRTDPJ-Brasil é a principal entidade de representação institucional dos cerca de 3.400 cartórios de registro de Títulos e Documentos e de Pessoas Jurídicas em atividade em todo o país.

Os cartórios de Registro de Títulos e Documentos (RTD) têm como atribuição legal arquivar e conservar documentos, dar publicidade, produzir oponibilidade em relação a terceiros e perpetuar, através de seus registros, os negócios realizados entre pessoas físicas e/ou jurídicas.

Já os cartórios de Registro Civil de Pessoas Jurídicas (RCPJ) têm atribuição legal para constituir a personalidade jurídica e registrar todos os atos das sociedades simples (sob a forma típica ou limitada), sociedades cooperativas, empresas individuais de responsabilidade limitada, empresas simples de crédito, associações, fundações, organizações religiosas, partidos políticos e sindicatos.

Dessa forma, todos os atos que constituem as atribuições legais dos cartórios de RTD e RCPJ, em todo o território brasileiro, podem ser viabilizados eletronicamente, através da estrutura de serviços de sua Central Nacional (Central RTDPJ-Brasil), acessível pela rede mundial de computadores no endereço eletrônico http://www.rtdbrasil.org.br/.

O Provimento n. 48, de 16 de março de 2016, alterado pelo Provimento n. 59, de 3 de maio de 2017, da Corregedoria Nacional do CNJ, estabelecem diretrizes gerais para o sistema de registro eletrônico de títulos e documentos e civil de pessoas jurídicas para todo o país.

De acordo com os referidos provimentos, em cada Estado e no Distrito Federal serão criadas Centrais de Serviços Eletrônicos Compartilhados, às quais estarão integrados todos os oficiais de registro de títulos e documentos e de registro civil de pessoas jurídicas, mediante ato normativo da Corregedoria-Geral de Justiça local, compreendendo a prestação dos seguintes serviços (art. 2º):

> I – o intercâmbio de documentos eletrônicos e de informações entre os ofícios de registro de títulos e documentos e civil de pessoas jurídicas, o Poder Judiciário, a Administração Pública e o público em geral;
>
> II – a recepção e o envio de títulos em formato eletrônico;
>
> III – a expedição de certidões e a prestação de informações em formato eletrônico; e
>
> IV – a formação, nos cartórios competentes, de repositórios registrais eletrônicos para o acolhimento de dados e o armazenamento de documentos eletrônicos.
>
> V – a recepção de títulos em formato físico (papel) para fins de inserção no próprio sistema, objetivando enviá-los para o registro em cartório de outra comarca.

O advento dessas Centrais de Registro Eletrônico, entretanto, em nada alteraram a *organização* e as *atribuições legais* dos Ofícios de Registro, apenas determinam alterações na rotina segundo a qual os serviços serão prestados de forma integrada por meio dessas centrais, em todo o país, introduzindo apenas uma *nova forma* pela qual os documentos podem ser apresentados, tramitados e processados os respectivos atos (a forma *eletrônica*).

Assim, toda a responsabilidade na prestação dos serviços permanece sob a exclusiva tutela dos Oficiais de Registro de Títulos e Documentos ou de Registro Civil de Pessoas Jurídicas, nos termos do que esclarece o art. 4º do já referido Provimento n. 48/2016:

> Art. 4º. Todas as solicitações feitas por meio das centrais de serviços eletrônicos compartilhados serão enviadas ao ofício de registro de títulos e documentos e civil de pessoas jurídicas competente, que será o único responsável pelo processamento e atendimento.

5
Procedimentos Registrais no RTD

5.1 INTRODUÇÃO

Neste capítulo, designamos por *"procedimentos registrais"* àquele conjunto de providências e de juntada de documentos cuja realização, perante o Registro de Títulos e Documentos, é necessária para que o interessado possa obter a realização do *ato registral* pretendido e aufira os efeitos jurídicos dele decorrentes.

Há que se salientar um aspecto fundamental da realização do registro de títulos, documentos e outros papéis, junto ao órgão registral competente, que é a formalização do PEDIDO DE REGISTRO, pelo interessado ou apresentante, por meio de *requerimento escrito,* perante o oficial incumbido da atividade.

A importância desse *pedido formal,* ao delegatário dos serviços, está ligada à própria natureza dessa atividade registral específica – que tem na *publicidade* o seu valor fundamental –, já que, na prestação desse serviço, vai-se proceder, basicamente, de acordo com a solicitação do interessado, inclusive no direcionamento da atuação registral para a produção dos efeitos jurídicos por ele pretendidos.

Estabelece a LRP, em seu art. 130, a *regra geral* de *"competência"* para o *registro* dos atos incumbidos ao Registro de Títulos e Documentos, nos termos do artigo 129 da mencionada lei, indicando que o registro será feito naquele do *domicílio das partes contratantes* e, quando estas residirem em circunscrições territoriais diferentes, o registro será feito em todas elas.

Há algumas modificações desse critério geral quando *legislação específica* dispuser de outra forma, como, por exemplo, a disposição do § 1º do art. 1.361 do Código Civil, que alterou a regra do registro dos contratos de *alienação fiduciária* para o RTD de *domicílio do devedor,* quando se tratar de bens móveis infungíveis que não sejam *veículos automotores* sujeitos a registro e licenciamento.

5.2 PROCEDIMENTO GERAL PARA REGISTRO

Há um padrão geral aplicável à solicitação do registro em títulos e documentos, que pode ser resumido aos seguintes itens:

   a) requerimento explicitando o registro requerido e sua finalidade, tendo em vista que, quando os registros têm caráter *obrigatório,* seu apontamento garantirá *prioridade* de direitos, eventualmente em concurso, representados por instrumentos registrados, com suas datas previamente fixadas, assim como *oponibilidade* a terceiros, decorrente da publicidade registral a ele conferida; quando têm caráter *facultativo*, ao revés, não garantirão prioridade nem oponibilidade, pois o efeito é essencialmente *conservativo* de todo o seu conteúdo;

b) requerimento explicitando as notificações a serem realizadas e seus destinatários que eventualmente não figurem no documento registrado;

c) exame superficial das condições do título, estando vedado o registro de documentos que expressem atividades *ilegais,* ou tenham conteúdo ofensivo à moral e aos bons costumes;

d) dispensa de reconhecimento de firmas (salvo nas procurações a serem apresentadas);

e) o *apontamento* de qualquer título a registro não restará obstado em razão de exigência de prévio cumprimento de *obrigação fiscal* se essa prenotação tiver o condão de garantir *prioridade* de direitos ao apresentante, assim como no caso de conter evidente causa de *impugnação* do título (art. 12 da LRP);

f) a exigência, de regra, de *tradução pública*, por tradutor habilitado, para a realização de registro de documentos estrangeiros – salvo quando o registro seja destinado à simples conservação do documento e esteja versado em caracteres comuns (alfabeto latino).

Há um cuidado que incumbe mais ao interessado no registro do que ao órgão registral – já que este realizará o registro de qualquer forma –, porque implicará a alteração dos *efeitos* atribuídos ao registro realizado.

Trata-se do cuidado com o *prazo* de apresentação do documento ao órgão registral do domicílio das partes contratantes, estabelecido pelo art. 130 da Lei n. 6.015/73.

Essa disposição legal estabelece um prazo de 20 (vinte) dias, contado desde a celebração do negócio, para que seja registrado e lhe seja conferida a necessária *publicidade registral*.

Geralmente, é a *data do documento* que se toma por base, mas, se o documento não foi datado, conta-se da data em que as assinaturas tenham sido autenticadas – reconhecimento das firmas em tabelionato de notas – e, não sendo ainda possível determiná-la (já que, ainda que desejável, não constitui, o reconhecimento de firmas, requisito formal exigível do documento levado a registro, salvo no caso das procurações apresentadas), levar-se-á em consideração o *contexto* do documento para que dele se deduza uma data razoável e compatível quanto à firmatura do documento em que celebrado o negócio.

Dada a *publicidade registral* ao documento dentro do prazo legal, isso vai implicar que o ato ou negócio tenha validade e eficácia, *entre as partes*, desde a data de sua *celebração*, e tenha eficácia ou oponibilidade *em relação a terceiros*, desde a data de *finalização do registro*.

Por outro lado, se for dada a *publicidade registral* ao documento, não observando o prazo legal a que se refere o *caput* do art. 130 da LRP, isso vai implicar que o ato ou negócio tenha validade e eficácia, *entre as partes*, somente a partir da data de apresentação do documento a *registro* (parágrafo único do art. 130 da LRP); ou seja, a contar da data de sua *prenotação* no protocolo do órgão registral. Evidentemente que a oponibilidade *em relação a terceiros* também se vai operar desde a data de *finalização do registro*.

Com o advento do *registro eletrônico*, operado no país pelas *centrais de serviços eletrônicos compartilhados* de registro de títulos e documentos e de pessoas jurídicas (ver itens 4.4.1 e 4.4.2), passaram a ser exigidas algumas *adaptações* de procedimentos para a prestação dos serviços extrajudiciais de notas e de registros públicos fazendo uso das mencionadas centrais.

Assim, conforme já referido anteriormente, a introdução dessas *centrais* em nada alterou a *organização e as atribuições* incumbidas aos serviços extrajudiciais do país, os quais permaneceram sob a exclusiva tutela e responsabilidade dos Ofícios de Registro de Títulos e Documentos e de Pessoas Jurídicas, que continuarão recebendo e processando todas as solicitações feitas por meio das centrais.

Da mesma forma, as eventuais *adaptações procedimentais* ocorridas em razão da prestação dos serviços por meio das *centrais*, não alteraram os roteiros gerais apresentados visando à realização dos atos registrais em RTD já que implicam apenas a mudança no *formato* dos documentos a apresentar: do *físico* (formato impresso em papel), para o *eletrônico* (formato digital).

O atendimento tradicional, prestado pelas serventias, continua sendo realizado presencialmente em suas sedes, ainda que através de regimes de trabalho e horários adaptados para o enfrentamento das dificuldades surgidas em razão da *pandemia de Covid-19* provocada pelo contágio com o *novo corona vírus* ao longo dos anos de 2019-2020. Entretanto as limitações e riscos impostos por essa situação de *crise sanitária* aceleraram o processo de instalação e operação das *centrais eletrônicas de registro* que passaram a proporcionar a prestação dos serviços de forma remota aos usuários.

Assim, se o usuário dos serviços se utilizar do *processo tradicional* de registro, fazendo a entrega de documentos originais fisicamente (em papel) na sede das serventias, depois de realizado o ato registral solicitado, os documentos respectivos serão entregues ao apresentante, da forma tradicional, contendo a certificação do registro realizado através de *certidões e documentos físicos* (impressos em papel, assinados fisicamente e com todos os requisitos tradicionais de segurança e autenticidade – tais como formulários, carimbos e selos). A única mudança que poderá ser verificada em relação aos documentos é quanto ao seu *arquivamento* no órgão registral, que poderá ser realizado pela forma tradicional (impresso em papel) ou pela forma eletrônica (através de *digitalização* dos originais).

Tratando-se de *documento eletrônico*[1] apresentado a registro por meio das *centrais* (ou mesmo presencialmente nas serventias), o *sistema eletrônico de registro* importará uma

---

1. Um *documento eletrônico* é um *documento digital* que se caracteriza pela codificação em dígitos binários e acesso por sistema computacional. Um *documento digital* pode ser um *documento nato-digital* ou um *documento digitalizado*. Documento nato-digital é o documento que "*nasceu*" em formato digital (como é o caso de um documento produzido por um editor de texto ou por uma câmera digital). Os *documentos nato-digitais* possuem validade legal equiparada a dos documentos físicos, garantida por *certificação digital* ou *assinatura digital*. O *certificado digital* permite a identificação do autor de uma mensagem ou transação feita em meios eletrônicos sendo autenticado por uma Autoridade Certificadora (AC). A *assinatura digital* consiste em um mecanismo que identifica o autor da assinatura, vinculando-a ao documento eletrônico assinado e impedindo sua alteração por meio da criação de

cópia do arquivo, processará o registro solicitado e devolverá o documento, *digitalizado* e com a *assinatura eletrônica* do registrador, seu substituto ou escrevente autorizado.

As centrais proporcionam a emissão e entrega de *certidão eletrônica*, por suas plataformas, podendo o interessado solicitar que a certidão lhe seja enviada por via postal ou que seja *materializada (impressa em papel e assinada fisicamente)*, por *registrador* de títulos e documentos e de pessoas jurídicas situado em outra localidade, mediante o pagamento dos respectivos emolumentos.

Através das centrais é proporcionada, também, a *pesquisa por atos de registro*, cujo resultado indicará a *serventia* na qual foi lavrado o registro e pelo menos um elemento de individualização para afastar a possibilidade de ocorrência de homonímia.

Aqui foi apresentada uma ideia geral acerca do funcionamento das *centrais de registro eletrônico* e sua rotina de operação, sendo recomendável, entretanto, verificar as normas específicas baixadas pelas Corregedorias de Justiça das Unidades da Federação a esse respeito.

5.3 EXIGIBILIDADE DA CERTIDÃO NEGATIVA DE DÉBITOS PREVIDENCIÁRIOS

A Certidão Negativa de Débitos (CND) é o documento de prova de inexistência de débito para com as contribuições destinadas à Seguridade Social.

Essa certidão foi unificada com a denominação de Certidão Negativa de Débitos Tributários Federais e à Dívida Ativa da União, depois da unificação das Secretarias da Receita Federal e da Receita Previdenciária da União e formação da SECRETARIA DA RECEITA FEDERAL DO BRASIL (RFB).

Solicita-se, da empresa, a apresentação de CND (ou de Certidão Positiva com Efeitos de Negativa) na *alienação ou oneração, a qualquer título, de bem móvel incorporado ao ativo permanente da empresa*, desde que seu valor seja superior ao **fixado anualmente** em Portaria do Ministério da Economia (ME), como forma de atualização do valor referido no art. 47, inciso I, alínea "c", da Lei n. 8.212, de 24-7-1991. Quando há normas locais autorizadoras, baixadas pelas Corregedorias de Justiça Estaduais, é dispensada a apresentação de CND, nesta hipótese, se apresentada, pelo representante legal da pessoa jurídica, *declaração escrita* de que o bem não integra o ativo permanente da empresa. Também é dispensável a CND para o registro em RTD de ato ou contrato que constitua *retificação, ratificação ou efetivação* de outro anterior para o qual já foi feita essa prova, nos termos do que autoriza a alínea "a" do § 6º do art. 47 da Lei n. 8.212/1991.

O **valor vigorante, a partir de 1º de janeiro de 2020**, foi fixado em R$ 62.981,70, pela Portaria SPERT n. 3659, de 10-2-2020 (inciso V do art. 8º), publicada no *Diário Oficial da União* de 11 de fevereiro de 2020 (disponível em http://normas.receita.fazenda.gov.br/, acesso em 23-11-2020).

---

uma "imutabilidade lógica" em relação ao conteúdo desse documento. *Documento digitalizado* é a representação digital de um documento produzido em outro formato (físico) e que, por meio da *digitalização*, foi *convertido* para o formato digital. No Brasil, a Lei da Digitalização (Lei n. 12.682, de 9.7.2012) e sua regulamentação procuraram garantir segurança jurídica aos documentos digitalizados.

Também cabe a apresentação dessa certidão, pela empresa, na hipótese de *contratação com o Poder Público e no recebimento de benefícios ou incentivo fiscal ou creditício concedido por ele* (art. 47, inciso I, alínea "a" da Lei n. 8.212/1991).

A **Certidão Negativa de Débitos** é documento fornecido pelos órgãos locais competentes da **Secretaria da Receita Federal do Brasil (RFB)**, nos termos da Portaria Conjunta PGFN-RFB n. 1.751, de 2-10-2014 (*DOU* de 3-10-2014).

5.4 ESPÉCIES REGISTRÁVEIS

5.4.1 Introdução

No sentido jurídico, *documento* é qualquer escrito que sirva de prova de um fato. Já o *título* é um instrumento portador de efeito jurídico próprio. Assim, *documento* é o gênero e o *título* uma espécie. [2] Dessa forma, todo *título* será também um *documento*, mas nem todo o documento será também um título.

Quaisquer das espécies documentais referidas no glossário a seguir apresentado, ainda que não tenham previsão para registro específico em RTD (art. 127, incisos I a VI, e art. 129, incisos 1º a 9º, da LRP), serão nele registráveis pelo menos na forma de registro *facultativo*, para simples *conservação* do documento (art. 127, inciso VII, da LRP) ou, ainda, valendo-se da *competência residual* desse Ofício (art. 127, parágrafo único, da LRP), quando o registro não for conferido expressamente, por lei, a outro Ofício.

Quando se tratar de *contratos*, que constituem parcela significativa dos documentos levados ao RTD, a doutrina brasileira comumente classifica-os como *típicos* e *atípicos*, sendo da primeira espécie os que forem inteiramente regulados em lei e da segunda espécie quando assim não o forem.

Já o art. 221 da LRP, ainda que essa disposição esteja no âmbito da matéria relativa ao Registro de Imóveis, esclarece o alcance do que seja *título* para efeitos *registrais*, noção que pode ser estendida a qualquer das espécies de *registros públicos* previstos na Lei de Registros Públicos (§ 1º do art. 1º da Lei n. 6.015/1973). Assim, ainda que para a efetivação de registros em RTD a distinção seja irrelevante, poderíamos dizer que as espécies *instrumentais* elencadas nos incisos do art. 221 da LRP seriam documentos que possuem a característica de *título* (em sentido impróprio); as demais espécies que se não amoldem a essa disposição legal, seriam, simplesmente, *documentos*.

A doutrina esclarece que há títulos em sentido *próprio* e títulos em sentido *impróprio*. Título em *sentido próprio* refere-se ao título causal de um registro. Diz respeito ao fundamento do direito ou obrigação que se quer registrar, só podendo ser outorgado pelo titular do direito. Assim, não somente aqueles elencados no art. 167, I, da LRP são títulos em sentido próprio, mas também aqueles elencados nos seus artigos 127 e 129 pertencem a essa categoria.

---

2. SERPA LOPES, Miguel M. de. *Tratado dos registros públicos*. 3. ed. Rio de Janeiro: Freitas Bastos, 1955, v. I, p. 26.

Já título em *sentido impróprio* guarda relação com o *instrumento* que terá por objeto o título causal inscritível; aquele que o *materializa*, produzindo efeitos legais *erga omnes* a partir de seu ingresso no registro e enquanto nele permanecer inscrito.[3]

5.4.2 Glossário de espécies registráveis

Muitas são as espécies documentais passíveis de ingresso no Registro de Títulos e Documentos. José Maria Siviero[4], por exemplo, relaciona mais de cento e quarenta dessas espécies, refletindo, além da diversidade, sua heterogeneidade. Além disso, diariamente estão a surgir novas espécies documentais que, por inúmeras razões, terminam por ser levadas a ingresso no RTD, daí por que seu rol será sempre exemplificativo.

A seguir é apresentado um **glossário** das espécies de documentos mais recorrentes no Registro de Títulos e Documentos ou daquelas de uso mais comum no país, fornecendo uma noção acerca de sua finalidade e utilidade, assim como de seus principais fundamentos jurídicos.

Acordo

No âmbito do Direito o termo *acordo* comporta uma série de sinônimos: ajuste, combinação, pacto, convenção, conjugação de vontades, acomodação, transação, conciliação. Pode ter diversas finalidades, isoladas ou conjugadas: regular os mais diversos interesses, liquidar obrigações, constituir ou extinguir direitos, modificar ou extinguir pactos anteriores. Muitas vezes recebe outras denominações em razão da utilização de instrumentos específicos e tradicionais nos quais as partes (bilateralmente ou multilateralmente) podem materializar um *acordo de vontades*, seja ele de interesse público ou privado, tais como: contratos, distratos, convênios, compromissos, termos de cooperação ou colaboração, protocolos de intenções, etc.

Seu registro em RTD pode-se operar por várias formas e fundamentos, tanto em caráter taxativo como no caso do art. 127, I, da LRP, se o instrumento convencionar obrigação com valor estipulado. Poderá também comportar registro em caráter *facultativo*, para efeito de mera *conservação*, nos termos do art. 127, VII, da LRP, assim como em caráter *residual*, se não caracterizadas as hipóteses anteriores, dada à inexistência de registro específico para a espécie (parágrafo único do art. 127 da LRP).

O registro, em quaisquer das hipóteses, terá a importante virtude de *autenticar a data* do documento, esclarecendo eventuais dúvidas acerca do momento em que o documento já existia.

Agência

Ver, neste glossário, o termo "agenciamento".

---

3. ARRUDA ALVIM NETO, José M. de, et. al. (org.) *Lei de registros públicos comentada*. Rio de Janeiro: Forense, 2014, p.1160.
4. SIVIERO, José Maria. *Títulos e documentos e pessoa jurídica*, p. 40--44.

Agenciamento

O contrato de *agenciamento,* de *agência,* ou de *representação comercial* é um contrato típico, ou seja, cuja disciplina está plenamente especificada em lei. No caso, sua disciplina está nos artigos 710 a 721 do Código Civil de 2002, sendo que o art. 721 do Código Civil prevê a extensão, a ele, das regras do *mandato* (artigos 653 a 692) e da *comissão* (artigos 693 a 709), bem como de aplicar-se-lhe as regras constantes de *lei especial* que, no caso, é a Lei n. 4.886/1965, que disciplina a *representação comercial*.

A respeito desse contrato esclarece Humberto Teodoro Júnior[5]:

> "Em lugar de usar empregados para angariar clientes fora do estabelecimento, o empresário pode contratar esse serviço junto a outros empresários, que fazem do agenciamento de clientela o objeto de suas empresas. Nesse momento surge o fenômeno da representação comercial ou agência, que integra a categoria dos chamados contratos de colaboração empresarial. Já então o fornecedor não terá comando do processo, pois o agente é um representante autônomo, que organiza sua própria empresa e a dirige, sem interferência dos empresários que utilizam seus serviços. O agente faz da intermediação de negócios sua profissão. Não pratica a compra e venda das mercadorias do representado. Presta serviço tendente a promover a compra e venda, que será concluída pelo preponente. Por isso, na linguagem tradicional do direito brasileiro esse agente recebia o nome de 'representante comercial autônomo' (Lei nº 4.886, de 09.12.1965). O NCC, a exemplo do direito europeu, abandonou o *nomen iuris* de 'representante comercial', substituindo-o por 'agente'. Sua função, porém, continua sendo exatamente a mesma do representante comercial autônomo."

O registro desse contrato em RTD pode conferir-lhe publicidade ultrapartes especialmente quando o instrumento estabelecer obrigações de valor determinado a serem cumpridas. Se realizado o registro em caráter facultativo (art. 127, VII da LRP) o efeito será apenas conservativo. O registro tem a virtude, também, de autenticar-lhe a data.

Alienação fiduciária

Apesar de haver alguns dissídios doutrinários acerca da estrutura desse instituto jurídico, pode-se afirmar que a alienação fiduciária é uma forma de *direito real de garantia* e não uma forma de propriedade.[6] Em tal sentido, o credor, em momento algum do negócio, titula a *propriedade* do bem gravado pela garantia. O que é titulado pelo credor é a *garantia real,* na forma de alienação fiduciária. O próprio sistema legal (art. 1.361 do Código Civil) veda a aquisição do bem pelo credor, atribuindo ao instituto a normatividade típica dos direitos reais de garantia, conforme fica assente pelo disposto no art. 1.367 do Código Civil de 2002. Na alienação fiduciária há um desdobramento do *direito de disposição,* relativamente ao bem, em favor do credor, gerando um *domínio resolúvel* que possibilita a realização da garantia a partir da ocorrência do inadimplemento. Assim, resolvido o domínio em favor do credor, a propriedade do bem se transfere para ele, obrigando a que o bem lhe seja entregue, pelo devedor, para alienação, nos termos do art. 1.364 do Código Civil. Não é somente a *faculdade real de uso* que remanesce

---

5. TEODORO JÚNIOR, Humberto. Contrato de agência e distribuição no novo Código Civil. *Juris Síntese DVD,* jul./ago. 2017, IOB Publicações Jurídicas: São Paulo.
6. PEREIRA, Rodrigo da Cunha (Coord.). *Código civil anotado.* Porto Alegre: Síntese, 2004, p. 957.

com o devedor, mas todas as faculdades dominiais em relação ao bem, à exceção do *jus disponendi*, permanecem integrando sua esfera de domínio.

A *garantia* de alienação fiduciária é operada em relação a *coisas móveis infungíveis*, (coisas móveis que não podem ser substituídas por outras de mesma espécie, quantidade e qualidade) sendo constituída por meio do *registro do contrato* que lhe serve de título no Registro de Títulos e Documentos do domicílio do devedor, exceto no caso de *veículos automotores*, quando o registro será feito na repartição de trânsito competente para o licenciamento, pela anotação do gravame no certificado de registro (§ 1º do art. 1.361 do Código Civil).

A Deliberação CONTRAN n. 77/2009 dispõe sobre a possibilidade de registro do contrato de financiamento de veículo com cláusula de *alienação fiduciária* no órgão ou entidade executivo de trânsito do Estado ou do Distrito Federal em que estiver registrado e licenciado o veículo e a anotação do respectivo *gravame* (art. 4º) no certificado de registro do veículo automotor (CRV).

A alienação fiduciária de *aeronaves ou de seus motores* deve ter o seu instrumento público ou particular inscrito no Registro Aeronáutico Brasileiro, contendo os principais elementos do contrato (valor da dívida, taxa de juros, comissões cuja cobrança seja permitida, cláusula penal, estipulação da correção monetária com a indicação exata dos índices aplicáveis, data do vencimento, local do pagamento, descrição da aeronave ou de seus motores, com as indicações constantes do Registro e dos respectivos certificados de matrícula e de aeronavegabilidade), nos termos dos artigos 149, 150 e 151 do Código Brasileiro de Aeronáutica (Lei n. 7.565/1986).

A alienação fiduciária de *bens imóveis,* apesar de estar inspirada nos mesmos fundamentos da disciplina jurídica do instituto aplicável às coisas móveis infungíveis, tem regulação por lei específica (Lei n. 9.514/1997), sendo constituída, essa garantia real, pelo registro do contrato perante o *Registro de Imóveis*.

Alvará

Alvará é documento tipicamente expedido pelos órgãos da Administração Pública para a autorização ou demonstração de regularidade em relação a diversas atividades fiscalizadas pelo Poder Público. Assim, seu conteúdo corresponde a um ato administrativo praticado pela autoridade pública em relação a particulares.

Hely Lopes Meirelles ensina que "*alvará* é o instrumento da licença ou da autorização para a prática de ato, realização de atividade ou exercício de direito dependente de policiamento administrativo. É o consentimento formal da Administração à pretensão do administrado, quando manifestada em forma legal. O alvará pode ser definitivo ou precário: será definitivo e vinculante para a Administração quando expedido diante de um direito subjetivo do requerente como é a edificação, desde que o proprietário satisfaça todas as exigências das normas edilícias; será precário e discricionário se a Administração o concede por liberalidade, desde que não haja impedimento legal para sua expedição, como é o alvará de porte de arma ou de uso especial de um bem público".[7]

---

7. MEIRELLES, Hely Lopes. *Direito administrativo brasileiro*. 14. ed. São Paulo: RT, 1989, p.117-18.

Como ato administrativo recebe a publicidade característica de tais atos pela publicação no respectivo órgão publicitário da Administração Pública (Diário Oficial ou jornal que cumpra tal função), o que, entretanto, não impede seu registro em RTD.

Apostila

No âmbito do Direito Administrativo, *apostila* é a nota, declaração ou aditamento feito em documento público registrando qualquer ato ou determinação da autoridade competente em relação a seu titular, nos casos previstos em lei e pela forma nela estabelecida. Também designa a anotação que se faz em título de nomeação para cargo público, relativa a intercorrências verificadas com o servidor nomeado, tais como remoções, promoções, transferências, aposentadoria, etc.

Também é assim designado o documento instituído pela Convenção de Haia sobre a eliminação da exigência de legalização de documentos públicos estrangeiros, celebrada em Haia, em 5 de outubro de 1961 (Convenção da Apostila). O Brasil aderiu a essa convenção internacional por meio de aprovação de seu texto pelo Congresso Nacional através do Decreto Legislativo n. 148/2015 e promulgação pelo Poder Executivo Federal através do Decreto n. 8.660/2016. A legalização de documentos públicos pela aposição dessa *apostila*, no âmbito interno do país, está regulada pela Resolução CNJ n. 228/2016, que define as características do documento e as autoridades competentes para expedi-la, tendo a matéria sido complementada pelas disposições do Provimento CNJ n. 58/2016. Essa apostila é aposta ou afixada a documentos públicos brasileiros que sejam legalizados no território nacional para que tenham validade no exterior, perante os demais países signatários da Convenção. O procedimento dispensa a realização da legalização por meio de chancela ou visto consular ou diplomática para validação de documentos no exterior, método de uso tradicional pelos órgãos consulares e diplomáticos, mas muito burocrático e demorado, o que levou à criação daquela Convenção. Nos primeiros tempos de vigência da Convenção a apostila era aplicada aos documentos através de um carimbo padronizado, mas, com o tempo, o sistema foi sendo aperfeiçoado e hoje há possibilidade de colocação dos documentos apostilados em uma base de imagens em cada país, sob a responsabilidade de uma autoridade central (que no Brasil é o Conselho Nacional de Justiça) contendo, a apostila, uma chave de acesso que possibilita a visualização *on-line* da imagem do documento apostilado, o que viabiliza a verificação da *autenticidade* do documento, via Internet, em qualquer lugar do mundo. O sistema brasileiro de apostilamento de documentos públicos para sua validação no exterior é considerado um dos mais modernos do mundo na atualidade.

Arrendamento de aeronave

Dá-se o contrato de *arrendamento* ou *aluguel* de aeronave quando uma das partes se obriga a ceder à outra, por tempo determinado, o uso e gozo de uma *aeronave ou de seus motores*, mediante certa retribuição.

O contrato de arrendamento de aeronave tem disciplina específica através dos artigos 127 a 132 do Código Brasileiro de Aeronáutica (Lei n. 7.565/1986), devendo ser feito por instrumento público ou particular, com a assinatura de duas testemunhas e inscrito no Registro Aeronáutico Brasileiro.

Arrendamento mercantil

O **arrendamento mercantil** ou *leasing* é um contrato através do qual a *arrendadora* ou *locadora* (empresa que explora o *leasing*, geralmente um banco ou uma sociedade de arrendamento mercantil) adquire um bem escolhido por seu cliente – o *arrendatário*, ou *locatário* – o qual pode ser uma pessoa jurídica (sociedade empresária, sociedade simples, entidade sem fim econômico ou outra qualquer forma de organização) ou pessoa natural, para, a seguir, alugá-lo a esse cliente, por certo prazo. Ao término do contrato, o *arrendatário* pode optar por renová-lo por mais um período ou por devolver o bem arrendado à *arrendadora* (que pode exigir, no contrato, o pagamento de um valor residual) ou, ainda, pode optar por adquirir o bem, pelo valor de mercado, ou por um valor residual previamente contratado.

A *arrendadora* é a proprietária do bem, sendo que a posse e o usufruto, na vigência do contrato, são do *arrendatário*. O contrato de arrendamento mercantil pode prever, ou não, a *opção de compra*, pelo arrendatário, do bem de propriedade da arrendadora.

A publicação do respectivo contrato em RTD confere-lhe publicidade ultrapartes para oponibilidade em relação a terceiros, especialmente considerando que o bem constitui propriedade do arrendador, mas fica na posse do arrendatário, visando a facilitar o esclarecimento de situações tais como a busca e apreensão ou a penhora em relação a bens do arrendatário, evitando a confusão de bens.

A Deliberação CONTRAN n. 77/2009 dispõe sobre a possibilidade de registro do contrato de *arrendamento mercantil* e anotação do respectivo gravame (art. 4º) no certificado de registro de veículo automotor (CRV).

O arrendamento mercantil de *aeronaves* deve ser inscrito no Registro Aeronáutico Brasileiro, mediante instrumento público ou particular que contenha os principais elementos do contrato (descrição da aeronave, valor, prazo do contrato, valor das prestações, data e local dos pagamentos, opção de compra ou de renovação contratual, local onde a aeronave deverá estar matriculada), de acordo com o que dispõe o art. 137 do Código Brasileiro de Aeronáutica (Lei n. 7.565/1986).

Arrendamento rural

Arrendamento rural é o contrato agrário pelo qual uma pessoa se obriga a ceder à outra, por tempo determinado ou não, o uso e gozo de imóvel rural, parte ou partes do mesmo, incluindo, ou não, outros bens, benfeitorias e ou facilidades, com o objetivo de nele ser exercida atividade de exploração agrícola, pecuária, agroindustrial, extrativa ou mista, mediante certa retribuição ou aluguel, observados os limites percentuais da Lei.[8] Nesse contrato, *arrendador* é quem cede o imóvel rural ou o aluga e *arrendatário*

---

8. Definição dada pelo art. 3º do Decreto Federal n. 59.566, de 14.11.1966.

é a pessoa ou conjunto familiar, representado pelo seu chefe, que o recebe ou toma por aluguel.

Aos contratos agrários são aplicáveis as disposições dos artigos 92 a 94 do Estatuto da Terra (Lei n. 4.504/1964)

Assunção de responsabilidade

Declaração geralmente feita de forma unilateral através da qual alguém toma para si a responsabilidade em relação a algum fato ou evento ocorrido ou que venha a ocorrer, ou em relação às consequências de um fato ou evento ocorrido ou que venha a ocorrer, por meio da assinatura de um "termo de assunção de responsabilidade" onde declara que reconhece sua responsabilidade por determinado fato ou está ciente e foi alertado previamente acerca de sua responsabilidade por uma decisão tomada.

O procedimento de exigir prévio "termo de responsabilidade" pode estar destinado a alertar ou a dar ciência inequívoca a alguém em relação à *responsabilidade civil* decorrente de diversas atividades, de maior ou menor risco, que pretendam ser desenvolvidas por determinada pessoa, conhecendo previamente seus riscos ou eventuais consequências danosas.

Esse documento pode ter conteúdo muito variado, dependendo da situação a que se destine a comprovar. Alguns são consagrados e adotados como verdadeiras praxes em diversos setores de atividades. Há termos de assunção de responsabilidade em relação ao pagamento de despesas que venham a ser realizadas na execução de determinado serviço, atendimento, ou realização de obra, reparo, conserto, etc.

Na jurisprudência são encontráveis inúmeras apreciações relativamente a casos julgados em que tais documentos foram produzidos, sendo apresentados em juízo, tanto para afirmar como para negar a responsabilidade civil em relação a alguém, nos quais, examinadas as circunstâncias do caso concreto, são reconhecidos como eficazes ou ineficazes para a disciplina de determinada relação jurídica.

Ata

Ata é um registro escrito, resumido, sobre todos os acontecimentos e assuntos tratados durante uma reunião, assembleia ou outro tipo de deliberação tomada em coletividade.

A ata se caracteriza como modalidade textual da linguagem escrita, utilizada principalmente no contexto profissional (público ou privado), para fazer o registro dos argumentos e motivações que foram previamente apresentados durante as reuniões e que influenciaram as decisões ou resoluções tomadas a partir deles.

No RTD é tradicional o registro de atas relativas a *pessoas jurídicas* (atas de fundação, atas de reuniões de seus diversos órgãos constitutivos, atas de assembleias, atas de eleições, ata de sua dissolução) ou a *condomínios* (atas de suas assembleias ordinárias e extraordinárias), etc.

Ata notarial

Ata notarial é um instrumento público (como a escritura pública e a procuração pública, por exemplo) pelo qual o tabelião ou preposto por ele designado, por solicitação do interessado, constata e relata fielmente fatos ou situações para comprovação de sua existência, ocorrência ou estado.

Foi instituída nacionalmente por meio da Lei n. 8.935/1994, depois de superada uma fase em que havia legislações esparsas de alguns Estados brasileiros, reconhecendo esse instituto notarial.

Atualmente está disciplinada no capítulo das provas do Código de Processo Civil (Lei n. 13.105/2015), nos termos do art. 384, que assim dispõe: "A existência e o modo de existir de algum fato podem ser atestados ou documentados, a requerimento do interessado, mediante ata lavrada por tabelião".

Consiste na confirmação, documentada e com fé pública, pelo tabelião (ou seu preposto designado), da existência e das circunstâncias que caracterizam determinado fato, enquanto acontecimento juridicamente relevante.

Pode constituir objeto de ata notarial tudo aquilo que não seja objeto de escritura pública, sendo que esta última se caracteriza por contemplar a realização de uma *declaração de vontade*, o que está ausente na ata notarial.

Assim, a ata notarial narra um fato que se caracteriza pela ausência de manifestação de vontade, servindo à pré-constituição de prova desse fato, cuja veracidade é presumida em razão da *fé pública* agregada ao ato pelo testemunho do tabelião.

A ata notarial prova a integridade e a veracidade de certo fato, inclusive para uso judicial, atribuindo autenticidade ao fato, fixando sua data e hora, assim como comprovando, a existência de conteúdo lícito ou ilícito em relação ao fato narrado.

Atestado

Declaração escrita feita por alguém, em razão de seu cargo, ofício ou função, afirmando a existência ou veracidade de um fato, circunstância ou estado, constituindo um documento firmado pelo declarante.[9]

No âmbito da Administração Pública temos os *atestados administrativos* que "são atos pelos quais a Administração comprova um fato ou uma situação de que tenha conhecimento por seus órgãos competentes."[10] Não se confunde com a *certidão* porque esta reproduz informações permanentes constantes dos arquivos da Administração, ao passo que o atestado comprova situações transitórias passíveis de frequente alteração.

Autorização

Autorização significa ação ou resultado de autorizar; conceder permissão para que alguém faça alguma coisa; permissão ou poder atribuído a alguém para que realize

---
9. NÁUFEL, José. *Novo dicionário jurídico brasileiro*. 8. ed. São Paulo: Ícone, 1989, p. 163.
10. MEIRELLES, Hely Lopes. *Direito administrativo brasileiro*. 14. ed. São Paulo: RT, 1989, p. 169.

determinada ação jurídica. Para fins registrais, o significado preponderante é o de ser, a autorização, o próprio *documento* que materializa essa ação jurídica.

É um ato jurídico e formal, pelo qual uma pessoa natural ou uma pessoa jurídica, pública ou privada, confere a outra pessoa um poder limitado para praticar certa atribuição ou fazer algo que cabia àquela que autoriza sua realização. Difere, tecnicamente, de *permissão*, *concessão* e *procuração* (ou mandato).

No âmbito do Direito Administrativo, *autorização* é o ato administrativo discricionário e precário pelo qual o Poder Público possibilita a quem pretenda realizar certa atividade, serviço ou utilização de bens particulares ou públicos de seu interesse, que a lei condiciona à aquiescência prévia da Administração. Nela, embora o pretendente satisfaça às exigências administrativas, o Poder Público decide sobre a conveniência ou não do atendimento da pretensão do interessado ou da cessação da autorização, diferentemente do que ocorre com a *licença* e a *admissão*, nas quais, satisfeitas as exigências legais, a Administração fica obrigada a licenciar e a admitir.[11]

Cancelamento

Cancelar é revogar uma decisão tomada anteriormente. É voltar atrás, é fazer com que algo passe a não mais vigorar. É ato de tornar algo sem efeito.

Cancelamento, assim, tanto pode ser o ato como o documento ou instrumento que contém o ato de revogação, anulação, desfazimento, eliminação, derrogação, invalidação. Também pode significar o ato de inutilizar, no todo ou em parte, um ato escrito, por meio de riscos, traços, hachuras.

Em Direito Registral, *cancelamento* tem o significado peculiar de ato pelo qual se dá baixa ou se extinguem os efeitos jurídicos de um registro anteriormente realizado, como, por exemplo, o cancelamento da hipoteca (art. 1.500 do Código Civil e art. 251 da LRP), o cancelamento de servidão (art. 1.387 do Código Civil e art. 167, II, n. 2 da LRP), assim como o cancelamento de títulos registrados no RTD (art. 164 da LRP).

Carta

Considera-se *carta* a folha ou folhas de papel escritas que uma pessoa transmite a outra, que está ausente, comunicando-lhe determinado fato ou tratando de assuntos privados ou não. Quando trata de assunto privado também é denominada carta missiva.

Também tem esse nome (carta) um tipo de correspondência oficial que uma autoridade pública envia a uma pessoa tratando de assunto público ou particular, fazendo solicitações, agradecimentos, convites ou transmitindo informações.

É o meio amplamente usado pelos comerciantes para fazer negócios com comerciantes estabelecidos em outras praças, servindo de prova de suas relações e dos contratos celebrados por esse meio.

As cartas são muito utilizadas para efeito de prova em processos judiciais.

---

11. MEIRELLES, Hely Lopes. *Direito administrativo brasileiro*. 14. ed. São Paulo: RT, 1989, p. 164.

Assim é denominado também o documento ou escrito pelo qual a autoridade judicial expede instruções, notificações e qualquer ato de natureza jurisdicional (carta avocatória, carta de adjudicação, carta de arrematação, carta de homologação, carta de ordem, carta de remição, carta de sentença, carta precatória, carta rogatória).

Carta de anuência

Carta de Anuência é a declaração, firmada pelo credor, em que dá quitação a título ou documento de dívida protestado perante o Tabelionato de Protesto de Títulos, quando da impossibilidade de ser apresentado o original desse título ou documento de dívida, de modo a autorizar que seja cancelado o registro do protesto lavrado.

Quanto a seus requisitos, a *Carta de Anuência* deve ser apresentada em escrito contendo a qualificação do credor pessoa física (nome completo, nacionalidade, estado civil, números de RG e inscrição no CPF, endereço e telefone ou outros meios para contato) ou pessoa jurídica (denominação, número de inscrição no CNPJ, endereço, e telefone ou outros meios para contato). A assinatura do credor deve ser reconhecida em Tabelionato de Notas, podendo ser exigida eventual comprovação de que o signatário tem poderes para dar a quitação (contrato social, procuração ou documento equivalente). Na carta deverão ser mencionados todos os dados relativos ao título (espécie, número, data do vencimento e valor), nome completo ou denominação do devedor bem como número de inscrição no CPF ou CNPJ, além da declaração de que não se opõe ao cancelamento de protesto.

Esta carta pode ser solicitada pelo titular do contrato (devedor) ou por terceiro em seu nome, caso em que será necessário o uso de uma procuração.

O documento é de uso corrente nos Tabelionatos de Protesto de Títulos e Outros Documentos de Dívida, advindo das disposições do *caput* e § 1º do art. 26 da Lei nº 9.492, de 10.9.1997.

Carta de Crédito

A *carta de crédito* é um documento muito utilizado na administração de consórcios. Esse documento é disponibilizado pela administradora do consórcio ao participante contemplado.

A carta de crédito é repassada ao consorciado quando ocorre sua contemplação. Por meio dela, o consorciado receberá o valor integral contratado para a aquisição do bem ou serviço que deseja.

Utilizando uma linguagem bem simples pode-se dizer que a *carta de crédito* é como um "*vale-compra*" entregue ao contemplado pela administradora do consórcio.

De posse desse "vale", o contemplado poderá decidir qual o bem ou serviço que deseja adquirir e o valor correspondente será pago em dinheiro a quem lhe fizer a venda. Se optar por não comprar nada, o consorciado poderá, ainda, receber o valor em dinheiro, de acordo com o que estiver estabelecido no contrato.

Quando se tratar de aquisição de bens móveis ou imóveis, por exemplo, a administradora pagará em dinheiro ao vendedor do bem e este fará a transferência da propriedade ao consorciado, que continuará pagando o consórcio até completar o total das parcelas devidas.

Ao conferir a carta de crédito ao consorciado contemplado para a realização da compra, geralmente são exigidas garantias para aprovação da operação.

A contemplação acontece, de regra, mensalmente, durante as assembleias ordinárias do grupo de consórcio. O consorciado pode ser contemplado a qualquer tempo durante o prazo total do grupo, na primeira parcela, nas subsequentes, ou na última, uma vez que não existe um momento predeterminado para a contemplação, que poderá ocorrer por sorteio ou por lance.

Apesar de a ideia básica do consórcio ser a de que ele é destinado a que a pessoa adquira um bem ou serviço desejado, ela não precisa se restringir unicamente a essa opção. Entretanto, as opções mais comuns de um consorciado contemplado com uma carta de crédito são:

a) Comprar um imóvel, situação em que o consorciado utilizará sua carta de crédito para realizar a compra do imóvel desejado, conforme descrito no contrato de adesão ao consórcio. A administradora responsável pelo grupo pagará diretamente ao proprietário vendedor do bem e transferirá a propriedade ao consorciado;

b) Adquirir um veículo (automóvel, moto, caminhão, etc.), podendo o veículo ser novo ou usado. Nessa situação a administradora responsável pelo grupo também pagará diretamente ao proprietário vendedor do bem e transferirá a propriedade ao consorciado;

c) Contratação de serviços, situação que permite a utilização da carta para pagamento de viagens, estudos, despesas médicas, entre outros;

d) Quitação de um financiamento, situação em que o contemplado, já tendo iniciado o financiamento de um imóvel, por exemplo, poderá utilizar o valor da carta de crédito para quitar esse financiamento e optar por continuar pagando as parcelas do consórcio, já que o consórcio tem a vantagem de ser uma forma de aquisição de bens em que não há juros;

e) Receber em dinheiro o valor contratado, situação na qual, por algum motivo, o integrante do grupo não mais deseje realizar a compra de um bem ou serviço, podendo receber o valor do crédito, mediante quitação de suas obrigações para com o grupo, caso não tenha utilizado o crédito dentro do prazo que lhe tenha sido estipulado, após ocorrida a contemplação.

As opções de utilização da carta de crédito variam conforme o contrato assinado com a administradora do consórcio, sendo ele o instrumento mais importante na realização desse negócio.

A administradora também tem a incumbência de comunicar, ao consorciado que não utilizou seu crédito até o encerramento grupo, dentro do prazo de sessenta dias após a última assembleia de contemplação, de que o valor contratado está a sua disposição para recebimento em dinheiro.

Existe também a possibilidade de alguém que não faz parte de um grupo de consórcio *adquirir uma carta de crédito contemplada*, mediante transferência do contrato de consórcio, optando, assim, por não recorrer a um financiamento para a aquisição de um bem, em razão da cobrança de juros.

A atividade de consórcio para a aquisição de bens ou serviços por meio de autofinanciamento, no Brasil, é regulada pela Lei n. 11.795, de 8.10.2008, competindo ao Banco Central do Brasil, nos termos dos artigos 6º e 7º da referida lei, normatizar, coordenar, supervisionar, fiscalizar e controlar o sistema de consórcios e autorizar o funcionamento das administradoras de consórcios em todo o país.

No âmbito comercial em geral, *carta de crédito* é o documento que um comerciante ou banqueiro dirige a um correspondente em outra praça, autorizando-o a por à disposição de um terceiro a importância de que o mesmo necessitar, até certo limite e dentro de determinado prazo.[12]

No âmbito do comércio internacional, a *carta de crédito* (ou *Letter of Credit*, ou simplesmente *L/C*), também denominada de crédito documentário, é um dos instrumentos básicos como meio de proporcionar, ao comprador e ao vendedor de uma mercadoria, que operem em países diferentes, um sistema destinado a prover a garantia de ambos na realização do negócio. Nessa acepção, a **carta de crédito** consiste em um documento endereçado, pelo banco do comprador da mercadoria, ao vendedor da mercadoria, autorizando-o a dispor de determinada quantia em dinheiro, desde que cumpridos determinados termos, providenciando, condicional ou incondicionalmente, o pagamento.

Carteira de trabalho

A *Carteira de Trabalho e Previdência Social* (CTPS) é o documento obrigatório, expedido pelo Ministério do Trabalho, para o exercício do emprego formal, urbano ou rural, temporário ou permanente.

A Carteira de Trabalho e Previdência Social foi criada pelo Decreto-lei n. 926, de 10 de outubro de 1969, sendo disciplinada nos termos dos artigos 14 a 21 da CLT. Nesse documento, são registrados os salários e todas as informações necessárias ao reconhecimento dos direitos trabalhistas perante a Justiça do Trabalho, além dos direitos previdenciários, nela também devendo ser registrados os acidentes de trabalho.

Reconhecida por suas anotações, a CTPS tornou-se um dos únicos documentos a reproduzir com fidelidade a vida funcional do trabalhador, garantindo o acesso a alguns dos principais direitos trabalhistas, como o seguro-desemprego, os benefícios previdenciários e o FGTS.

Entretanto, em setembro de 2019, por meio da Portaria SEPRT n. 1065, de 23.9.2019, foi oficializada a *carteira de trabalho digital*, que passou a substituir a CTPS em papel. É

---

12. NÁUFEL, José. *Novo dicionário jurídico brasileiro*. 8. ed. São Paulo: Ícone, 1989, p. 230.

um documento virtual criado pelo Ministério da Economia para modernizar o acesso ao histórico profissional do trabalhador brasileiro, sendo acessível por meio do aplicativo "*CTPS Digital*" para *dispositivos móveis* ou do sítio eletrônico www.gov.br. A *carteira de trabalho digital* é alimentada pelos dados do *e-social*, plataforma que consolida todas as obrigações trabalhistas em um único lugar. Basta ao trabalhador informar o número de seu CPF ao empregador como ato equivalente à entrega da carteira de trabalho. Basta ao empregador o lançamento adequado da admissão no sistema *e-social* para que esteja formalizada a *assinatura da carteira*, tornando desnecessária a realização de qualquer validação por meio de documento em papel.

Caução

A *caução* a que se refere o inciso III do art. 127 e o inciso II do art. 129 da Lei n. 6.015/1973 (caução de títulos de crédito e da dívida ativa), como garantia de dívida ofertada pelo devedor em um negócio, é tratada, atualmente, pelo Código Civil, como constituindo espécie de *penhor*, nos termos dos artigos 1.458 a 1.460, porque seu objeto consiste em *direitos sobre coisas móveis*, passíveis de cessão, e não em coisas móveis em si.

No âmbito do Direito Processual Civil, a *caução* pode consistir em *valor* depositado (judicialmente) como *garantia* para o cumprimento de obrigação ou indenização de possível dano. Essa garantia poderá, também, ser real ou fidejussória. Real, quando dada em garantia coisa móvel ou imóvel, e fidejussória, quando a garantia dada é pessoal. Note-se que, quando a lei não especificar a espécie da *caução*, poderá ser prestada de modo variado, mediante depósito em dinheiro, papéis de crédito, títulos da União ou dos Estados, pedras e metais preciosos, hipoteca, penhor e fiança, tendo por fundamento os artigos 678 e 895 da Lei n. 13.105/2015.

Cédula de crédito bancário

Cédula de Crédito Bancário (CCB) é o título de crédito, emitido por pessoa física ou jurídica, em favor de instituição financeira ou de entidade a esta equiparada, constituindo *promessa de pagamento* em dinheiro decorrente de operação de crédito de qualquer modalidade. Esse título de crédito foi instituído pela Lei nº 10.931, de 2.10.2004.

A instituição credora da Cédula de Crédito Bancário deve integrar o Sistema Financeiro Nacional, sendo admitida sua emissão em favor de instituição domiciliada no exterior, desde que a obrigação esteja sujeita exclusivamente à lei e ao foro brasileiros. Quando constituída em favor de instituição domiciliada no exterior poderá ser emitida em moeda estrangeira.

Poderá ser emitida com ou sem garantia real ou fidejussória cedularmente constituída. Dispõe o art. 42 da Lei n. 10.931/2004 que a validade e eficácia da Cédula de Crédito Bancário não dependem de registro, mas as garantias reais, constituídas a partir do negócio representado pela cédula, ficam sujeitas, para valer contra terceiros, aos registros ou averbações previstos na legislação aplicável, com as alterações introduzidas pela referida Lei.

Cédula de crédito comercial

A *Cédula de Crédito Comercial* (CCC) é uma promessa de pagamento em dinheiro, com garantia real cedularmente constituída, criada pela Lei n. 6.840, de 3.11.1980, que lhes manda aplicar as normas constantes do Decreto-lei n. 413, de 9.1.1969.

A Cédula de Crédito Comercial é um título de crédito, líquido, certo e exigível pela soma nele constante ou no endosso, além dos juros e demais acréscimos necessários à realização do direito creditório, relativo a operações de empréstimos concedidos por instituição financeira a pessoa física ou jurídica que desempenhe atividade comercial.

Cédula de crédito industrial

A *Cédula de Crédito Industrial* (CCI) é uma promessa de pagamento em dinheiro, com garantia real cedularmente constituída, de acordo com o que dispõe o art. 9º do Decreto-lei n. 413, de 9.1.1969.

A lei considera a Cédula de Crédito Industrial um título de crédito, líquido, certo e exigível pela soma nele constante ou no endosso, além dos juros e demais acréscimos necessários à realização do direito creditório (art. 10), relativo a financiamento concedido por instituição financeira à pessoa física ou jurídica que se dedique à atividade industrial. Poderá ser garantida por penhor, alienação fiduciária ou hipoteca (art. 19).

Certidão

Reprodução escrita e autenticada, feita por escrivão, oficial do registro público ou outra pessoa, que para isso tenha competência legal, de peças constantes de autos, livros, instrumentos, documentos e atos congêneres, constantes de suas notas e em razão de seu ofício. É também o documento autêntico fornecido pelas pessoas já mencionadas, de atos ou fatos de que tenha conhecimento em razão do ofício, por obrigação legal, em relação aos quais confere a fé característica de seu exercício.

Há vários tipos de *certidões*:

a) *Em relatório ou em resumo*: a que consiste na transcrição de trechos de documento original, conforme solicitado pelo requerente da certidão, ou na narração resumida de pontos também indicados pelo requerente;

b) *Integral, de inteiro teor ou verbum ad verbum*: a que é a integral e fiel transcrição do escrito original de que é extraída, palavra por palavra;

c) *Negativa*: a que tem por finalidade a certificar a inexistência de ato, fato ou estado, a requerimento do interessado nessa certificação. É aquela certidão pela qual se nega a existência do ato, fato ou estado, relativamente ao requerente, depois de consultados os respectivos livros ou registros. Assim, pois, a *certidão negativa de propriedade imobiliária* é a que o oficial do registro de imóveis certifica que o requerente não titula a propriedade de imóvel, no ofício de que é titular, depois de rever seus livros de registro;

d) *Parcial*: a que se dá somente de parte do escrito original de que é extraída. É elaborada contendo apenas parcialmente o que consta de um ato ou assentamento.

Dispõe o art. 16 da LRP que os oficiais e encarregados das repartições onde se façam registros públicos são obrigados a lavrar certidões do que lhes for requerido por qualquer pessoa (art. 17), sem exigência formal e independente de despacho judicial (art. 18), não podendo ser retardada por mais de cinco dias (art. 19).

Certificado

Ato escrito pelo qual a pessoa competente atesta um fato, ato ou estado, do qual é conhecedor em razão do cargo, ofício ou função exercidos.

Certificado de registro de veículo

O *Certificado de Registro de Veículo* (CRV) é o documento de registro de propriedade de veículo automotor terrestre em circulação no território brasileiro, instituído pelo art. 121 do Código de Trânsito Brasileiro (Lei n. 9.503/1997).

Certificado de reservista

Documento que comprova a quitação de uma pessoa com o serviço militar. Nele a autoridade militar atesta que a pessoa prestou o serviço militar obrigatório e se tornou reservista. O documento foi instituído pelo art. 75 da Lei do Serviço Militar (Lei n. 4.375/1964).

Cessão

Cessão ou *cessão de direito* é o ato pelo qual uma pessoa transfere para outrem um ou mais direitos de que é titular. Para sua validade deve atender aos requisitos estabelecidos em lei, tais como a existência de capacidade das partes para contratar (o *cedente* é a pessoa que faz a cessão do direito e o *cessionário* é a pessoa a quem se transfere o direito), que o objeto é lícito e que a forma adotada não é proibida pela lei, bem como a preparação e assinatura do respectivo instrumento.

A cessão poderá ser:

a) Gratuita, quando constitui ato de mera liberalidade, ou seja, sem nenhum encargo ao cessionário.

b) Onerosa, quando há contraprestação por parte do cessionário ou se lhe acarreta ônus ou encargos.

c) Obrigatória, quando independe da vontade das partes, decorrendo de imposição ou exigência da lei (legal) ou do juiz através de sentença (judicial).

d) Voluntária ou convencional, quando resulta de duas vontades convergentes e livremente manifestadas.

O art. 221 do vigente Código Civil estabelece que os efeitos da cessão de direitos feita por instrumento particular não se operam em relação a terceiros enquanto não registrado no registro público.

Cessão de crédito

Transferência, que o credor faz, de seus direitos a outrem. Não havendo modo especial de transferência dos direitos cedidos, a *cessão de crédito* regula-se pelos artigos 286 a 298 do vigente Código Civil.

Assim enuncia o art. 286 do Código Civil: "O credor pode ceder o seu crédito, se a isso não se opuser a natureza da obrigação, a lei, ou a convenção com o devedor; a cláusula proibitiva da cessão não poderá ser oposta ao cessionário de boa-fé, se não constar do instrumento da obrigação".

Cheque

O *cheque* consiste numa ordem de pagamento à vista, em favor de seu *emitente* (também chamado *sacador*), ou de terceiros, contra um *banco* (chamado de *sacado*), por quem tiver fundos disponíveis e estiver autorizado por ele a emitir cheques, em virtude de contrato expresso.

O *sacado*, que é o depositário da provisão do *sacador*, no momento em que paga o cheque está apenas cumprindo a obrigação de devolver as importâncias que lhe foram confiadas, atendendo às determinações do depositante.

Apesar de se beneficiar de princípios próprios dos títulos de crédito, não deve, o cheque, ser considerado um verdadeiro título de crédito, já que o fator crédito não existe de modo abstrato, estando vinculado à circunstância de possuir, o sacado, importâncias que na realidade pertencem ao depositante. Por essa razão, tem sido considerado um *título de crédito impróprio*.[13]

Sua disciplina legal é regulada pela Lei n. 7.357, de 2.9.1985, denominada de *Lei do Cheque*, a qual constitui uma consolidação dos princípios da Lei Uniforme sobre o cheque e das leis que anteriormente regularam a matéria no Brasil.

Clube de investimento

Clube de Investimento é um condomínio aberto constituído por no mínimo três e no máximo cinquenta pessoas naturais (quotistas), para aplicação de recursos em títulos e valores mobiliários.

Seu funcionamento é regulado por estatuto próprio e depende de registro em entidade administradora de mercado organizado. O Clube deve ser administrado por sociedade corretora, sociedade distribuidora, banco de investimento ou banco múltiplo com carteira de investimento. Os Clubes de Investimentos são passíveis de incorporação, fusão, cisão e transformação, bem como estão sujeitos à liquidação, dissolução e encerramento de suas atividades. As atividades dos Clubes são reguladas e fiscalizadas pela Comissão de Valores Mobiliários (CVM), entidade autárquica vinculada ao Ministério da Fazenda.

---

13. FRAN MARTINS. *Títulos de crédito*. 5. ed. Rio de Janeiro: Forense, 1993, v. 2, p. 13.

A matéria relativa aos Clubes de Investimentos é regulada principalmente pela Lei n. 6.385/1976 e Instrução CVM n. 494, de 20.4.2011.

Codicilo

Documento escrito, datado e assinado por pessoa capaz de testar, tendo ou não deixado testamento, pelo qual expressa sua vontade, fazendo disposições especiais sobre seu enterro, sobre esmolas de pouca monta a certas e determinadas pessoas, ou, indeterminadamente, aos pobres de certo lugar, podendo também legar móveis, roupas ou joias, de pouco valor, de seu uso pessoal, ou substituir testamenteiros.

Essa matéria é regulada pelos artigos 1.881 a 1.885 do vigente Código Civil (Lei n. 10.406, de 10.1.2002).

Comissão

Comissão ou, outrora, *comissão mercantil,* é o contrato que tem por objeto a aquisição ou a venda de bens pelo comissário (que é um mandatário), em nome próprio, à conta do comitente (que é o mandante). Por isso é comumente chamado, também, de *contrato de mandato sem representação*. O termo *comissão* também designa a remuneração auferida pelo comissário em razão da realização do negócio.

É contrato típico disciplinado pelos artigos 693 a 709 do vigente Código Civil.

Comodato

É o empréstimo gratuito de coisas não fungíveis (coisas que não podem ser substituídas por outras da mesma espécie, qualidade e quantidade), que se perfaz com a tradição (entrega) da coisa dada em comodato, por um prazo convencionado pelas partes contratantes e, na falta de convenção estabelecida, pelo prazo que se presumir necessário ao uso concedido.

Os tutores, curadores e administradores de bens alheios não podem dar em comodato os bens confiados a sua guarda sem autorização especial.

O comodatário é obrigado a conservar como se sua fosse a coisa emprestada, só podendo usá-la de acordo com o contrato ou a natureza da coisa.

A disciplina desse contrato típico obedece às disposições dos artigos 579 a 585 do vigente Código Civil.

Compra e venda

É contrato bilateral, oneroso e comutativo ou aleatório pelo qual um dos contratantes (o vendedor) se obriga a transferir o domínio de certa coisa e, o outro (o comprador), a pagar-lhe certo preço em dinheiro, no ato da celebração ou posteriormente.

Esse contrato típico é regulado pelos artigos 481 a 532 do vigente Código Civil.

É anulável a venda de ascendente a descendente, salvo se os outros descendentes e o cônjuge do alienante expressamente houverem consentido, dispensado o consentimento do cônjuge se o regime de bens for o da separação obrigatória (art. 496 e parágrafo único do Código Civil). É lícita a compra e venda entre cônjuges, com relação a bens excluídos da comunhão (art. 499 do Código Civil). O art. 500, parágrafos 1º, 2º e 3º do Código Civil disciplina a chamada compra e venda de imóvel *ad corpus* e *ad mensuram*. A lei admite, ainda, cláusulas especiais ao contrato de compra e venda: a retrovenda (art. 505), a venda a contento (art. 509), a preferência (art. 513), a venda com reserva de domínio (art. 521) e a venda sobre documentos (art. 529 do Código Civil).

Compra e venda com reserva de domínio

Ver, neste glossário, a expressão "reserva de domínio".

Confissão de dívida

Ato pelo qual o devedor reconhece uma dívida em favor de outrem, por meio de instrumento público ou particular.

O art. 212, inciso I, do Código Civil, caracteriza a confissão como uma das formas pelas quais se prova a existência de um fato jurídico, sendo eficaz somente se provinda de quem é capaz de dispor acerca do direito a que se referem os fatos confessados (art. 213 do Código Civil). A confissão é irrevogável, mas pode ser anulada se decorrente de erro de fato ou de coação (art. 214 do Código Civil). Se feita por mandatário, só será eficaz nos limites em que o mandato vincular o mandante e o mandatário.

Consórcio

O *consórcio* é a união de pessoas físicas e/ou jurídicas, em grupo, com o objetivo de adquirir bens ou serviços. Contribuindo mensalmente, ou por outro prazo contratado, cada consorciado será contemplado e, quando chegar esse momento, receberá sua carta de crédito.

Essa é uma maneira de conseguir juntar dinheiro e de se organizar financeiramente para adquirir um bem que, ao contrário dos financiamentos, não cobra taxas de juros.

A grande vantagem do consórcio é que os participantes não pagam as altas taxas de juros normalmente cobradas nos financiamentos. Por meio dessa modalidade de aquisição é possível parcelar, sem juros, a totalidade do valor de um bem e o crédito obtido pode ser usado de diversas maneiras.

Os valores pagos são gerenciados por uma administradora que deve ser autorizada pelo Banco Central e, periodicamente, são realizadas assembleias. Durante as assembleias, um ou mais participantes são contemplados (por sorteio ou por lance) e recebem suas cartas de crédito.

O sistema de consórcio para a aquisição de bens ou serviços por meio de autofinanciamento é regulado pela Lei n. 11.795, de 8.10.2008, competindo, ao Banco Central do Brasil, fixar normas, coordenar, supervisionar, fiscalizar e controlar o sistema de consórcios e autorizar o funcionamento das administradoras de consórcios em todo o país.

Como espécie documental de uso corrente no sistema de consórcio, ganha importância o *contrato de consórcio*, regulado pelos artigos 10 a 15 da Lei n. 11.795/2008.

Constituição de garantia

Situação específica ocorrente no âmbito dos contratos de constituição de renda (art. 803 do Código Civil), quando celebrados a título oneroso, na qual pode o credor da renda, exigir, ao contratar, que o rendeiro lhe preste garantia real ou fidejussória (art. 805 do Código Civil), estabelecendo, o art. 807 do Código Civil, que o contrato de constituição de renda exige celebração mediante escritura pública.

Também se diz da situação genérica ocorrente em diversos contratos nos quais é exigido o oferecimento de garantia para que se realize o negócio.

Constituição de renda

Contrato pelo qual uma pessoa constitui, por tempo determinado, em benefício próprio ou de outrem, uma renda ou prestação periódica, entregando certo capital em bens imóveis ou dinheiro à outra parte, que se obriga a satisfazê-la. Pode ser celebrado a título gratuito (art. 803 do Código Civil), quando não é estipulada uma contraprestação, sendo a renda estipulada por mera liberalidade em favor do beneficiário, assemelhando-se a uma doação pura e simples. Pode também ser celebrado a título oneroso, hipótese em que, à entrega do capital, corresponde a obrigação de pagar a respectiva renda em favor do credor ou de terceiros (art. 804 do Código Civil).

Contrato de adesão

Aquele que é celebrado mediante aceitação de cláusulas previamente impostas por uma das partes, de modo a não admitir contraproposta.

Geralmente é instrumentalizado em cláusulas padronizadas e pré-impressas e comumente levado a registro no Registro de Títulos e Documentos para ampla publicidade, proporcionando a realização de registro resumido ou por extrato dos contratos subsequentes, que tem menor custo de emolumentos.

Contrato de Agência

Ver, neste glossário, o termo "agenciamento".

Contrato de assistência médica

Contrato típico regulado nos termos da Lei n. 9.656, de 3.6.1998, cuja estrutura está estabelecida no art. 16 da referida lei, sendo também denominado de plano privado de assistência à saúde, destinando-se à prestação continuada de serviços ou cobertura de custos assistenciais a preço pré ou pós-estabelecido, por prazo indeterminado, com a finalidade de garantir, sem limite financeiro, a assistência à saúde, pela faculdade de acesso e atendimento por profissionais ou serviços de saúde, livremente escolhidos, integrantes ou não de rede credenciada, contratada ou referenciada, visando à assistência médica, hospitalar e odontológica, a ser paga integral ou parcialmente a expensas da operadora contratada, mediante reembolso ou pagamento direto ao prestador, por conta e ordem do consumidor. É comumente denominado de *contrato de plano de saúde*.

Contrato de depósito

São dois os tipos de depósito: *voluntário* (art. 627 a 646) e *necessário* (art. 647 a 652 do vigente Código Civil). Trata-se de contrato que se realiza pela entrega de uma coisa a uma pessoa para que esta a guarde, sem, entretanto, poder fazer uso dela. É contrato real porque só se aperfeiçoa com a tradição da coisa depositada. No direito brasileiro, só é aplicável a bens móveis.

A exemplo do depósito voluntário, no necessário, o depositário não poderá utilizar a coisa depositada, devendo guardá-la como se sua fosse. O depósito necessário, entretanto, não se presume gratuito. Assim, a remuneração será devida em razão das despesas realizadas para a conservação da coisa.[14]

Contrato de desconto

Contrato pelo qual um banco, deduzindo antecipadamente do montante os juros comissões e despesas, credita ao seu cliente o saldo, recebendo, por endosso, os títulos sacados contra terceiros, com vencimento futuro.

Há controvérsia acerca da natureza jurídica do desconto bancário, entretanto, a teoria mais aceita é de que constitui *empréstimo* (mútuo), porque, em verdade, o que o banco realiza na operação é um empréstimo de dinheiro, sendo que o título a descontar tem uma função de *garantia* do empréstimo concedido.

Contrato de distribuição

É o contrato de *agência* ou *agenciamento* (ver) no qual o agente tem, à sua disposição, a coisa a ser negociada.

É contrato típico regulado pelos artigos 710 a 721 do vigente Código Civil (Lei n. 10.406, de 10.1.2002).

Contrato de edição

Contrato pelo qual o editor se obriga a reproduzir e divulgar obra intelectual (científica, literária, artística, etc.) que o autor lhe confia, mediante condições previamente estabelecidas, e pelo qual adquire o direito exclusivo de publicá-la e explorá-la economicamente.

Também se diz do contrato pelo qual o autor se obriga a produzir determinada obra intelectual (literária, científica, artística), cuja publicação, divulgação e exploração econômica caberão, com exclusividade, ao editor.

O contrato de edição de obra literária, artística ou científica é contrato típico regulado pela lei brasileira de direitos autorais (Lei n. 9.610, de 19.2.1998).

---

14. PEREIRA, Rodrigo da Cunha (Coord.). *Código civil anotado*. Porto Alegre: Síntese, 2004, p. 404.

Contrato de "*engineering*"

Contrato atípico pelo qual um dos contraentes (empresa de engenharia) se obriga não só a apresentar projeto para a instalação de indústria construtiva, mas também a dirigir a construção dessa indústria e pô-la em funcionamento, entregando-a ao outro contratante (pessoa ou sociedade interessada), que, por sua vez, se compromete a colocar todos os materiais e máquinas à disposição da empresa de engenharia e a lhe pagar os honorários convencionados, reembolsando, ainda, as despesas feitas.[15]

Há autores que definem o contrato de *engineering* como sendo uma forma do *contrato de empreitada*, previsto pelo Código Civil (artigos 610 a 626). Entretanto há muita controvérsia a esse respeito já que o contrato de empreitada seria um contrato de construção em menor escala, celebrado tradicionalmente entre pessoas físicas.

Pode-se concluir, a partir da doutrina especializada, que o contrato de *engineering*, por sua complexidade em relação ao seu objeto extenso e, por envolver o domínio de um conjunto de conhecimentos técnicos de engenharia, arquitetura, direito, entre outros ramos, não poderia ser executado por uma pessoa física, nem mesmo por um empresário individual. Em sentido amplo, o contrato de *engineering* compreende outros três contratos: o contrato de engenharia em sentido estrito, o contrato de gestão de compras e o contrato de construção.

Contrato de empreitada

Contrato de *empreitada*, também designado por outras maneiras (contrato de mão de obra, contrato de execução de obra, etc.) é o contrato típico, regulado nos termos dos artigos 610 a 626 do vigente Código Civil, que envolve duas pessoas específicas: o dono da obra e o empreiteiro. São de dois tipos: a empreitada de lavor ou de trabalho e a empreitada mista (de trabalho e de fornecimento de materiais).

Apesar de ter uso amplamente consagrado no âmbito da construção civil, o objeto do contrato de *empreitada* não se resume tão somente à entrega de uma edificação em sentido estrito, pois a obra a ser entregue pode ser um trabalho artístico, literário, científico, ou seja, o objeto do contrato de *empreitada* possui vasta amplitude, podendo atingir praticamente qualquer bem que precise da intervenção humana para ser construído.

Suas principais características são:

a) Bilateralidade, porque cria, mutuamente, às partes, direitos e obrigações;

b) Onerosidade, que resulta da remuneração devida ao empreiteiro pelo seu trabalho na execução da obra;

c) Consensualidade, resultante do simples consentimento para sua formação;

d) Comutatividade, resultante da equivalência das prestações e contraprestações.

A remuneração é elemento essencial do contrato de empreitada, podendo ser estipulada em dinheiro ou qualquer outra espécie remuneratória, inclusive quotas-partes da própria obra realizada.

---

15. DINIZ, Maria Helena. *Tratado teórico e prático dos contratos*. 6. ed. São Paulo: Saraiva, 2006, v. 4, p. 100.

Contrato de empréstimo

O *contrato de empréstimo* pode ser realizado como *comodato* (ver), que é o empréstimo gratuito de coisa não fungível (art. 579 do Código Civil) e pelo *mútuo*, que é o empréstimo de coisas fungíveis (art. 586 do Código Civil). Nesse último, o mutuário é obrigado a restituir, ao mutuante, o que dele recebeu, em coisa do mesmo gênero, qualidade e quantidade. Por ser essencialmente fungível, o dinheiro é, dentre as coisas fungíveis, a mais recorrente como objeto dos mútuos, sendo que essa espécie contratual envolve o pagamento de juros (art. 591 do Código Civil).

A disciplina aplicável a esses contratos típicos está regulada pelos artigos 579 a 585 (comodato) e artigos 586 a 592 (mútuo), do vigente Código Civil.

Contrato de estágio

Contrato celebrado nos termos da Lei n. 11.788, de 25.9.2008, que permite a realização de *estágio* enquanto ato educativo escolar supervisionado, desenvolvido no ambiente de trabalho, que visa à preparação para o trabalho produtivo de educandos que estejam frequentando o ensino regular em instituições de educação superior, de educação profissional, de ensino médio, da educação especial e dos anos finais do ensino fundamental, na modalidade profissional da educação de jovens e adultos.

Apresenta as seguintes características: solene, tripartite, oneroso, de trato sucessivo, subordinativo e de atividade.[16] É *solene* porque exige a forma escrita e a celebração de termo de compromisso firmado trilateralmente pelo educando, a organização concedente do estágio e a instituição de ensino; *tripartite* porque demanda obrigações recíprocas para os três sujeitos citados; *oneroso* porque demanda o pagamento de bolsa ou outra forma de contraprestação pelo concedente; *de trato sucessivo* porque depende de execução contínua, materializando-se em etapas de aprendizagem e demanda a frequência do estagiário; *subordinativo* porque estabelece uma dependência hierárquica atípica existente entre o estudante e os demais sujeitos da relação de estágio; e *de atividade* porque é um pacto pedagógico que implica desempenho de atividade na execução de labor pessoal pelo estagiário.

Contrato de execução de obra

Ver, neste glossário, "contrato de empreitada".

Contrato de experiência

O *contrato de experiência* é uma modalidade de contrato de trabalho de prazo determinado, cuja finalidade é a de o empregador verificar se o empregado tem aptidão para exercer a função para a qual foi contratado, ao mesmo tempo em que o empregado poderá verificar de sua adaptação às condições de trabalho a que estará subordinado.

---

16. PALMEIRA SOBRINHO, Zéo. O contrato de estágio e as inovações da lei n. 11.788/2008. *Revista LTr – Legislação do trabalho*, Editora LTr: São Paulo, 2008, v. 10, p.1173-1188.

Sua duração máxima é de 90 dias (parágrafo único do art. 445 da CLT) não podendo ser prorrogado mais de uma vez (art. 451 da CLT), sob pena de tornar-se de prazo indeterminado.

Contrato de faturização

O contrato de *fomento mercantil*, *faturização* ou *factoring* é um contrato atípico pelo qual a organização faturizadora se obriga a realizar a cobrança dos devedores de uma sociedade, empresa ou empresário (faturizado), prestando-lhe os serviços de administração de crédito.

Ocorrendo inadimplemento, o faturizador procura executar o devedor, ou, finalmente, pagar o prêmio do respectivo seguro, que lhe garante receber o valor do título.

Por ser exemplo de contrato em que há *cessão onerosa de crédito*, do faturizado ao faturizador, além de implicar *sub-rogação* do faturizador nos direitos do faturizado, impõe-se o registro desse contrato em RTD, nos termos do inciso 9º do art. 129, combinado com o inciso I do art. 127 da LRP (Lei n. 6.015/1973).

Contrato de financiamento

Contrato de financiamento é aquele em que se estabelece uma operação financeira através da qual a parte financiadora (geralmente uma instituição financeira), fornece recursos para outra parte que está sendo financiada, de modo que esta possa executar algum investimento específico previamente acordado. Ao contrário do *empréstimo*, os recursos do *financiamento* precisam necessariamente ser investidos do modo acordado no contrato (como o financiamento imobiliário, por exemplo, em que o objeto é a compra de determinado imóvel usando os recursos financiados).

Empresas podem realizar financiamentos para angariar recursos para compra de novos equipamentos ou para realizar uma expansão de seu negócio, enquanto pessoas físicas podem realizar financiamentos para comprar imóveis, automóveis, entre outros bens de valor econômico significativo.

Contrato de fornecimento

Contrato pelo qual uma das partes, o fornecedor, tem a obrigação de dar, enquanto que a outra parte, o fornecido, tem a obrigação de fazer. Assim, essa relação obrigacional caracteriza uma espécie de contrato em que se busca o abastecimento ou provisão do fornecido que necessita de coisas de forma continuada ou periódica, que pode ser ou não acompanhado de fornecimento de serviços complementares.

Apesar de sua larga utilização no âmbito empresarial, não há restrições de sua prática entre pessoas naturais.

É contrato *atípico*, apresentando também as características de contrato *misto* em que há a fusão de características tomadas a outras formas contratuais, assemelhando-se, por exemplo, ao contrato da compra e venda realizada de forma continuada.

Suas principais características são:

a) Bilateralidade, porque uma parte tem a obrigação de entrega contínua dos produtos e a outra se obriga ao pagamento do produto e eventual serviço;

b) Consensualidade, porque o acordo de vontades faz nascer a obrigação;

c) Onerosidade, porque ambas as partes auferem vantagem no contrato;

d) Comutatividade, porque fornecedor e fornecido sabem de plano as prestações a que se obrigaram;

e) De trato sucessivo, porque a obrigação se estende no tempo;

f) Não solene, porque não tem forma específica, não exigindo que seja escrito.

Contrato de honorários

Contrato pelo qual é fixada a remuneração a ser recebida pelos profissionais sem vínculo empregatício, estendendo-se tanto aos profissionais liberais quanto aos autônomos, como no caso de profissionais da medicina, da advocacia, da arquitetura, da engenharia, os despachantes, os eletricistas, os mecânicos, etc.

Diz respeito, portanto, à remuneração que recebem esses profissionais em pagamento de seu trabalho, exercendo-o de modo independente pela prática profissional e não através de uma relação de dependência como é a relação de emprego.

Há algumas profissões liberais, como a do advogado, em relação a qual há disposições relativas ao contrato de honorários fixadas em lei (artigos 22 a 26 da Lei n. 8.906/1994 e artigos 85 a 90 da Lei n. 13.105/2015).

Contrato de "know-how"

Know-how, instituto característico de *propriedade intelectual* que, ao contrário de alguns de seus congêneres delimitados pela legislação brasileira, é um contrato atípico que possui características peculiares, sendo protegido apenas por mecanismos indiretos, como é o caso da Lei de Propriedade Industrial, na hipótese de concorrência desleal.

O termo *know-how* surgiu em 1916 nos Estados Unidos, em matéria de propriedade industrial, ganhando relevo internacional a partir de 1960. No Brasil, desde 1945, quando instituído o Código da Propriedade Industrial, pode-se dizer que já eram celebrados contratos de *know-how*, visto que, quando se procedia ao licenciamento de uso de marca, também já era licenciado o direito ao processo de fabricação, o que, na atualidade, é definido como *know-how*.[17]

De acordo com Carlos Eduardo Neves de Carvalho, o contrato de *know-how* é aquele em que uma pessoa, natural ou jurídica, se obriga a transmitir a outro contraente, para que este possa fazer uso, os conhecimentos que tem de processo especial de fabricação, de fórmulas secretas, de técnicas ou de práticas originais, durante certo tempo, mediante

---

17. FLORES, Cesar. *Segredo industrial e o know-how: aspectos jurídicos internacionais*. Rio de Janeiro: Lumen Juris, 2008, p. 57.

o pagamento de determinada quantia, chamada de *royalty* (taxa fixa de remuneração, estipulada livremente entre os contratantes).[18]

As informações transferidas, no âmbito desse contrato, constituiriam conhecimentos e técnicas utilizáveis numa atividade industrial, não devendo ser tratadas como informações de domínio público, a menos que o contrato estipule concessão de licença ou cessão de direitos.

O termo *know-how*, provindo da língua inglesa, traduz-se como "saber como fazer alguma coisa". No âmbito contratual, amplia-se essa acepção de modo a que signifique "saber como fazer algo que não é de domínio público", razão pela qual há a necessidade de sua proteção. Ainda que um grande número de autores tenha definido o *know-how*, não há um conceito unificado pela doutrina. Assim, não delimitada a expressão pelo ordenamento jurídico, verificam-se inúmeras divergências em torno de seu significado havendo, até mesmo, em parte da doutrina, sua concepção como sinônimo de *segredo industrial*, o que constitui saliente equívoco.

Pode-se dizer, finalmente, que o contrato de *know-how* vem sendo definido como o instrumento jurídico que permite a transmissão de conhecimentos, tecnologias, dados, técnicas ou métodos para que uma pessoa designada no contrato, mediante cláusulas específicas, utilize-os no desenvolvimento de processos produtivos ou na prestação de serviços, cuja tecnologia não tenha sido patenteada ou não seja patenteável. Essa transmissão pode ser feita a título oneroso ou gratuito e as informações podem vir a ser protegidas como segredo empresarial.

Contrato de mão de obra

Ver, neste glossário, "contrato de empreitada".

Contrato de parceria rural

Parceria rural é o contrato agrário pelo qual uma pessoa se obriga a ceder à outra, por tempo determinado ou não, o uso específico de imóvel rural, de parte ou partes do mesmo, incluindo, ou não, benfeitorias, outros bens e ou facilidades, com o objetivo de nele ser exercida atividade de exploração agrícola, pecuária, agroindustrial, extrativa vegetal ou mista; e ou lhe entrega animais para cria, recria, invernagem, engorda ou extração de matérias primas de origem animal, mediante partilha de riscos do caso fortuito e da força maior do empreendimento rural, e dos frutos, produtos ou lucros havidos nas proporções que estipularem, observados os limites percentuais da lei (artigo 96, VI, do Estatuto da Terra).[19]

O contrato de *parceria rural* (que pode ser parceria agrícola, pecuária, agroindustrial ou extrativa) tem sua previsão de registro em RTD estabelecida no inciso V do art. 127 da LRP.

---

18. CARVALHO, Carlos Eduardo Neves de. Contratos de *know-how* (fornecimento de tecnologia). *Revista da ABPI*, n. 128, jan/fev 2014, p. 33.
19. Definição dada pelo art. 4º do Decreto Federal n. 59.566, de 14.11.1966.

Contrato de prestação de serviço

Contrato por meio do qual uma pessoa (o prestador) compromete-se a prestar determinados serviços a outra (o tomador), especificando o prazo de execução dos serviços (que não poderá ser maior do que quatro anos) e o valor a ser pago pelo trabalho prestado. Regula-se pelas normas dos artigos 593 a 609 do Código Civil.

O *contrato de prestação de serviço* não cria entre as partes um vínculo trabalhista, já que a relação existente entre elas não será caracterizada pela subordinação, mas pela autonomia do prestador do serviço, ao contrário do que ocorre na relação de emprego que é basicamente subordinativa.

Distingue-se, também, do contrato de empreitada, pelo qual o prestador é contratado para a realização de determinada obra, dizendo-se que a sua obrigação é de resultado. Na prestação de serviço, o prestador não possui a obrigação de chegar a um resultado final específico, mas a obrigação de realizar o serviço combinado.

É recomendável que o instrumento do contrato seja registrado no Registro de Títulos e Documentos, já que apenas com esse registro o contrato passará a ser válido em relação a terceiros alheios à relação contratual estabelecida.

Contrato de provisão

Ver, neste glossário, "contrato de fornecimento".

Contrato de trabalho

Contrato individual de trabalho é o acordo tácito ou expresso, correspondente à relação de emprego (art. 442 da CLT). O objeto do contrato de trabalho é a prestação de serviço subordinado e não eventual do empregado ao empregador, mediante o pagamento de salário.

Somente é lícita a alteração das condições estabelecidas no contrato individual de trabalho por mútuo consentimento e desde que não resultem, direta ou indiretamente, prejuízos ao empregado, sob pena de nulidade da cláusula infringente dessa garantia (art. 468 da CLT).

O contrato de Trabalho apresenta as seguintes características:

a) Continuidade, porque o trabalho deve ser prestado continuamente.

b) Subordinação, porque o empregado exerce atividade subordinada ao empregador, por quem é dirigido.

c) Onerosidade, porque exige que o trabalho seja remunerado, recebendo, o empregado, o salário ajustado.

d) Pessoalidade, porque é *"intuitu personae"*, não podendo o empregado fazer-se substituir por outra pessoa.

O Contrato de Trabalho, portanto, é bilateral, consensual, oneroso, comutativo e de trato sucessivo. Os contratos de trabalho podem, ainda, ser: por tempo determinado; por tempo indeterminado; intermitentes, temporários e de aprendizagem (art. 443 da CLT).

Contrato de transferência de tecnologia

O *contrato de transferência de tecnologia* consiste na transmissão de conhecimentos de uma pessoa para outra, podendo os contratantes ser pessoas físicas ou jurídicas. Nesse contrato, a parte cedente se obriga a transmitir à parte cessionária determinadas informações ou conhecimentos técnicos aplicáveis a determinado processo de produção.

Visam, principalmente, ao desenvolvimento industrial tendo em vista que a tecnologia é inerente ao desenvolvimento da atividade empresária.

Dentre as modalidades de contratos de transferência de tecnologia, destacam-se o de registro de marcas e de patentes, a licença para uso de marca, a franquia, os direitos autorais e o *know-how*.

Esses contratos podem ser *típicos* ou *atípicos*, sendo que a maioria, apesar do uso corrente, não está prevista no ordenamento jurídico brasileiro.

Contrato de transporte

Contrato caracteristicamente oneroso pelo qual alguém se obriga a transportar, de um lugar para outro, pessoas ou coisas, mediante retribuição.

Tem eficácia meramente obrigacional, estando realizado a partir da expedição da passagem ou do conhecimento de transporte pelo transportador.

Obedece a regras distintas quando se trate de transporte de pessoas (artigos 734 a 742 do Código Civil) ou de coisas (artigos 743 a 756 do Código Civil).

Contrato de turismo ou turístico

Ver, neste glossário, "contrato de viagem turística".

Contrato de viagem turística

O *contrato de viagem turística* ou *contrato turístico* ou *contrato de turismo*[20] é um contrato bilateral (em que uma das partes é necessariamente uma empresa), oneroso, comutativo e de duração certa, que compreende duas modalidades: de *organização* e de *intermediação*.

O *contrato de organização* (ou de *excursão turística*) é aquele celebrado entre uma agência de turismo e um turista pelo qual a empresa proporciona ao turista, mediante o pagamento de um preço global, um conjunto de prestações consistentes nos serviços básicos de transporte e estada em determinados lugares. Nesta modalidade, não existe uma relação contratual entre o turista e as pessoas que lhe prestam os serviços turísticos prometidos pela agência.

O *contrato de intermediação de viagem* é aquele pelo qual uma agência de turismo se obriga a interceder junto ao intermediário, mediante o pagamento de uma comissão,

---

20. Orlando Gomes refere que a Convenção Internacional de Bruxelas, de 1970, denomina-o de *contrato de viagem*.

para que este organize uma viagem ou serviços isolados, que permitam sua realização ou viabilizem a estada em lugares predeterminados.

Os contratos quase sempre são de adesão (uniformes e pré-impressos), nos quais são estabelecidas condições gerais que dizem respeito ao preço estipulado, à mudança de itinerário e à responsabilidade do organizador da viagem. Especifica-se, também, o que está e não está incluído no preço da viagem, podendo ser estipulada cláusula de reajuste cambial do preço, antes do início da viagem.

Contrato em moeda estrangeira

Espécies contratuais autorizadas em lei especial que representam exceção à vedação, vigente no país, quanto à impossibilidade de realização de convenções que estipulem pagamento em moeda estrangeira, estabelecida pelo art. 318 do vigente Código Civil (Lei n. 10.406/2002) e pela Lei nº 10.192/2001.

Correspondem aos contratos autorizados nos artigos 2º e 3º do Decreto-lei n. 857, de 11 de setembro de 1969, e na parte final do art. 6º da Lei n. 8.880, de 27 de maio de 1994:

a) contratos e títulos referentes à importação ou exportação de mercadorias;

b) contratos de financiamento ou de prestação de garantias relativos às operações de exportação de bens e serviços vendidos a crédito para o exterior (*de acordo com a redação dada pela Lei nº 13.292, de 31.5.2016*);

c) contratos de financiamento ou de prestação de garantias relativos às operações de exportação de bens de produção nacional, vendidos a crédito para o exterior;

d) contratos de compra e venda de câmbio em geral;

e) empréstimos e quaisquer outras obrigações cujo credor ou devedor seja pessoa residente e domiciliada no exterior, excetuados os contratos de locação de imóveis situados no território nacional;

f) contratos que tenham por objeto a cessão, transferência, delegação, assunção ou modificação das obrigações referidas no item anterior ainda que ambas as partes contratantes sejam pessoas residentes ou domiciliadas no País;

g) contratos de arrendamento mercantil celebrados entre pessoas residentes e domiciliadas no País, com base em captação de recursos provenientes do exterior.

Dação em pagamento

Modo de extinção de uma obrigação, consistente em *acordo* pelo qual o credor concorda em receber coisa diferente da avençada, em substituição à prestação que lhe era originalmente devida (geralmente prestação em dinheiro). Por ele, uma vez determinado o preço da coisa a ser dada em pagamento, as relações interpartes passam a regular-se pelas normas do contrato de compra e venda.

Se a coisa dada em pagamento for título de crédito, sua transferência importará cessão de crédito.

Se o credor perder a coisa pela evicção (em virtude de sentença que a atribuir a terceiro, por direito anterior), fica restabelecida a obrigação primitiva, ficando sem efeito a quitação dada, ressalvados os direitos de terceiros.

O regime jurídico básico da dação em pagamento está regrado pelos artigos 356 a 359 do vigente Código Civil (Lei n. 10.406/2002).

Para que tenham efeito em relação a terceiros os instrumentos em que se acorde a dação em pagamento devem ser registrados em RTD (art. 129, inciso 8º, da LRP – Lei n. 6.015/1973).

Declaração

Afirmação escrita ou oral que se faz acerca de um fato ou para indicar um direito ou estado. Diz-se também do próprio documento que contém a declaração, quando feita por escrito.

Diploma

Título ou carta pela qual se certifica a conclusão de um grau acadêmico e as consequentes habilitações ao seu portador (diploma de bacharel, diploma de curso).

Também se diz do título ou documento oficial por meio do qual se confere a alguém um cargo, privilégio ou distinção (diploma de posse em cargos públicos eletivos: senador, deputado, governador).

Distrato

"Acordo entre as partes contratantes, a fim de extinguir o vínculo obrigacional estabelecido pelo contrato" (Clóvis Bevilacqua).

Caracteriza-se pela convergência de vontades no sentido contrário ao que havia criado o vínculo inicial. É um contrato que extingue outro contrato. Deve ser utilizado para desfazer contratos que ainda não foram executados, ou cujo prazo de vigência ainda não expirou. Faz-se pela mesma forma exigida para o contrato.

Está disciplinado pelos artigos 472 e 473 do Código Civil (Lei n. 10.406/2002).

Doação

Contrato pelo qual uma pessoa, por liberalidade, transfere do seu patrimônio bens ou vantagens, para o patrimônio de outra pessoa. É regulado pelos artigos 538 a 554 do vigente Código Civil (Lei n. 10.406/2002).

Estipula o Código Civil que o doador pode fixar prazo ao donatário para que declare se aceita ou não a liberalidade. Presume-se aceita a doação quando, não estabelecendo encargo, estiver o donatário ciente do prazo e, nele, não fizer qualquer manifestação.

A forma exigida por lei pode ser tanto a escritura pública como o instrumento particular, só valendo a doação verbal quando versar sobre bens móveis de pequeno valor, imediatamente entregues ao donatário (art. 541 do Código Civil). Na doação de bens imóveis o instrumento particular será válido nas doações de valor até trinta vezes o maior salário mínimo.

A doação feita ao nascituro é válida, desde que aceita por seu representante legal. Se o donatário for absolutamente incapaz, será dispensada a aceitação, desde que a doação seja pura, ou seja, sem encargo. A doação feita de ascendente a descendente ou de um cônjuge a outro, importa adiantamento do que lhes caberia por direito hereditário.

Nula será a doação da totalidade dos bens do doador, sem que para si reserve parte ou renda que lhe garanta a subsistência. Também será nula a doação quanto à parte que exceder àquela de que o doador poderia dispor em testamento, no momento da liberalidade.

A doação em comum a mais de uma pessoa, entende-se distribuída por igual entre elas, salvo expressa declaração em contrário. Se os donatários forem marido e mulher, subsistirá na totalidade a doação ao cônjuge sobrevivente.

Documentos de procedência estrangeira

Leciona Walter Ceneviva que *documentos de procedência estrangeira* são todos os vindos do exterior e não lançados em língua portuguesa, podendo-se referir tanto a escrituras e certidões quanto a discos, filmes, recortes de revistas ou jornais, cartas, etc.[21]

A expressão acima conceituada corresponde àquela utilizada nas disposições do inciso 6º do art. 129 da LRP, estabelecendo a lei que, para a validade de tais documentos no território nacional, perante repartições da União, dos Estados, do Distrito Federal, dos Territórios e dos Municípios, ou em qualquer instância, juízo ou tribunal, é exigido seu registro, acompanhado das respectivas traduções, no Registro de Títulos e Documentos.

Constitui requisito para a realização do registro de documento de procedência estrangeira a sua legalização por autoridade competente que, com a adesão do Brasil à Convenção de Haia de 5.10.1961, promulgada no Brasil pelo Decreto Federal n. 8.660, de 29.1.2016, passou a dispensar a legalização consular ou diplomática e exigindo a legalização por meio de aposição de apostila, pela autoridade competente do país de origem do documento, nos termos da referida Convenção Internacional.

Duplicata de prestação de serviços

Título de crédito que a Lei n. 5.474, de 18.7.1968, autorizou ser emitido pelas empresas individuais ou coletivas, fundações ou sociedades civis que se dediquem à prestação de serviços, bem como pelos profissionais liberais e profissionais que prestam serviço de natureza eventual, podendo, na forma dessa lei, emitir fatura e duplicata dos serviços prestados.

A esse título de crédito são aplicáveis as disposições referentes à fatura e à duplicata de venda mercantil, constituindo documento hábil para transcrição do instrumento de

---

21. CENEVIVA, Walter. *Lei dos registros públicos comentada*. 19. ed. São Paulo: Saraiva, 2009, p.315.

protesto, qualquer documento que comprove a efetiva prestação do serviço e o vínculo contratual que a autorizou.

Empreitada

Ver, neste glossário, "contrato de empreitada".

Escritura pública

Instrumento de um ato jurídico que é lavrado em notas de tabelião, constituindo documento dotado de fé pública que faz prova plena, devendo ser redigido em língua nacional e conter os requisitos estabelecidos em lei.

Seus principais requisitos estão estabelecidos no art. 215 do vigente Código Civil (Lei n. 10.406, de 10.1.2002):

> I – data e local de sua realização;
>
> II – reconhecimento da identidade e capacidade das partes e de quantos hajam comparecido ao ato, por si, como representantes, intervenientes ou testemunhas;
>
> III – nome, nacionalidade, estado civil, profissão, domicílio e residência das partes e demais comparecentes, com a indicação, quando necessário, do regime de bens do casamento, nome do outro cônjuge e filiação;
>
> IV – manifestação clara da vontade das partes e dos intervenientes;
>
> V – referência ao cumprimento das exigências legais e fiscais inerentes à legitimidade do ato;
>
> VI – declaração de ter sido lida na presença das partes e demais comparecentes, ou de que todos a leram;
>
> VII – assinatura das partes e dos demais comparecentes, bem como a do tabelião ou seu substituto legal, encerrando o ato.

"Factoring"

Ver, neste glossário, "contrato de faturização".

Fatura

Documento que a Lei n. 5.474, de 18.7.1968, tornou de emissão obrigatória nas vendas a prazo entre partes domiciliadas no Brasil. Assim, nos termos do art. 1º da referida lei "em todo o contrato de compra e venda mercantil entre partes domiciliadas no território brasileiro, com prazo não inferior a 30 (trinta) dias, contado da data da entrega ou despacho das mercadorias, o vendedor extrairá a respectiva fatura para apresentação ao comprador".

A fatura discrimina as mercadorias vendidas ou, quando convier ao vendedor, indica somente os números e valores das notas parciais expedidas por ocasião das vendas, despachos ou entregas das mercadorias. Quando se tratar de duplicata de prestação de serviço, a fatura deverá discriminar a natureza dos serviços prestados (§ 1º do art. 20 da Lei n. 5.474/1968).

No ato da emissão da fatura, dela poderá ser extraída uma duplicata para circulação como efeito comercial, não sendo admitida qualquer outra espécie de título de crédito para documentar o saque do vendedor pela importância faturada ao comprador.

Faturização

Ver, neste glossário, "contrato de faturização".

Fomento mercantil

Ver, neste glossário, "contrato de faturização".

"Franchising"

Ver, neste glossário, "franquia".

Franquia

Franquia empresarial (ou *franchising*) é o sistema, estabelecido por contrato, pelo qual um franqueador cede ao franqueado o direito de uso de marca ou patente, associado ao direito de distribuição exclusiva ou semiexclusiva de produtos ou serviços e, eventualmente, também o direito de uso da tecnologia de implantação e administração de negócio ou sistema operacional desenvolvidos ou detidos pelo franqueador, mediante remuneração direta ou indireta, sem que, no entanto, fique caracterizado vínculo empregatício.[22]

O primeiro elemento da franquia é sua característica de contrato pelo qual se dá uma cessão de licença de uso de marca e de título de estabelecimento. Ou seja, o franqueado (adquirente da outorga da marca, produtos e serviços) obtém do franqueador uma licença para utilizar marca, expressão, sinal de propaganda e até patente já consagrada pelo público, nos limites estabelecidos pelo franqueador. A isso está ligado o direito de distribuição, que constitui outro elemento da franquia empresarial, que visa a otimizar a distribuição de produtos, mercadorias ou serviços, para que atinja maiores áreas de comercialização com o menor custo possível.

Outro elemento é a exclusividade ou semiexclusividade na distribuição de produtos, mercadorias ou serviços. A exclusividade ou semiexclusividade pode ser vista sob a ótica da operação no mesmo ramo de franquia após o término do contrato, do fornecimento de produtos ou mercadorias, que poderá ser efetuado somente pelo franqueador, e da área de atuação do franqueador em seu comércio.

Também constitui elemento desse contrato a disponibilidade, ao franqueado, de todo o *know-how* desenvolvido pelo franqueador, ou seja, este deve colocar à disposição

---

22. Conceito estabelecido pelo art. 2º da Lei n. 8.955, de 15.12.1994, que dispõe sobre o contrato de franquia empresarial (*franchising*) e dá outras providências.

do franqueado toda a organização empresarial adquirida por meio de sua experiência (instalação do negócio, projeto arquitetônico, treinamento, controle de estoques, etc.)

Em contrapartida, o franqueado remunerará o franqueador pela forma que estiver estipulada no contratado (pagamento de uma entrada e de parcelas mensais, *royalties*, assistência técnica, etc.)

O último elemento contratual caracteriza-se pela independência entre o franqueado e o franqueador, não se formando vínculo empregatício entre eles.

Fundo de aplicação em quotas de fundos de investimento

Ver, neste glossário, "fundo de investimento financeiro".

Fundo de investimento

O *fundo de investimento* é uma comunhão de recursos, constituído sob a forma de condomínio de natureza especial, destinado à aplicação em ativos financeiros, bens e direitos de qualquer natureza.[23]

A ele não se aplicam as disposições dos artigos 1.314 a 1.358-A do Código Civil (relativas a condomínios), cabendo à Comissão de Valores Mobiliários a sua regulamentação.

O registro dos regulamentos dos fundos de investimentos na Comissão de Valores Mobiliários é condição suficiente para garantir a sua publicidade e a oponibilidade de efeitos em relação a terceiros.

Os fundos de investimentos respondem diretamente pelas obrigações legais e contratuais por eles assumidas e os prestadores de serviço não respondem por essas obrigações, mas respondem pelos prejuízos que causarem quando procederem com dolo ou má-fé.

Fundo de investimento financeiro

Um *fundo de investimento financeiro* é uma forma de *aplicação financeira*, estabelecida mediante contrato específico, formado com a participação de vários investidores que se unem para a realização de investimentos financeiros. O *fundo de investimento* é formado por uma carteira de ativos financeiros, oferecido por administradoras que disponibilizam *quotas* para captação de recursos junto aos investidores interessados.

É uma universalidade patrimonial que não possui *personalidade jurídica*, constituindo-se à semelhança de um *condomínio*.

Visa a um determinado objetivo ou a um retorno financeiro compensador, sendo divididas, as receitas obtidas e as despesas realizadas para o estabelecimento do empreendimento.

Todo o dinheiro aplicado nos fundos é convertido em *quotas*, que são distribuídas entre os *aplicadores* ou *quotistas*, que passam a ser proprietários de partes da carteira,

---

23. Definição dada pelo art. 1.368-C do Código Civil, acrescido pela Lei n. 13.874/2019.

proporcionalmente ao capital por eles investido. O valor da quota é atualizado diariamente e o cálculo do saldo de cada quotista é feito multiplicando-se o número de quotas adquiridas pelo valor que a quota atingiu naquele dia.

A administração e a gestão do fundo são realizadas por especialistas contratados. Os administradores tratam dos aspectos jurídicos e legais do fundo, os gestores tratam da estratégia de montagem da carteira de ativos do fundo, visando a conciliar o maior lucro possível com o menor risco.

Dependendo do tipo de fundo, as carteiras podem ser mais ou menos diversificadas, podendo possuir ativos tais como títulos de renda fixa(CDBs), títulos cambiais, ações, derivativos ou *commodities* negociadas em bolsas de mercadorias e futuros, títulos públicos, dentre outros.

Distinguem-se dos *clubes de investimento* pelo fato de estes, por serem obrigados a ter um patrimônio mínimo de ações equivalente a 67% do que é investido, assemelhando-se, em razão disso, mais aos *fundos de ações,* apesar de esses fundos não poderem ser constituídos por pessoas comuns, sendo montados por instituições financeiras.

Fundo de investimento em participações

O *Fundo de Investimento em Participações* (FIP), constituído sob a forma de condomínio fechado, é uma comunhão de recursos destinada à aquisição de ações, bônus de subscrição, debêntures simples, outros títulos e valores mobiliários conversíveis ou permutáveis em ações de emissão de companhias, abertas ou fechadas, bem como títulos e valores mobiliários representativos de participação em sociedades limitadas, que deve participar do processo decisório da sociedade investida, com efetiva influência na definição de sua política estratégica e na sua gestão.[24]

Somente podem ser administradores desses fundos as pessoas jurídicas autorizadas pela CVM para o exercício profissional de administração de carteiras de valores mobiliários, conforme definido em regulamentação específica.

Fundo de investimento em capital semente

Categoria de Fundo de Investimento em Participações – FIP (ver), autorizada pela Instrução CVM n. 578, de 30.8.2016.

Fundo de investimento em empresas emergentes

Categoria de Fundo de Investimento em Participações – FIP (ver), autorizada pela Instrução CVM n. 578, de 30.8.2016.

Fundo de investimento em infraestrutura (FIP-IE);

Categoria de Fundo de Investimento em Participações – FIP (ver), autorizada pela Instrução CVM n. 578, de 30.8.2016.

---

24. Definição dada pelo art. 5º da Instrução CVM n. 578, de 30.8.2016.

Fundo de investimento em multiestratégia

Categoria de Fundo de Investimento em Participações – FIP (ver), autorizada pela Instrução CVM n. 578, de 30.8.2016.

Fundo de investimento em produção econômica intensiva em pesquisa, desenvolvimento e inovação (FIP-PD&I)

Categoria de Fundo de Investimento em Participações – FIP (ver), autorizada pela Instrução CVM n. 578, de 30.8.2016.

Laudo

Documento escrito no qual os peritos ou especialistas fazem constar o resultado de exame pericial a que procederam, apresentando tudo o que observaram, descreveram, testaram, examinaram e a conclusão resultante de suas observações.

Pode ser também a peça escrita na qual os árbitros, no juízo arbitral, fazem constar sua decisão.

"Leasing"

Ver, neste glossário, "arrendamento mercantil".

Liberação

Termo de significação plúrima que pode ter sentido de exoneração de obrigação ou compromisso; quitação ou extinção de dívida.

Assim, na *liberação da alienação fiduciária* tem-se essa providência a cargo do *credor fiduciário* para exonerar ou liberar o *devedor fiduciante* da restrição existente em relação à propriedade plena do bem alienado fiduciariamente, após o cumprimento da obrigação pela quitação total do contrato.

No Direito Aduaneiro usam-se as expressões *liberação aduaneira ou liberação alfandegária,* também ditas *desembaraço aduaneiro ou desembaraço alfandegário* (em inglês *customs clearance*) para designar a condição que dá o processo de importação ou exportação por concluído, autorizando a entrega, ao importador ou exportador, das mercadorias regularizadas para venda no país de destino, suprimindo quaisquer restrições legais ao seu livre comércio.

Lista de presença

Lista de presença ou *registro de presença* é um documento essencial que deve acompanhar qualquer ata de reunião de qualquer espécie (assembleias, sessões ou deliberações de diretorias, grupos de trabalho, conselhos ou quaisquer organizações colegiadas, reuniões empresariais, reuniões condominiais, reuniões de entidades). É através desse documento que se comprovará a participação das pessoas na reunião e nas discussões, definições e encaminhamentos realizados durante sua realização.

Seu conteúdo é variável, de acordo com as necessidades específicas de cada reunião, mas geralmente dela deve constar a data, o local, a pauta e os nomes completos e assinaturas das pessoas presentes, podendo ser acrescidos dados complementares tais como endereços residenciais ou profissionais, endereços eletrônicos, telefones ou outras formas de contato.

Locação de bens imóveis

Contrato pelo qual uma pessoa se obriga a ceder a outra, por tempo determinado ou não, o uso e gozo de imóvel urbano ou rural, mediante certa retribuição ou aluguel.

Quando se trate de contratos de locação de bens imóveis existe legislação especial regulando as locações de *imóveis urbanos* (Lei n. 8.245, de 18.10.1991), assim como para as locações de *imóveis rurais*, disciplinadas pelo Estatuto da Terra (Lei n. 4.504, de 30.11.1964 e sua regulamentação pelo Decreto Federal n. 59.566, de 14.11.1966). Ver também, acerca destes últimos, "arrendamento rural".

Locação de coisas

Locação de coisas (ou de bens em geral) é o contrato pelo qual uma das partes se obriga a ceder à outra, por tempo determinado ou não, o uso e gozo de coisa não fungível, mediante certa retribuição. Assim, tratando-se de "uso e gozo", na locação não há transferência do domínio do bem, tratando-se de contrato com eficácia meramente obrigacional.

Sua disciplina está contemplada nos artigos 565 a 578 do vigente Código Civil (Lei n. 10.406, de 10.1.2002)

A locação de coisas pode ter por objeto bens móveis ou imóveis, sendo que para os imóveis existe legislação específica (ver, "locação de bens imóveis").

Memorando

O *memorando* ou *comunicação interna* é um tipo de texto informativo veiculado nos meios profissionais.

Os memorandos são importantes ferramentas de comunicação entre diversos setores de uma organização (empresa, instituição, associação, órgão público, etc.).

Em outras palavras, eles são correspondências oficiais muito frequentes no meio organizacional para a difusão de informações.

São textos breves que apresentam uma linguagem formal, objetiva, direta, clara e concisa. Os memorandos, na atualidade, são amplamente veiculados por meio de correio eletrônico (e-mail).

Memorial

Memorial ou *memorial descritivo* é o documento utilizado no âmbito da arquitetura de edificações para detalhar todo o projeto a ser realizado, relacionando todos os itens da edificação a ser construída. Nele, tudo o que será realizado na obra deverá ser informado de acordo com a norma brasileira NBR 15.575 da ABNT. É requisito a ser cumprido pelo incorporador imobiliário ao registrar a incorporação, perante o Registro de Imóveis, para que possa passar a negociar unidades autônomas (ver Lei n. 4.591, de 16.12.1964, art. 32, alínea "g", combinado com o art. 53, IV).

O memorial descritivo não se confunde com o projeto. Sua finalidade é relatar num texto tudo o que consta no projeto. É um registro técnico com valor legal, assinado pelo profissional responsável técnico.

Um memorial descritivo pode apresentar muitos tópicos:
- localização da obra;
- proprietário;
- conceituação do projeto;
- objetivos do projeto;
- premissas básicas adotadas para o projeto;
- normas para a realização dos cálculos;
- etapas da construção detalhadas;
- alvenaria;
- acabamentos;
- detalhamento dos materiais a empregar na obra;
- outros detalhes importantes para o perfeito entendimento do projeto.

Nota de crédito comercial

A *nota de crédito comercial* é uma promessa de pagamento em dinheiro, sem garantia real. Exceto no que se refere às garantias e à inscrição, aplicam-se à nota de crédito comercial as disposições sobre a nota de crédito industrial, disciplinada pelo Decreto-Lei n. 413/1969, de acordo com o estabelecido pela Lei n. 6.840, de 30.11.1980. Os requisitos desse título de crédito estão discriminados no art. 16 do Decreto-lei n. 413/1969. Podem ser objeto de garantia pessoal (fiança ou aval), não sendo obrigatoriamente passíveis de registro. Sua emissão destina-se basicamente a constituir, para o credor, um crédito privilegiado.

Nota de crédito industrial

A **nota de crédito industrial** é uma promessa de pagamento em dinheiro, sem garantia real.[25] Exceto no que se refere às garantias e à inscrição, aplicam-se à nota de crédito industrial as disposições sobre anota de crédito industrial, disciplinada pelo Decreto-Lei n. 413/1969. Os requisitos desse título de crédito estão discriminados no art. 16 do referido Decreto-lei. Podem ser objeto de garantia pessoal (fiança ou aval),

---

25. Definição dada pelo art. 15 do Decreto-lei n. 413, de 9.1.1969 (Títulos de Crédito Industrial).

não sendo obrigatoriamente passíveis de registro. Sua emissão destina-se basicamente a constituir, para o credor, um crédito privilegiado.

Nota de crédito rural

A *nota de crédito rural* é uma promessa de pagamento em dinheiro, sem garantia real. A Nota de Crédito Rural distinguia-se das demais Notas de Crédito pelo fato de que era exigido o seu registro no Registro de Imóveis para que produzisse efeito em relação a terceiros. Entretanto, em virtude da edição da Lei n. 13.986/2020 esse registro passou a ser dispensável e esses títulos passaram à forma *escritural*, mediante registro em sistemas eletrônicos de entidades autorizadas pelo Banco Central do Brasil (art. 10-A do Decreto-lei n. 167/67 com alteração da referida lei) para que tenham plena eficácia jurídica. Pode apresentar garantia pessoal, servindo, basicamente, para a constituição de um crédito privilegiado ao credor. Constitui um *título executivo extrajudicial* dotado dos requisitos de liquidez, certeza e exigibilidade, cuja presunção milita a favor do credor.

Nota promissória

"Entende-se por nota promissória a promessa de pagamento de certa soma em dinheiro, feita por escrito, por uma pessoa, em favor de outra ou à sua ordem".[26]

Nesse título de crédito, aquele que promete pagar, emitindo a nota, tem o nome de *sacador, emitente ou subscritor;* aquele em favor de quem a promessa é feita denomina-se *beneficiário ou tomador*.

Notificação

Notificação é a ação e o efeito de notificar que significa comunicar formalmente uma resolução ou dar uma notícia com certo propósito a alguém. O termo também é utilizado para designar o documento em que se faz constar a comunicação. É amplamente usada no desenvolvimento de atividades judiciais, extrajudiciais e administrativas.

Novação de dívida

"É a conversão de uma dívida em outra para extinguir a primeira" (Clóvis Bevilacqua). De acordo com o art. 360 do vigente Código Civil (Lei n. 10.406/2002), dá-se a novação:

I. quando o devedor contrai com o credor nova dívida para extinguir e substituir a anterior;

II. quando novo devedor sucede ao antigo, ficando este quite com o credor;

III. quando, em virtude de obrigação nova, outro credor é substituído ao antigo, ficando o devedor quite com este.

O instituto é regulado pelos artigos 360 a 367 do vigente Código Civil.

---

26. FRAN MARTINS, *Títulos de crédito*. 8ª ed. Rio de Janeiro: Forense, 1983, v. I, p. 377.

Ofício

Forma de correspondência oficial, enviada normalmente a funcionários ou autoridades públicas. É a forma mais comum de correspondência oficial expedida por órgãos públicos ou privados, para o trato de assuntos em objeto de serviço. Seu destinatário pode ser outro órgão público ou também um particular.

Opção

Faculdade atribuída a uma pessoa para que possa escolher entre duas ou mais maneiras de exercer seu direito (opção pelo implemento da obrigação ou pelo pagamento da multa contratual, por exemplo). Pode ser de duas naturezas: convencional e legal.

Dá-se a *opção convencional* quando a faculdade de optar deriva de cláusula contratual, como no caso da obrigação alternativa.

Dá-se a *opção legal* quando a própria lei confere o direito de escolha (aceitação ou renúncia da herança, por exemplo, prevista nos artigos 1.804 a 1.806 do vigente Código Civil – Lei n. 10.406/2002).

Orçamento

Designa-se por *orçamento* à avaliação ou cálculo estimativo do custo a ser despendido na compra de um bem ou mercadoria, ou na realização de uma obra ou serviço.

Está condicionado a duas principais variáveis: a *receita*, ou valor disponível, e a *despesa*, que é o limite de valor a ser gasto.

Ordem de serviço

Documento de amplo uso e finalidades específicas, tanto em organizações privadas como públicas.

Nas organizações privadas a *Ordem de Serviço* (OS) é geralmente o documento que formaliza o trabalho que será prestado a um cliente, depois que ele faz a solicitação do serviço ao prestador. Depois de feito o pedido, é emitida uma Ordem de Serviço para que todos os setores internos da organização se comuniquem e se articulem coordenadamente no processo de atendimento desse pedido. A Ordem de Serviço contém as informações necessárias ao planejamento e execução do serviço solicitado, incluindo todos os dados relativos ao cliente e funcionando, também, como autorização do cliente para a realização do serviço. É instrumento destinado a organizar o desenvolvimento do processo interno do serviço, mapeando cada etapa de sua realização.

Nas organizações públicas a *Ordem de Serviço* pode ter a mesma finalidade para a qual é adotada nas organizações privadas e pode ser, também, uma *norma* ou *manual* de caráter interno que regula a realização de determinadas atividades a cargo dessa organização pública.

Em matéria de *segurança do trabalho*, a *Ordem de Serviço* é um instrumento de extrema importância na gestão da empresa, servindo para orientar e conscientizar o trabalhador sobre os riscos do ambiente de trabalho, bem como para indicar as medidas preventivas ou compensatórias adotadas pela empresa em favor da segurança do trabalhador. Constitui também um registro documental onde o trabalhador se compromete a desenvolver suas atividades da forma recomendada e segura.

Parecer

Opinião que o advogado, consultor jurídico, procurador de órgão da Administração Pública, ou qualquer funcionário, no exercício de suas atribuições, dá a respeito de determinada matéria, de acordo com seus conhecimentos profissionais ou funcionais. Designa, também, o *documento* em que essa opinião é formalizada, para posterior apreciação e decisão.

No âmbito *administrativo*, os *pareceres* são manifestações de órgãos técnicos sobre assuntos submetidos a sua consideração. O parecer tem caráter meramente opinativo, não vinculando a Administração ou os particulares à sua motivação ou conclusões, salvo se aprovado por ato subsequente.[27] O *parecer normativo*, ao ser aprovado pela autoridade, torna-se norma de procedimento interno, impositiva e vinculante. O *parecer técnico* provém de órgão especializado em determinada matéria, não podendo ser contrariado nem mesmo por superior hierárquico.

Passaporte

Documento fornecido pela autoridade pública competente, que dá direito ao livre trânsito a estrangeiros ou nacionais, dentro de um país, ou de um país para outro.

A norma brasileira conceitua passaporte com "documento de identificação, de propriedade da União, exigível de todos os que pretendam realizar viagem internacional, salvo nos casos previstos em tratados, acordos e outros atos internacionais".[28]

Os passaportes brasileiros classificam-se nas seguintes categorias, de acordo com o art. 3º do Regulamento aprovado pelo Decreto n. 5.978, de 4.12.2006: diplomático; oficial; comum; para estrangeiro; e de emergência.

Os passaportes *diplomático* e *oficial* são emitidos pelo Ministério das Relações Exteriores do Brasil e os passaportes *comum*, *para estrangeiro* e *de emergência* são expedidos, no território nacional, pelo Departamento de Polícia Federal e, no exterior, pelas repartições consulares.

Penhor

Penhor é o direito real de garantia constituído por meio da efetiva transferência da posse de uma coisa móvel suscetível de alienação, que o devedor faz ao credor, em garantia do débito entre eles contratado. Há várias modalidades de penhor: comum, rural, industrial, mercantil, de veículos e de títulos de crédito. O instituto está regulado pelos artigos 1.431 a 1.466 do vigente Código Civil (Lei n. 10.406/2002).

---

27. MEIRELLES, Hely Lopes. *Direito administrativo brasileiro*. 14 ed. São Paulo: RT, 1989, p. 169.
28. Definição dada pelo art. 2º do *Regulamento de Documentos de Viagem*, aprovado pelo Decreto Federal n. 5.978, de 4.12.2006.

À exceção do penhor rural, do penhor industrial e do penhor mercantil que são registráveis no Registro de Imóveis, as demais modalidades (penhor comum, de veículos e de títulos de crédito) são registráveis no Registro de Títulos e Documentos.

O Código Civil também disciplina o *penhor legal*, por meio das disposições dos artigos 1.467 a 1.472.

Permissão de uso

Ato administrativo negocial, discricionário e precário pelo qual o Poder Público faculta ao particular o uso especial de bens públicos, a título gratuito ou remunerado, nas condições estabelecidas pela Administração, sendo possível a permissão condicionada, na qual o próprio Poder Público se autolimita na faculdade discricionária de revogá-la a qualquer tempo.[29]

Permuta

Contrato pelo qual as partes se obrigam a dar uma coisa por outra que não seja dinheiro ou prestação de serviços. Por ele, operam-se, ao mesmo tempo, duas vendas, servindo as coisas trocadas de compensação recíproca. É contrato bilateral, oneroso, comutativo, consensual e sem caráter real, pois gera aos permutantes a obrigação de transferir, reciprocamente, a propriedade das coisas permutadas. Aplicam-se-lhe, no que couber, as disposições relativas à compra e venda.

É regulado pelas disposições do art. 533 do vigente Código Civil (Lei n. 10.406, de 10.1.2002). O art. 187 da LRP, dispõe sobre o registro da permuta de imóveis.

Plano de operação – regulamento

Plano de operação é o instrumento através do qual é definida a forma pela qual será desenvolvida uma operação de *promoção comercial*, mediante a edição e divulgação de um *regulamento* específico, na qual se pretenda ofertar a distribuição gratuita de prêmios, a título de propaganda, mediante sorteio, vale-brinde, concurso, ou operação assemelhada, nos termos do que estabelece a Lei n. 5.768, de 20.12.1971 e de sua regulamentação pelo Decreto n. 70.951, de 9.8.1972.

Essa atividade depende de prévia autorização do Ministério da Fazenda, que será concedida a título precário e por prazo não superior a doze meses.

O plano deve explicitar o espaço geográfico abrangido, o prazo em que será desenvolvido, as condições de participação, o modo como se dará o sorteio ou a contemplação, os prêmios ofertados, a forma de entrega dos prêmios, o critério de caducidade dos prêmios, a forma de divulgação e todas as demais informações importantes à perfeita compreensão da promoção.

---

29. MEIRELLES, Hely Lopes. *Direito administrativo brasileiro*. 14 ed. São Paulo: RT, 1989, p. 164.

A publicação desse documento em RTD estabelece a presunção legal de sua mais ampla publicidade, o que faz com que qualquer participante da promoção não possa alegar desconhecimento das normas estabelecidas para o certame.

Prestação de contas

Ato pelo qual aquele que agiu em nome de outrem ou teve a administração de seus bens, ou por determinação legal ou em razão de contrato, ou em decorrência de gestão de negócios, apresenta os resultados de sua administração, relatando e justificando-a adequada e documentadamente, como ocorre com os tutores, curadores, depositários, inventariantes, mandatários, gestores de negócios e outros.

Aquele que tiver direito a exigir contas está legitimado à proposição da ação de exigir contas do art. 550 do CPC (Lei n. 13.105, de 16.3.2015).

Procuração

É o instrumento do mandato (Código Civil, art. 653), ou seja, é o ato escrito pelo qual o mandato é outorgado. Opera-se o *mandato* quando alguém recebe, de outrem, poderes para, em seu nome, praticar atos ou administrar interesses. É um contrato de representação convencional porque decore de convenção feita entre as partes. Nasce, o mandato, a partir da confiança e lealdada entre mandante e mandatário, o que faz com que não possa ser compulsoriamente estabelecido.

A outorga do mandato está sujeita à forma exigida por lei para o ato a ser praticado, não se admitindo mandato verbal quando o ato a praticar deva ser por escrito (art. 657 do Código Civil).

O mandato, em termos gerais, só confere poderes de administração. Assim, para alienar, hipotecar, transigir, ou praticar outros quaisquer atos que exorbitem à administração, poderes especiais expressos devem ser outorgados nesse sentido.

Extingue-se o mandato nos seguintes casos (art. 682 do Código Civil):

I – pela revogação ou pela renúncia;

II – pela morte ou interdição de uma das partes;

III – pela mudança de estado que inabilite o mandante a conferir os poderes, ou o mandatário para exercê-los;

IV – pelo término do prazo ou pela conclusão do negócio.

O instituto do mandato é regulado pelos artigos 653 a 692 do vigente Código Civil (Lei n. 10.406, de 10.1.2002).

Projeto

O termo *projeto* tem largo uso, na atualidade, nos mais variados meios profissionais, acadêmicos, empresariais, tanto públicos como privados, significando que é o planejamento de algo a ser realizado futuramente. Entretanto, numa acepção mais técnica o *projeto* "é um esforço temporário empreendido para criar um produto, serviço ou resultado exclusivo" (de acordo com o *Project Management Body of Knowledge* – PMBOK, publicação organizada pelo *Project Management Institute* – PMI, que é uma instituição internacional que associa profissionais em gestão de projetos).

Um *projeto* serve para organizar as etapas de qualquer empreendimento de forma racional e lógica e fazer com que sejam evitados retrabalhos, prejuízos e atrasos no seu desenvolvimento, porque é capaz de prever com certa exatidão quais serão os esforços a empreender, os possíveis problemas de percurso, qual a equipe de trabalho, os investimentos e a infraestrutura necessários à concretização da ideia inicialmente definida.

Pode ser usado nas mais diferentes situações e com os mais variados objetivos, compreendendo uma imensa variabilidade de tipos (sociais, econômicos, culturais, negociais, empresariais, de pesquisa, de investimento, de incentivo, de obra etc.).

Um projeto deve ter duração determinada, seguindo algumas etapas que direcionam seu processo e o levam até o momento da conclusão. Todas as etapas de seu desenvolvimento têm idêntica importância para sua concretização.

Muitas vezes os projetos, por suas especificidades, ineditismo ou complexidade, terminam por ser levados a *registro* em RTD, visando a que seus autores não corram o risco de serem copiados ou plagiados, pois há situações em que pode ser realizado um certame para seleção do melhor projeto para resolução de um problema específico, sem garantia de que será executado pelo encomendante do projeto.

Prorrogação de locação

A *prorrogação* dos contratos de locação, que consiste na possibilidade de sua continuação, por prazo indeterminado, depois de findo o prazo ajustado para sua vigência, ocorre, no Brasil, de forma *tácita*, nas locações de imóveis residenciais urbanos, caso o locatário continue na posse do imóvel por mais de 30 (trinta) dias após a expiração do prazo de vigência contratual, entendendo-se que as partes deram por *prorrogado* o contrato de locação, ainda que não haja manifestação por escrito.

Assim, para a terminação da locação, há que se formalizar o *distrato*, que é a manifestação, de uma ou de ambas as partes, para que se extingam as obrigações existentes entre elas, com a efetiva devolução do imóvel ao locador.

Isso decorre do que dispõe o art. 46 e seus parágrafos da Lei n. 8.245/1991 (Lei do Inquilinato):

> **Art. 46**. Nas locações ajustadas por escrito e por prazo igual ou superior a trinta meses, a resolução do contrato ocorrerá findo o prazo estipulado, independentemente de notificação ou aviso.
>
> **§ 1º**. Findo o prazo ajustado, se o locatário continuar na posse do imóvel alugado por mais de trinta dias sem oposição do locador, presumir-se-á prorrogada a locação por prazo indeterminado, mantidas as demais cláusulas e condições do contrato.
>
> **§ 2º**. Ocorrendo a prorrogação, o locador poderá denunciar o contrato a qualquer tempo, concedido o prazo de trinta dias para desocupação.

Protocolo de intenções

Protocolo de intenções é o instrumento relativo à cooperação entre órgãos, firmado previamente à celebração de um acordo.

Contempla intenções almejadas no âmbito da cooperação a ser pactuada, cuja articulação ainda não evoluiu para situações plenamente defíniveis através de um acordo.

A celebração de *protocolo de intenções* previamente à assinatura de acordo resulta das necessidades detectadas ao longo das tratativas acerca da cooperação. O protocolo apenas proporciona uma aproximação dos interesses comuns entre os atores de um futuro acordo.

No contexto dos consórcios públicos disciplinados pela Lei n. 11.107, de 6.4.2005, para a constituição desses consórcios, mediante contrato, é exigida a prévia subscrição de *protocolo de intenções*, para o qual a lei estipula cláusulas a serem necessariamente incluídas nele e, uma vez subscrito o protocolo, o contrato de consórcio público será celebrado com a ratificação, mediante lei, do protocolo de intenções celebrado.

Protocolo (livro de registro de)

O *registro de protocolo* (ou simplesmente "*protocolo*") é o **livro** (inclusive aquele cujo suporte seja informatizado ou virtual) em que é registrada a entrada ou saída cronológica e progressiva de documentos em uma entidade ou organização pública ou privada.

Nos serviços de Registro de Títulos e Documentos (RTD) o *protocolo* (Livro A) destina-se ao apontamento de todos os títulos, documentos e papéis apresentados, diariamente, para serem registrados ou averbados, de acordo com as disposições do inciso I do art. 132 da LRP.

Quitação (ou recibo)

Quitação é o ato escrito pelo qual o credor declara ter recebido o pagamento do devedor, liberando-o da obrigação. O *instrumento* da quitação é comumente denominado de *recibo*, estabelecendo, o art. 320 do Código Civil, que a quitação poderá sempre ser dada por instrumento particular, designando o valor e a espécie da dívida quitada, o nome do devedor, ou quem por ele pagou, o tempo e o lugar em que se deu o pagamento, com a assinatura do credor ou do seu representante.

O devedor que paga tem direito a regular quitação, podendo reter o pagamento enquanto esta não lhe seja dada.

A matéria está disciplinada pelos artigos 319 a 326 do vigente Código Civil (Lei n. 10.406, de 10.1.2002).

Recibo arras

As *arras* ou *sinal* são regulados pelos artigos 417 a 420 do vigente Código Civil (Lei n. 10.406, de 10.1.2002).

Quando duas pessoas celebram um contrato, podem acordar o pagamento de arras ou sinal, que é um valor em dinheiro ou um bem móvel que uma das partes dá à outra para a conclusão do contrato ou para assegurar sua execução.

Se o contrato é regularmente cumprido e concluído pelas partes, as arras podem ser devolvidas, ou abatidas do valor a pagar no contrato, conforme o que tenha sido estipulado pelos interessados.

Se há descumprimento do contrato, desistindo uma das partes de sua concretização, dependerá de quem desistiu ou deu causa ao desfazimento do negócio. Se quem dá arras desiste ou dá causa ao desfazimento, perde-as em favor da parte contrária. Se quem recebe arras desiste ou dá causa ao desfazimento, terá que devolvê-las em dobro. Se no contrato se fixou direito de arrependimento, não há direito a indenização suplementar.

O *recibo arras*, que é o *documento* que comprova que o sinal foi recebido, dando a correspondente quitação do sinal, tem sido caracterizado, na jurisprudência, não somente sob esse aspecto, mas configurando-se como verdadeiro *contrato de promessa de compra e venda*.

Regulamento

Ato geral e (de regra) abstrato de competência privativa do Chefe do Poder Executivo, expedido com a estrita finalidade de produzir as disposições operacionais uniformizadoras necessárias **à execução da lei** cuja aplicação demande atuação da Administração Pública.[30]

É aprovado mediante *decreto* do Chefe do Poder Executivo, para observância por todos os órgãos administrativos que lhe são subordinados.

Relatório

O *relatório* é um conjunto de informações organizadas, utilizado para indicar resultados parciais ou totais acerca de determinada atividade, experimento, projeto, ação, pesquisa, ou outro evento que já esteja concluído ou ainda em andamento.

É documento de ampla utilização nos mais diversos setores de atividade, tanto pública como privada, apresentando variadas formas de estruturação, de acordo com o seu conteúdo e destinação específicos, não podendo, entretanto, deixar de ser claro, criativo e persuasivo.

Representação comercial

Ver, neste glossário, "agenciamento".

Rerratificação contratual (ou retirratificação contratual)

Termo muito usado na área jurídica que, em linguagem simples, significa a ação de *retificar* e *ratificar* ao mesmo tempo. Assim, *rerratificar* é corrigir ou alterar (que consiste

---

30. MELLO, Celso Antônio Bandeira de. *Curso de direito administrativo*. 10 ed. São Paulo: Malheiros, 1998, p. 200.

em retificar) parte de um documento e confirmar ou reafirmar (que consiste em ratificar) o restante desse documento naquilo em que não sofreu alteração. Não significa, como alguns imaginam, uma "nova ratificação" (nova confirmação de um documento já feito).

Assim, rerratifica-se a escritura pública, o contrato, ou outro escrito, para corrigi-lo em parte e confirmá-lo quanto ao conteúdo restante que não sofreu correções.

Rescisão contratual

Expressão que atualmente tem significado plúrimo, apesar de expressar, de acordo com a terminologia utilizada pelo Código Civil de 1916 (art. 1.092), uma das formas de *extinção* dos contratos que atualmente corresponde à *resolução* contratual (art. 475 do Código Civil de 2002). Assim, pode significar *resolução* contratual (extinção por descumprimento), pode significar *resilição* contratual (desfazimento por vontade das partes) e, também, extinção em virtude de *nulidade* do contrato (por lesão ou estado de perigo).

Reserva de domínio

A compra e venda com *reserva de domínio* é contrato típico disciplinado nos termos dos artigos 521 a 528 do Código Civil de 2002. Nele, a entrega da coisa não constitui aquisição de propriedade pela tradição, mas apenas transmissão da posse direta, pelo vendedor, ao comprador. A propriedade sobre a coisa vendida só será adquirida pelo comprador quando pagar a totalidade do preço ou das prestações. Assim, há uma *condição suspensiva* para o comprador que, até aquele implemento, detém a posse imediata da coisa. Há *condição resolutiva* para o vendedor que, pago o preço, perderá a posse mediata do bem em benefício do comprador. O comprador usa e frui da coisa só não tendo o domínio. Enquanto não pagar o preço não poderá *alienar* a coisa, ou seja, transferir-lhe o *domínio,* porque não titula esse direito em relação a coisa possuída.

Dispõe o art. 522 do Código Civil sobre a estipulação da cláusula e seu registro. Há exigência de forma *escrita* somente para a *cláusula* de reserva de domínio. Assim o *negócio* (compra e venda) pode ser contratado verbalmente e somente a correspondente *garantia* (reserva de domínio) exige a forma escrita. O *registro* não transfere a propriedade apenas confere eficácia *erga omnes* à cláusula.

A Deliberação CONTRAN n. 77/2009 dispõe sobre a possibilidade de registro do contrato de compra e venda de veículo automotor com *reserva de domínio* no órgão ou entidade executiva de trânsito do Estado ou do Distrito Federal em que estiver registrado e licenciado o veículo e sobre a anotação do respectivo *gravame* (art. 4º) no certificado de registro do veículo (CRV).

Resilição contratual

Resilição é o desfazimento ou extinção de um contrato por simples *manifestação de vontade,* de uma ou de ambas as partes contratantes. Não deve ser confundida com descumprimento ou inadimplemento, pois na resilição as partes apenas não desejam mais prosseguir com o contrato. A *resilição* pode ser *bilateral* (quando se opera pelo *distrato,* do art. 472 do Código Civil) ou *unilateral* (quando se opera pela *denúncia*, notificada à outra parte, na forma do art. 473 do Código Civil).

Resolução contratual

Resolução é o meio de dissolução ou extinção do contrato em caso de *inadimplemento* culposo ou fortuito. Assim, o contrato deve ser resolvido quando há o seu descumprimento. Dispõe o art. 475 do Código Civil que a parte lesada pelo descumprimento do contrato poderá pedir sua resolução, ou exigir-lhe o cumprimento, cabendo, em qualquer caso, indenização por perdas e danos.

Revogação de mandato (ou procuração)

A *revogação* é a forma regular de promover a extinção do *mandato*, (art. 682, I do Código Civil), porque este sempre estará sujeito ao direito potestativo (vontade) do mandante.

A *revogação do mandato* (e da procuração que é seu instrumento) deve ser *notificada* pelo mandante ao mandatário (e procurador) e a todos os demais interessados, posto que continuarão válidos os atos ajustados entre o mandatário e terceiros de boa-fé que não forem devidamente informados da revogação.

Dependendo da magnitude dos poderes conferidos ao mandatário, é recomendável que se faça uma notificação expressa, podendo ser via cartório extrajudicial, por ação judicial ou por publicação em jornais.

Quando o mandato é conferido por *instrumento público* (escritura pública lavrada por tabelião de notas), deve-se revogar o mandato conferido por uma *escritura de revogação* lavrada por tabelião, averbando-se junto à primeira escritura, nos livros do tabelião que a lavrou, a revogação posteriormente realizada. Apesar de alguma polêmica em torno da legalidade dessa possibilidade, a praxe hoje utilizada está consagrada no meio notarial.

Sublocação

Contrato pelo qual uma pessoa dá a terceiro, em nova locação, total ou parcialmente, o imóvel de que é locatário. Esse terceiro é denominado *sublocatário* e não tem relação direta com o locador. É um contrato entre o locatário e o sublocatário. Aplica-se à sublocação, no que couber, o que a lei dispõe para a locação. Depende de consentimento prévio e expresso do locador. Rescindida ou finda a locação, qualquer que seja sua causa, resolvem-se as sublocações, assegurado o direito de indenização do sublocatário contra o sublocador (ver Lei n. 8.245, de 18.10.1991, artigos 13 a 16).

Substabelecimento

O *substabelecimento* é o ato pelo qual o mandatário se faz substituir por terceiro no desempenho do mandato que lhe foi outorgado. Para que haja substabelecimento isento de responsabilidade ao mandatário é preciso que constem, do instrumento, poderes expressos para isso.

O substabelecimento pode operar-se de duas formas:

a) com reserva de poderes – quando o mandatário se faz substituir, sem renunciar ao mandato, cujos poderes conserva, podendo exercê-los quando julgar necessário;

b) sem reserva de poderes – quando a substituição do mandatário é definitiva, não podendo o mandatário que substabeleceu usar dos poderes que lhe tinham sido outorgados.

Estabelece o art. 655 do Código Civil que, ainda que o mandato seja outorgado por instrumento público, ele poderá substabelecer-se por instrumento particular.

As principais normas que disciplinam o *substabelecimento* estão disciplinadas no art. 667 e seus parágrafos, do vigente Código Civil (Lei n. 10.406/2002).

Termo de abertura e encerramento

Termos de abertura e de encerramento são registros usuais quando da adoção de *quaisquer livros* a serem utilizados em uma organização, declarando qual a finalidade do livro, a data e o lugar de sua abertura, o número de folhas que contém e demais dados de identificação, assim como a data e o lugar de seu encerramento, sendo assinados pelo responsável legal pela organização, ou pessoa por este designada.

Há, entretanto, livros instituídos de forma obrigatória em razão da legislação específica, notadamente os destinados ao registro da movimentação contábil e financeira da organização, para atendimento das exigências fiscais, podendo ter seus termos registrados nas Justas Comerciais ou nos Registros de Títulos e Documentos.

O *Livro Diário*, instituído pelo Decreto-Lei n. 486 de 3.3.1969 e regulamentado pelo Decreto n. 64.567 de 22.5.1969, no qual são registradas oficialmente todas as transações realizadas por uma empresa, sociedade simples ou entidade não econômica, tem caráter obrigatório e deve ter, em seu *termo de abertura*, a finalidade a que se destina o livro, o número de ordem, o número de folhas, a firma ou denominação da sociedade ou entidade a que pertença, o local da sede ou estabelecimento, o número e data do arquivamento dos atos constitutivos no órgão de registro competente e o número de seu registro no Cadastro Nacional de Pessoas Jurídicas (CNPJ). O *termo de encerramento* deve indicar o fim a que se destina o livro, o número de ordem, o número de folhas e a respectiva firma ou denominação da sociedade ou entidade a que pertence o livro. Esses *termos* serão datados e assinados pelo empresário ou dirigente da organização ou por seu procurador e por um contabilista legalmente habilitado. Na localidade em que não haja profissional habilitado, os termos de abertura e encerramento serão assinados, apenas, pelo empresário, dirigente ou seu procurador.

Termo de arrolamento de bens e direitos

O *arrolamento de bens e direitos* é uma medida executada pela Receita Federal do Brasil (RFB) para garantir a liquidação do crédito tributário de contribuintes devedores. O arrolamento de bens e direitos tem lugar sempre que a soma dos créditos tributários, relativos aos tributos administrados pela Secretaria da Receita Federal do Brasil (RFB), de responsabilidade do sujeito passivo, exceder a 30% (trinta por cento) do seu patrimônio conhecido e, simultaneamente, for superior a R$ 2.000.000,00 (dois milhões de Reais). Serão arrolados os bens e direitos em valor suficiente para satisfação do montante do crédito tributário de responsabilidade do sujeito passivo, sendo arroláveis os bens e direitos que estiverem registrados em nome do sujeito passivo nos respectivos órgãos de registro, mesmo que não declarados à RFB ou escriturados na contabilidade. Foi criado pelo Decreto n. 4.523, de 17.12.2002 e disciplinado pela Instrução Normativa RFB n. 1.565, de 11.5.2015.

O *Termo de Arrolamento de Bens e Direitos* é o documento fiscal lavrado por Auditor Fiscal da Receita Federal em que são discriminados e avaliados os bens e direitos abrangidos pelo arrolamento realizado.

Termo de responsabilidade

Ver, neste glossário, "assunção de responsabilidade".

Tradução

Tradução é uma atividade que abrange a interpretação do significado de um texto em uma língua (o *texto fonte*) e a produção de um novo texto em outra língua, mas que exprima o texto fonte da forma mais exata possível na língua para a qual foi vertido. O documento contendo o *texto resultante* desse processo também é chamado de *tradução*.

Nesta abordagem ganha importância a noção de *tradução pública*, comumente conhecida no Brasil como "*tradução juramentada*", apesar de essa expressão corresponder a um conceito diverso, vejamos:

Tradução pública – é a tradução feita por tradutor público, concursado e compromissado para o exercício dessa profissão no país, sendo credenciado perante as Juntas Comerciais dos Estados brasileiros, materializando, essa tradução, por instrumento público;

Tradução privada – é a tradução feita por tradutor que exerce privadamente esse ofício, não sendo concursado e compromissado para o exercício desse ofício no país, materializando, essa tradução, por instrumento particular; e

Tradução juramentada – é a tradução pública feita excepcionalmente por tradutor privado ou pessoa idônea com conhecimento suficiente do idioma, na falta de tradutor público que domine o idioma estrangeiro em determinado lugar, sendo que, nessa hipótese, presta um *juramento*, perante a autoridade competente (judicial ou extrajudicialmente), de bem exercer essa tarefa, como se tradutor público fosse, para aquele caso específico.

Assim, a *tradução pública* é feita por um *tradutor público*, que é oficialmente denominado, no Brasil, de *Tradutor Público e Intérprete Comercial*, nos termos do Decreto n. 13.609, de 21.10.1943, sendo esse o profissional habilitado em um ou mais idiomas estrangeiros e o português.

5.4.3 Importância do registro da carteira de trabalho

O Brasil teve as relações de trabalho amplamente reguladas a partir de 1943, quando foi editada a Consolidação das Leis do Trabalho (CLT), por meio do Decreto-Lei n. 5.452, de 1º de maio de 1943.

O modelo de gestão desde então adotado colocou a Carteira de Trabalho e Previdência Social, documento fornecido pelos órgãos do Ministério do Trabalho em todo o país, como documento básico do trabalhador, no qual deveriam ser anotadas todas as informações relevantes à disciplina da relação de emprego, bem como tudo quanto pudesse assegurar quaisquer direitos instituídos em lei aos trabalhadores em geral.

Dessa forma, com o passar dos anos, não somente as anotações relativas ao contrato de trabalho, mas todo e qualquer direito passou a ser anotado nesse documento oficial, formando não só um *histórico* bastante completo acerca da vida profissional do trabalhador brasileiro, mas um verdadeiro currículo de vida.

Foram-se acrescendo anotações previdenciárias das mais diversas sobre os benefícios concedidos, assim como do Fundo de Garantia do Tempo de Serviço, das obrigações sindicais, alterações de nome e outros dados de identificação, informações sanitárias e até mesmo relativas à prestação ou dispensa do serviço militar.

Assim, tudo quanto dissesse respeito à vida do trabalhador foi sendo consignado nesse repositório centralizador de dados, independentemente de a organização empregadora ter deixado de existir, ter falido, ter sido transformada ou absorvida por outra e os respectivos registros empresariais terem se perdido no tempo. Muitas vezes, o trabalhador nem sequer tem noção do que pode significar a perda de sua carteira de trabalho e os entraves que podem surgir na sua vida, especialmente no futuro, para comprovar as informações para o cômputo integral do tempo de trabalho e de contribuição previdenciária visando à sua aposentadoria.

É especialmente por essa razão que os registradores de títulos e documentos, ao longo do tempo, sempre sugeriram o registro da carteira de trabalho no órgão registral de Títulos e Documentos, porque, ainda que fosse perdido esse documento importante, haveria condições de resgatar suas informações, com o mesmo valor do documento original.

No Brasil, desde setembro de 2019, por meio da Portaria SEPRT n. 1.065, de 23.9.2019, foi oficializada a *carteira de trabalho digital*, que passou a substituir a Carteira de Trabalho e Previdência Social (CTPS) em papel. O novo documento virtual criado pelo Ministério da Economia para modernizar o acesso ao histórico profissional do trabalhador brasileiro, é acessível por meio do aplicativo "*CTPS Digital*" para *dispositivos móveis* ou pelo sítio eletrônico *www.gov.br*.

5.4.4 Registro do "bolão" de loteria

Em 2010, houve um rumoroso caso, ocorrido no município de Novo Hamburgo (RS), no qual pelo menos 35 pessoas compraram cotas de um "bolão" da "*Mega Sena*" (modalidade de jogo de apostas explorado pela Caixa Econômica Federal), oferecido por uma casa lotérica da cidade.

As dezenas impressas nos comprovantes entregues aos clientes foram sorteadas, mas o prêmio, na época estimado em R$ 52 milhões, permaneceu acumulado para a próxima rodada, por não ter havido vencedores. Uma funcionária da lotérica confessou posteriormente, à polícia, ter-se esquecido de registrar o jogo.

Depois disso, espalhou-se pelo país uma grande onda de desconfiança em relação aos denominados "bolões" organizados por casas lotéricas.

Logo a seguir, foi sugerida uma "solução registral" para o problema, por meio do registro de um contrato em Títulos e Documentos. A orientação teria sido dada por duas advogadas da Associação Brasileira de Defesa do Consumidor (*ProTeste*), visando a evitar mal-entendidos e prejuízos para aqueles que costumam apostar coletivamente em jogos oficiais de loteria, apesar de a Caixa Econômica Federal não reconhecer essa prática, pois considera vencedor do certame o possuidor do volante contendo a aposta premiada, o que revela a insegurança dos "bolões".

Os defensores do "acordo lotérico" pregam que sua redação pode ser bastante singela, dele devendo constar o nome completo e os números de RG e CPF de cada participante, a cota de cada um nas apostas e o quanto deve ser pago aos apostadores caso o grupo seja sorteado. O nome do responsável por retirar o dinheiro e reparti-lo com seus afortunados parceiros também deve ser mencionado no contrato.

Feito o contrato e seu registro no Ofício de Títulos e Documentos, cada apostador, munido de uma cópia, na hipótese de ser contemplado, haja o que houver, disporá de um título executivo para cobrar o que lhe é devido.

A novidade teria sido usada na Capital bandeirante, por iniciativa de uma casa lotérica, como forma de mostrar aos seus clientes a lisura de seu trabalho.

Mais recentemente, a própria Caixa Econômica Federal resolveu tomar providências de ordem administrativa e "oficializou" os denominados "bolões", organizados pelas lotéricas, fazendo com que os bilhetes emitidos nessa modalidade de aposta correspondam a quotas ou frações do prêmio, caso a sequência de números da aposta realizada venha a ser premiada.

5.5 MODELOS DE DOCUMENTOS UTILIZÁVEIS NO RTD

5.5.1 Pedido de registro com finalidade de conservação

MODELO DE REQUERIMENTO

Ao Oficial do Serviço de Registro de Títulos e Documentos de ....
Senhor Oficial:
.... (nome do requerente), nacionalidade, estado civil, profissão, RG n. ...., CPF n. ...., residente em (endereço completo), vem através deste requerer o registro integral, nesse Serviço, do (documento...............) anexo a este, para que produza efeitos ao qual se destina, com a finalidade de conservação, de acordo com o art. 127, inciso VII, da Lei de Registros Públicos.

Nesses termos,
Pede deferimento.
Local e data

_____
Assinatura

5.5.2 Pedido de registro de documento relativo a imóvel, que não obteve ingresso no Registro de Imóveis[31]

MODELO DE REQUERIMENTO

Ao Senhor Oficial do Serviço de Registro de Títulos e Documentos de ....
Prezado Senhor:
.... (nome do requerente), nacionalidade, estado civil, profissão, RG n. ...., CPF n. ...., residente em (endereço completo), vem requerer, de acordo com o que dispõe o art. 127, inciso VII, da Lei dos Registros Públicos,[2] o registro do (documento..........................) em que são partes .... e ....
Declara, ainda, estar ciente de que o registro é feito unicamente para fins de conservação e autenticação da data do documento, não gerando a constituição de propriedade ou outro direito real.

Nesses termos,
Pede deferimento.
Local e data

_____
Assinatura

---

[31]. É comum a previsão dessa situação em normas locais das Corregedorias de Justiça dos Estados. No caso do Rio Grande do Sul, assim dispõe o art. 365 da Consolidação Normativa Notarial e Registral, aprovada pelo Provimento n. 01/2020: "Em se tratando de documentos que tenham por objeto a transmissão, constituição ou extinção de direitos reais sobre imóveis, poderá ser feito o seu registro, desde que consignado expressamente que este se destina unicamente à conservação e fixação da data, não gerando a constituição de domínio ou outro direito real". Em alguns Estados, é praxe que o requerimento seja instruído com a nota de impugnação ou indeferimento expedida pelo Registro de Imóveis

5.5.3 Pedido de registro de termos de abertura e encerramento de livros

---
MODELO DE REQUERIMENTO

Ao Senhor Oficial do Serviço de Registro de Títulos e Documentos de ....
Prezado Senhor:
.... (nome da Sociedade ou Associação), inscrita no CNPJ sob n. ...., com endereço (endereço completo), na pessoa de (nome completo do representante legal ou contador), vem requerer o registro dos Termos de Abertura e Encerramento do seu Livro Diário n. ...., sendo dispensável a transcrição das páginas escrituradas.
Nesses termos,
Pede deferimento.
Local e data

_____
Assinatura

5.6 QUALIFICAÇÃO REGISTRAL NO RTD

A qualificação registral, tanto no RTD como nos demais serviços extrajudiciais de registros públicos, consiste na atividade plenamente vinculada à lei, desenvolvida sob a orientação do Oficial Registrador, para a manifestação quanto à registrabilidade do título apresentado a registro no Ofício Registral.

Apesar de o exame do título na qualificação registral operada no âmbito do Registro de Títulos e Documentos não apresentar o caráter rigoroso e *exauriente* praticado no âmbito do Registro de Imóveis, impõe-se, cada vez mais, a preocupação de observar-se o cumprimento dos requisitos legais mínimos para o registro em RTD, atividade que se torna cada dia mais complexa.

Julgando o registrador que o título apresentado não tem condições de ser registrado, deve devolver o documento ao interessado no registro mediante uma *nota devolutiva* (alguns dizem *nota de impugnação*) em que aponta as *exigências* a serem cumpridas para que o registro seja viabilizado.

Apresentamos, a seguir, alguns pontos que julgamos importantes relativamente à qualificação registral no RTD.

5.6.1 Critérios básicos

Para a qualificação positiva de qualquer documento no Registro de Títulos e Documentos, devem ser observados os seguintes critérios:

a) o título, documento ou papel deve ser apresentado no original. Não se admite registro ou averbação de *cópias*, ainda que autenticadas por Tabelião de Notas;

b) o documento deve conter as assinaturas das pessoas envolvidas no negócio, inclusive os fiadores;

c) deve-se verificar, sempre, a indicação ou referência, no texto do documento apresentado, da existência de *anexos*. Havendo *anexo* referido no texto do título a registrar, este deverá ser juntado ao título, para que se registre a *integralidade* do documento e não somente parte dele. A regra serve também para *aditivos* ou *aditamentos* (complementos feitos a um documento já registrado); nesse caso, todos os complementos devem ser levados a registro no mesmo órgão registral para que se tenha o documento registrado por completo. Assim, se em razão de alguma circunstância especial, por exemplo, um *aditivo* a uma *cédula de crédito* (tipo especial de contrato dotado de características que o constituem como *título de crédito*) necessita ser levado a registro em órgão registral diverso daquele em que a *cédula* já está registrada, esta também deve ser trazida a registro no órgão registral em que se pretende o registro do *aditivo*;

d) devem ser verificadas quaisquer outras formalidades adicionais exigidas por leis ou normas regulamentares locais, que determinem especificações para a realização do ato de registro.

5.6.2 Penhor

Dispõe o art. 1.431 do Código Civil que o *penhor* é constituído pela efetiva *transferência da posse* de uma *coisa móvel* suscetível de alienação que o devedor faz ao credor, em garantia do débito entre eles contratado.

Assim, o *penhor* é caracterizado de acordo com o bem que é oferecido em *garantia* do débito, sendo as seguintes as suas modalidades:

a) penhor rural (agrícola ou pecuário);
b) penhor industrial;
c) penhor mercantil;
d) penhor de veículos;
e) penhor de títulos de crédito;
f) penhor comum.

A distinção é importante porque determina o órgão com atribuição para a realização do registro, o que deve ser o primeiro cuidado na realização da qualificação registral.

O *penhor rural* tem registro no **Registro de Imóveis** (art. 1.438 do Código Civil e art. 167, I, 15, da Lei n. 6.015/73), o mesmo ocorrendo com o *penhor industrial* e o *penhor mercantil* (art. 1.448 do Código Civil, art. 167, I, 4, e art. 178, IV, da Lei n. 6.015/73).

O *penhor de veículos* (art. 1.462 do Código Civil e art. 129, inciso 5º, da Lei n. 6.015/73) tem registro no **Registro de Títulos e Documentos**[32], assim como em relação ao *penhor de direitos e títulos de crédito* (art. 1.452 do Código Civil e art. 127, III, da Lei n. 6.015/73), e ao *penhor comum* (art. 1.432 do Código Civil e art. 127, II, da Lei n. 6.015/73).

O *penhor comum* é caracterizado por não ser regulado por disposições legais especiais. Nele, a vinculação do bem dado em garantia para a satisfação do crédito exige a efetiva *transferência de sua posse* ao credor.

O caso mais conhecido no país, nessa modalidade, é o penhor de joias mantido pela Caixa Econômica Federal.

Para a qualificação positiva do penhor, devemos verificar o seguinte:

---

32. Sem prejuízo de anotação no certificado de registro do veículo.

a) se o documento apresentado é original;

b) se o documento está devidamente subscrito pelas partes (credor pignoratício e devedor pignoratício);

c) se o texto do contrato fizer referência a anexo, este deve ser juntado para registro;

d) se inexiste cláusula dispondo em contrário ao que estabelece o parágrafo único do art. 1.431 do Código Civil quanto à posse da coisa empenhada pelo devedor, porque o contrato não pode vedar exercício de direito garantido por lei;

e) se inexiste cláusula dispondo em contrário ao que estabelece o parágrafo único do art. 1.452 do Código Civil quanto à posse, pelo credor pignoratício, dos documentos comprobatórios do direito empenhado (título de crédito), porque o contrato não pode vedar exercício de direito garantido por lei;

f) se constam as declarações exigidas nos incisos I a IV do art. 1.424 do Código Civil (quais sejam: valor do crédito, sua estimação, ou valor máximo; prazo de pagamento; taxa dos juros, se houver; bem dado em garantia com as suas especificações), sob pena de ineficácia do contrato.

Para o registro do penhor, segue-se a orientação do art. 144 da Lei n. 6.015/73, com o lançamento dos seguintes itens:

a) nome, profissão e domicílio do credor e do devedor;

b) valor da dívida, juros, penalidades e vencimento;

c) especificações dos objetos empenhados;

d) pessoa em poder de quem ficarão tais objetos;

e) espécie do título (penhor, caução ou parceria);

f) condições do contrato;

g) data e número de ordem.

5.6.3 Atas de condomínio

As atas de condomínio são levadas a registro em Registro de Títulos e Documentos para atenderem à regra do art. 221 do Código Civil, que assim dispõe:

> Art. 221. O instrumento particular, feito e assinado, ou somente assinado por quem esteja na livre disposição e administração de seus bens, prova as obrigações convencionais de qualquer valor; mas os seus efeitos, bem como os da cessão, não se operam, a respeito de terceiros, antes de registrado no registro público.

Logo, enquanto não registradas em Registro de Títulos e Documentos, as atas de assembleias de condomínios edilícios não produzem efeitos em relação a terceiros, especialmente em relação àqueles condôminos ausentes às assembleias.

Ressalvam-se, entretanto, os casos de *instituição de condomínio* e os de *aprovação e modificação* de *convenções de condomínio*, que devem ser levados a registro no **Registro de Imóveis** (art. 167, I, 17, e art. 178, III, da Lei n. 6.015/73).

Assim, se uma ata de condomínio delibera sobre a realização de uma despesa extraordinária, ou sobre o aumento da quota condominial, enquanto não inscrita em Registro de Títulos e Documentos, seus efeitos não alcançarão os condôminos ausentes à assembleia.

Dessa forma, a qualificação positiva de atas de condomínio compreende o seguinte exame:

a) verificar se o documento apresentado a registro é original;

b) verificar se o documento está devidamente assinado pelo presidente e pelo secretário da mesa diretora dos trabalhos da assembleia de condomínio;

c) verificar se eventual *anexo,* mencionado no texto, foi juntado à ata para o registro (em especial a lista de presenças dos condôminos, o ato convocatório da assembleia e as procurações dos condôminos representados por mandato).

5.6.4 Documentos de procedência estrangeira

De acordo com a Lei n. 6.015/73 (Lei de Registros Públicos), relativamente a documentos de procedência estrangeira, são estabelecidos os seguintes princípios basilares:

a) para que surtam efeitos perante terceiros, os documentos estrangeiros devem ser registrados (art. 129, inciso 6º, e art. 148);

b) para o registro que lhes confere efeitos em relação a terceiros, é necessária sua tradução juramentada, isto é, realizada por tradutor oficial credenciado perante as Juntas Comerciais dos Estados (art. 148, parte final);

c) para simples conservação, ou perpetuidade, dos documentos estrangeiros, é possível o registro facultativo, ainda que desacompanhados de tradução, desde que sejam vertidos em *caracteres comuns* (art. 148, parte inicial, e art. 127, VII);

d) para registro por extrato ou em resumo (Livro "C"), o título deverá sempre estar traduzido (parágrafo único do art. 148).

Esclareça-se que os *caracteres comuns* são aqueles utilizados pelo *alfabeto latino* (ou romano), que é o alfabeto mais difundido no mundo, sendo o predominante na Europa centro-ocidental (incluída aí a língua portuguesa) e em países de colonização europeia. Para registro facultativo, visando a simples *conservação*, como dito, podem ter ingresso no RTD no seu texto original, sem tradução. Mas, para que produzam efeitos legais e para valerem contra terceiros, necessitam ser vertidos para a língua portuguesa por tradutor oficial (tradutor juramentado) e feito o registro acompanhado dessa tradução, o que também será observado em relação às procurações feitas em língua estrangeira, levando em conta as disposições do art. 163 da Lei de Registros Públicos.

Documentos escritos em caracteres *não comuns*, portanto, serão contemplados com ingresso no RTD somente quando acompanhados da respectiva tradução, estando nessa categoria os documentos versados em alfabetos utilizados por países tais como os do Oriente Médio (árabe, hebraico), em alfabeto cirílico (utilizado na Rússia), em alfabetos pictóricos orientais (China e Japão), bem como em grego. Nem mesmo para o registro para simples *conservação* dos originais podem eles ser admitidos a registro sem que acompanhados das respectivas traduções oficiais. Há críticas, entretanto, por parte da doutrina, no sentido de que, frente às técnicas mais avançadas de reprodução documental, essa restrição legal não teria fundamento na atualidade.

Para a qualificação registral de documentos estrangeiros, há necessidade de que sejam observados os critérios de sua *legalização,* pela autoridade competente que, com a promulgação da Convenção de Haia Sobre a Eliminação da Exigência da Legalização de Documentos Estrangeiros, pelo Decreto n. 8.660, de 1º de fevereiro de 2016, poderá ser realizada por *apostilamento*, se o país de origem do documento for signatário da referida Convenção, ou por visto ou chancela da autoridade consular brasileira (alguns dizem *consularização*).

Há que se observar que cada país de origem, a partir das normas da Convenção Internacional, adota, em seu ordenamento interno, os processos e autoridades competentes para a realização do *apostilamento* de documentos públicos originados em seu território, o qual consiste na aposição de uma apostila padronizada, assinada pela autoridade competente do país de origem do documento, autenticando-o para validade no exterior.

A *legalização* ou *consularização* consiste no reconhecimento de firma e cargo de autoridade ou tabelião estrangeiro ou, mais modernamente, na declaração de autenticidade do documento (quando se trate de documento que não comporte assinatura), realizada pelo Cônsul brasileiro (credenciado no país de origem do documento).

A *legalização* ou *consularização* tem fundamento nos regulamentos para o serviço consular brasileiro e no Decreto n. 84.451/80, que dispõe sobre atos notariais e de registro civil do serviço consular brasileiro. Esse Decreto, nos termos de seu art. 2º, dispensa o reconhecimento de firma das assinaturas dos cônsules brasileiros em documento de qualquer tipo, no território nacional. Nos termos de seu art. 3º, há *dispensa de legalização* consular, para terem efeito no Brasil, aos documentos expedidos por autoridades de outros países quando encaminhados por governo estrangeiro, pela via diplomática, ao governo brasileiro.

Há que se observar que é necessária a legalização consular em documentos *públicos* estrangeiros. Documentos *particulares* estrangeiros NÃO precisam de legalização consular, salvo se contiverem chancela, reconhecimento de firma ou autenticação que caracterize ato público de autoridade estrangeira nele contido[33].

Alguns países, por tratado ou acordo com o Brasil, têm seus documentos dispensados de legalização consular:

a) França (art. 30 da Convenção promulgada pelo Decreto n. 91.207/85, quando os documentos sejam tramitados entre as respectivas autoridades centrais de cada Estado Parte, que são os Ministérios da Justiça do Brasil e da França);

b) Argentina, Paraguai e Uruguai, países formadores do bloco original do *Mercosul*, por força do *Protocolo de Las Leñas* (aprovado pelo Decreto n. 2.067/1996 e Decreto Legislativo n. 55/1995), quando os documentos sejam tramitados por

---

33. ALVARES, Luís Ramon. Legalização e registro de documentos estrangeiros. *Revista Jus Navigandi*, Teresina, ano 19, n. 3.962, 7 maio 2014. Disponível em: <https://jus.com.br/artigos/28175>.Acesso em: 9 fev. 2016

intermédio da Autoridade Central de cada Estado Parte e devam ser apresentados no território do outro Estado Parte do referido Protocolo (art. 26).

A nova forma de legalização é aplicável a *documentos públicos*, assim considerados:

a) os documentos provenientes de autoridades ou agentes públicos vinculados a qualquer jurisdição do Estado;

b) os documentos administrativos;

c) os atos notariais; e

d) as declarações oficiais apostas em documentos privados, tais como certidões e reconhecimentos de assinaturas.

A Convenção não será aplicável aos seguintes casos:

a) aos documentos emitidos por agentes diplomáticos ou consulares;

b) aos documentos administrativos diretamente relacionados a operações comerciais ou aduaneiras; e

c) caso exista acordo entre dois ou mais Estados que afastem, simplifiquem ou dispensem o ato de legalização (como é o caso, atualmente, do acordo entre o Brasil e a França).

A adesão do Brasil à *Convenção Apostille* somente vigorará entre o Brasil e aqueles Estados que não oponham objeção à sua ratificação. De qualquer forma, considerando que, na atualidade, mais de cem Estados estrangeiros já ratificaram a Convenção, certamente a adesão do Brasil trará resultados positivos, reduzindo a burocracia e os custos envolvidos na legalização convencional através de chancela consular ou diplomática, que se tem revelado de execução bem mais trabalhosa.

A legalização de documentos públicos brasileiros, nos termos da Convenção da Apostila de Haia, para sua validação no exterior, foi disciplinada, no Brasil, pela Resolução CNJ n. 228, de 22.6.2016, complementada pelas disposições do Provimento n. 62, de 14.11.2017, da Corregedoria Nacional do CNJ, tendo passado a ser realizada no país a partir de 14 de agosto de 2016. São autoridades competentes para apostilar documentos no Brasil, as Corregedorias-Gerais de Justiça dos Estados e os Juízes Diretores de Foros, em relação aos documentos de interesse do Poder Judiciário. Os demais documentos (que não constituem interesse do Poder Judiciário, mas de interesse geral tanto público como privado) são apostilados pelos *titulares de cartórios extrajudiciais*, nos limites de suas atribuições. O Brasil possui hoje um dos sistemas mais modernos de *apostilamento* de documentos para validação no exterior, o qual permite a visualização da apostila e da imagem do documento apostilado, por acesso remoto, via Internet, utilizando uma chave de identificação, em qualquer lugar do mundo.

Quando se tratar da realização de *trasladações*, no Brasil, de *certidões de registro civil de pessoas naturais* (nascimentos, casamentos e óbitos de brasileiros em país estrangeiro), emitidas no exterior, tanto por autoridade consular brasileira como por autoridade estrangeira competente, será aplicável a Resolução n. 155, de 16 de julho de 2012, do Conselho Nacional de Justiça.

Esses traslados serão realizados no Livro "E" do 1º Ofício de Registro Civil de Pessoas Naturais da Comarca de domicílio do interessado ou no 1º Ofício de Registro Civil de Pessoas Naturais do Distrito Federal, na falta de definição do domicílio no país, sem que se faça necessária autorização judicial.

A Resolução CNJ n. 155/2012 (art. 2º) não exigiu, para *trasladação* no Brasil de assentos de nascimento, casamento e óbito de brasileiros, lavrados por autoridade estrangeira competente e não previamente registrados em repartição consular brasileira, o registro prévio em Registro de Títulos e Documentos desses documentos estrangeiros, autorizando que sejam trasladados tão somente mediante sua *legalização* por autoridade consular brasileira acreditada no local em que foram emitidos (ou *apostilados* nos termos da legislação editada posteriormente, a partir da promulgação da Convenção da Apostila de Haia no Brasil) e sua *tradução* por tradutor juramentado inscrito em Junta Comercial Brasileira. Entretanto, nada impede que o registro prévio em RTD seja realizado.

Assim, o registro de documento estrangeiro, para que lhe seja atribuído efeito perante terceiros e validade perante os órgãos da administração pública brasileira e em juízo, a qualificação registral no RTD deve verificar:

a) se os documentos são originais, tanto o documento estrangeiro quanto a tradução;

b) se estão subscritos pelas partes;

c) se há eventual anexo, referido no texto, que deva ser juntado;

d) se está acompanhado de tradução pública juramentada (aquela realizada por tradutor inscrito em Junta Comercial);

e) se o documento está *apostilado* pela autoridade competente do país de origem do documento, quando este for signatário da Convenção de Haia ou se está *legalizado* por autoridade consular brasileira (autenticação ou reconhecimento de firma da autoridade estrangeira ou declaração de autenticidade do documento, pelo Cônsul brasileiro acreditado no país de origem do documento estrangeiro), quando o documento for originário de país não signatário da Convenção. Cabe observar, por oportuno, que o art. 20 da Resolução CNJ n. 228/2016, que estabelecia um *prazo* para que os documentos estrangeiros *legalizados* anteriormente a 14 de agosto de 2016 por Embaixadas e Repartições Consulares brasileiras fossem aceitos no Brasil, foi oportunamente *revogado* pela Resolução CNJ n. 247/2018, fazendo com que documentos *legalizados,* pelas autoridades consulares brasileiras, anteriormente à vigência da Convenção da Apostila de Haia no Brasil, permaneçam sendo aceitos como documentos perfeitamente válidos para todos os fins de direito.

5.6.5 Procurações

De acordo com o art. 654 do Código Civil, a procuração dada por pessoa capaz mediante instrumento particular é válida desde que contenha a assinatura do outorgante, deixando a critério do terceiro a quem o mandatário a apresente a faculdade de exigir ou não que o instrumento traga a firma reconhecida (§ 2º do referido art. 654).

No entanto, de acordo com o art. 158 da Lei de Registros Públicos, para ingresso no Registro de Títulos e Documentos, as procurações sempre devem conter a firma do outorgante reconhecida.

Outra regra importante estabelecida pelo Código Civil em seu art. 655 é a de que as procurações lavradas por instrumento público podem ser *substabelecidas* mediante instrumento particular.

Para o registro de procurações no RTD deve-se verificar:

a) se o documento apresentado é original;

b) se o documento está devidamente subscrito pelo outorgante, com sua firma reconhecida;

c) se eventual anexo mencionado no texto foi juntado para o registro;

d) se houve eventual revogação de mandato anterior, para que seja feita averbação ao ato revogado;

e) se há indicação do lugar onde foi passado o instrumento de mandato, qualificação do outorgante e do outorgado, data e o objetivo da outorga com a designação e a extensão dos poderes conferidos (art. 654 do Código Civil).

Deve-se ter especial cuidado no sentido de não realizar registro de mandatos conferidos mediante procurações por instrumento particular, quando a forma exigida por lei seja o *instrumento público*, como ocorre, por exemplo, com a procuração outorgada para a celebração de casamento ou aquela para compra e venda de imóvel de valor superior a trinta salários mínimos.

5.6.6 Alienação fiduciária em garantia

Conforme dispõem o Decreto-Lei n. 911/69 e o art. 129, inciso 5º, da LRP, os contratos (geralmente de mútuo ou financiamento) com alienação fiduciária em garantia, devem ser registrados no Registro de Títulos e Documentos para que produzam efeitos em relação a terceiros, visando, especialmente, à oposição a possíveis adquirentes do objeto dado em garantia, na hipótese de resolução contratual.

Por outro lado, relativamente a *veículos automotores*, inicialmente por força de algumas decisões judiciais e, posteriormente, por alteração promovida pelo Código Civil de 2002, foi atribuída à anotação do gravame no certificado de registro do veículo, pela repartição de trânsito, a função de dar publicidade à garantia fiduciária sobre o veículo, em relação a terceiros, por lançamento do gravame no documento de registro do veículo.

Insurgiram-se os registradores de títulos e documentos contra essa situação e houve o ajuizamento de duas ações diretas de inconstitucionalidade perante o STF, as ADI 4.227/DF e 4.333/DF, em que se discutia a questão da validade da anotação da alienação fiduciária de veículo automotor, para a produção de efeitos em relação a terceiros, dispensando o registro junto ao RTD, na forma do que foi previsto no art. 1.361

e parágrafos do Código Civil, do art. 14, § 7º, da Lei n. 11.796/2008 e no art. 6º, §§ 1º e 2º, da Lei n. 11.882/2008.

Essas ações foram julgadas pelo STF, com relatoria do Ministro Marco Aurélio e, em votação unânime, foram negados os pedidos formulados porque entendido que a transcrição do negócio nas serventias extrajudiciais não consubstancia a única forma autorizada pela ordem normativa para conferir publicidade a atos jurídicos e, dessa forma, a anotação da existência do gravame no certificado de propriedade do veículo dispensa qualquer outro registro na forma do que estabeleceram as reiteradas leis editadas a esse respeito, especialmente o art. 1.361 e parágrafos do Código Civil. Dessa forma, foram tidos como constitucionais os preceitos cuja constitucionalidade era questionada no âmbito das referidas Ações Diretas de Inconstitucionalidade n. 4.227/DF e 4.333/DF, perante o STF.

Apesar disso, o Provimento CNJ n. 27/2012 estabelece ser *facultativo* o registro de contrato de *alienação fiduciária* e de *arrendamento mercantil* de veículos automotores por Oficial de Registro de Títulos e Documentos, estipulando que o Ofício do domicílio das partes contratantes é o competente para esse registro facultativo, realizado para conservação ou eficácia.

Por outro lado, o Código Civil, ao regular o instituto da propriedade fiduciária de outros bens, que não somente os veículos automotores, obriga ao registro em RTD para que sejam gerados os efeitos de oponibilidade em relação a terceiros:

> Art. 1.361. Considera-se fiduciária a propriedade resolúvel de **coisa móvel infungível** que o devedor, com escopo de garantia, transfere ao credor.
>
> § 1º Constitui-se a propriedade fiduciária com o registro do contrato, celebrado por instrumento público ou particular, que lhe serve de título, no Registro de Títulos e Documentos do domicílio do devedor, ou, em se tratando de veículos, na repartição competente para o licenciamento, fazendo-se a anotação no certificado de registro.

Assim, a garantia fiduciária sobre *veículos* depende de registro na repartição competente para licenciamento do veículo. Já a constituição da garantia fiduciária sobre os *demais bens móveis infungíveis* depende de registro no Registro de Títulos e Documentos.

Em relação à alienação fiduciária em garantia de *bens imóveis*, o documento deve ser levado a registro no *Registro de Imóveis* (art. 167, I, 35, da Lei n. 6.015/73), de acordo com a disciplina estabelecida pela Lei n. 9.514/97.

Ao Registro de Títulos e Documentos cabe, no momento da qualificação registral, verificar:

a) se o contrato apresentado é o documento original;

b) se o contrato está devidamente subscrito pelas partes (credor, devedor e fiadores);

c) se há *anexos* mencionados no texto do contrato que devam ser juntados para fins de registro;

d) se é indicado o total da dívida, ou sua estimativa;

e) se é indicado o prazo ou época do pagamento;

f) se foi estipulada taxa de juros;

g) se há descrição da coisa objeto da transferência, com os elementos indispensáveis à sua identificação;

h) se há estipulação de cláusula vedada por lei, autorizando o proprietário fiduciário a ficar com a posse direta da coisa alienada em garantia, se a dívida não for paga no vencimento.

O órgão de registro, no caso de *veículos*, será definido em razão da natureza da garantia. Sendo *penhor*, o registro é feito no Registro de Títulos e Documentos (sem prejuízo de anotação no certificado do veículo). Sendo *alienação fiduciária*, o registro é feito na repartição de trânsito que licencia os veículos automotores, mediante anotação do gravame no certificado.

O mesmo ocorre com a aquisição de *máquinas para as instalações industriais*. Sendo o *leasing* a forma eleita, o registro é no Registro de Títulos e Documentos. Sendo *alienação fiduciária*, o registro é no Registro de Títulos e Documentos. Sendo *penhor* (mercantil ou industrial), o registro é no Registro de Imóveis.

5.6.7 Letras de composições musicais

O direito brasileiro não prevê um órgão que efetive um registro que atribua direitos autorais. O sistema de proteção de direitos de autor decorre da comprovação da anterioridade.

Tal anterioridade, no caso de letras de música, composições, livros, textos, poderá ser comprovada mediante o registro na Fundação Biblioteca Nacional, ou mesmo do registro em RTD.

5.6.8 Compromisso de constituição de consórcio

Conforme dispõe o parágrafo único do art. 279 da Lei n. 6.404/76 (Lei das Sociedades por Ações), o contrato de constituição de consórcio tem o seu registro na Junta Comercial. No entanto, essa lei é omissa quanto ao registro dos compromissos de constituição de consórcio.

Dessa forma, de acordo com o art. 127, parágrafo único, da Lei n. 6.015/73 (Lei de Registros Públicos), tais instrumentos poderão ser levados a registro no Registro de Títulos e Documentos.

5.6.9 Registro de sociedade em conta de participação

A sociedade em conta de participação, prevista no art. 991 do Código Civil, independe de qualquer registro para fins de sua constituição, sendo que seu contrato social produz efeito somente entre os sócios, por força do *caput* do art. 993 do Código Civil.

Assim, não há previsão legal de sua constituição por meio de registro no Registro Público de Empresas Mercantis (Junta Comercial) ou no Registro Civil de Pessoas Jurídicas.

Estabelece o art. 992 do Código Civil que sua constituição independe de qualquer formalidade registral, podendo ser provada por qualquer meio em direito admitido.

Dessa forma, defendem alguns que, nos termos do art. 127, parágrafo único, da Lei n. 6.015/73, o "registro" da sociedade em conta de participação poderá realizar-se perante o Registro de Títulos e Documentos (ainda que tal ato não seja constitutivo de personalidade jurídica), o que se materializaria simplesmente pela transcrição, e consequente publicidade, de seu contrato social.

Por outro lado, observamos que, dadas as características da sociedade em conta de participação, a decisão no sentido de conferir-lhe publicidade, pelo registro do contrato em RTD, estaria indo contra a própria natureza desse instituto contemplado pelo Código Civil, enquanto sociedade despersonalizada, já que, sendo ela formada por um ou mais sócios ostensivos e um ou mais sócios ocultos, tal publicização levaria evidentemente a retirar-lhe o seu maior valor intrínseco, que é o *sigilo* quanto àqueles que sejam os sócios ocultos, sob pena de, inclusive, vir a pré-constituir-se prova para a caracterização de *responsabilidade solidária* entre eles, nos termos do que prevê o parágrafo único do art. 993 do Código Civil.

5.6.10 Cédulas de crédito

A qualificação registral das cédulas de crédito e cédulas de produto rural constitui um tema de significativa complexidade por envolver a aplicação de legislação de grande especificidade.

O domínio dessa legislação é importante em razão, especialmente, da definição do órgão registral dotado de atribuição para a realização do registro, que pode ser tanto o Registro de Imóveis como o Registro de Títulos e Documentos.

As cédulas de crédito têm por objetivo o financiamento dos diversos setores da economia, concedendo crédito aos empreendedores e procurando proporcionar garantias aos investidores, geralmente representadas pela hipoteca, o penhor ou a alienação fiduciária.

As principais cédulas, de acordo com sua legislação de regência, são as seguintes[34]:

a) Cédula Rural Pignoratícia – Decreto-Lei n. 167/67;

b) Cédula Rural Hipotecária – Decreto-Lei n. 167/67;

c) Cédula Rural Pignoratícia e Hipotecária – Decreto-Lei n. 167/67;

d) Cédula de Crédito Industrial – Decreto-Lei n. 413/69;

e) Cédula de Crédito à Exportação – Decreto-Lei n. 413/69 e Lei n. 6.313/75;

f) Cédula de Crédito Comercial – Decreto-Lei n. 413/69 e Lei n. 6.840/80;

---

34. A *cédula hipotecária*, prevista no art. 10 do Decreto-Lei n. 70/1966, que pode ser emitida pelos credores, para representar seus créditos hipotecários inscritos no Registro de Imóveis (relativos a operações do Sistema Financeiro da Habitação, a hipotecas que tenham como credoras instituições financeiras e companhias de seguro e a hipotecas cuja cédula original tenha sido emitida por estas últimas), com o objetivo de fazer circular esses créditos, tem natureza diversa e não integra esta abordagem relativa a cédulas de crédito.

g) Cédula de Produto Rural (CPR) – Lei n. 8.929/94;
h) Cédula de Crédito Imobiliário (CCI) – Lei n. 10.931/2004;
i) Cédula de Crédito Bancário (CCB) – Lei n. 10.931/2004.

Essas *cédulas* têm por objetivo primordial a promoção do crédito nos principais setores da economia (agropecuária, indústria, comércio, serviços e mercado imobiliário), mediante a concessão de financiamentos aos que pretendem investir e empreender. A legislação de regência exige, inclusive, uma vinculação entre o crédito concedido e sua aplicação na atividade econômica caracterizada no respectivo instrumento.

As cédulas de crédito representam promessas de pagamento em dinheiro, constituindo obrigação de solver dívida líquida e certa (obrigação de pagar). A cédula de produto rural, por outro lado, representa uma promessa de entrega de produto rural, podendo ter liquidação financeira ou não (a execução será por quantia certa no primeiro caso e para entrega de coisa incerta no segundo caso). Já a cédula de crédito imobiliário representa o crédito de um financiamento de imóvel.

Apesar de as cédulas de crédito rural, imobiliário, bancário e de produto rural terem a possibilidade de ser emitidas sem garantia real (o que as distingue das cédulas de crédito industrial, à exportação e comercial que sempre a exigem), de regra, todos os negócios que contemplam emissão de cédulas não contam com a dispensa, pelo credor, de garantia real para que se dê a concessão do crédito.

Existem, também, as *Notas de Crédito* (rural, industrial, à exportação e comercial), as quais representam promessas de pagamento em dinheiro que, entretanto, não possuem *garantia real*[35], podendo contemplar *garantias pessoais* (fiança ou aval), servindo, basicamente, para a constituição de um *crédito privilegiado* no concurso universal de credores. Até o advento da Lei n. 13.986/2020 a *Nota de Crédito Rural* distinguia-se das demais espécies pelo fato de que lhe era exigido *registro* no Livro n. 3 (Registro Auxiliar), do Registro de Imóveis da circunscrição em que situado o imóvel a cuja exploração se destinava o financiamento concedido (art. 30, alínea "d", do Decreto-lei n. 167/1967), ao passo que as demais Notas de Crédito não dependiam de registro obrigatório (art. 18, do Decreto-lei n. 413/1969). Assim, atualmente, também em relação a ela (nota de crédito rural) não mais é exigido o *registro* no Registro de Imóveis, tendo, por força da mesma lei, passado a ser de *emissão escritural*, mediante sistema eletrônico de escrituração em entidade autorizada pelo Banco Central do Brasil.

Quanto aos órgãos registrais em que devem ter assento, esclarece Tiago Machado Burtet[36], em estudo amplo e detalhado, que as cédulas de crédito industrial, à exportação e comercial serão objeto de registro no Livro n. 3 (Registro Auxiliar) do Registro de Imóveis, de acordo com o que dispõem o art. 30 do Decreto-Lei n. 413/69, o art. 4º da Lei n. 6.313/75, o art. 5º da Lei n. 6.840/80 e os arts. 167, I, 14, e 178, II, da Lei n.

---

35. OLIVEIRA, Marcelo Salaroli de. Cédulas de Crédito e o Registro Imobiliário. In: DIP, Ricardo; JACOMINO, Sérgio (orgs.). *Propriedade e direitos reais limitados*. São Paulo: RT, 2011, v. 5, p. 734.
36. BURTET, Tiago M. Cédulas de crédito – aspectos registrais. *Boletim Eletrônico do IRIB* n. 3.055, São Paulo, 28 de julho de 2007.

6.015/73. Além do registro da cédula, serão registradas também suas respectivas *garantias* (hipoteca, penhor e alienação fiduciária).

A *cédula de crédito rural* (pignoratícia, hipotecária ou pignoratícia e hipotecária), em razão da Lei n. 13.986/2020, deixou de demandar registro de sua emissão perante o Registro de Imóveis, como determinava o art. 30 do Decreto-Lei n. 167/67, que foi revogado pela referida lei. Somente quando constituírem *garantias* reais estas deverão ser registradas para valerem contra terceiros.

A *cédula de produto rural*, em razão da recente Lei n. 13.986/2020, a partir de 1º.1.2021, não mais exige registro perante o Registro de Imóveis, para validade e eficácia em relação a terceiros, devendo, entretanto, ser escriturada em entidade autorizada pelo Banco Central do Brasil (passou a ser título de emissão *escritural*). Somente as *garantias reais* a ela vinculadas (hipoteca, penhor rural e alienação fiduciária sobre bem imóvel) serão registradas, para valerem contra terceiros, no Registro de Imóveis em que localizados os bens dados em garantia. Se garantida por alienação fiduciária sobre bem *móvel*, deverá ser averbada no Registro de Títulos e Documentos do domicílio do emitente (art. 12 e parágrafos da Lei n. 8.929/1980, com redação dada pela Lei n. 13.986/2020).

A *cédula de crédito imobiliário* não demanda registro no Livro n. 3 (Registro Auxiliar), sendo averbada tão somente sua emissão no Livro n. 2 (Registro Geral) do Registro de Imóveis, com registro prévio da garantia real.

A *cédula de crédito bancário* também não demanda registro no Livro 3 (Registro Auxiliar) do Registro de Imóveis, prevendo o art. 42 da Lei n. 10.931/2004 que apenas a *garantia* deverá ser registrada para valer contra terceiros.

Há discussão quanto à necessidade de *duplo registro* de cédula industrial, à exportação e comercial contendo garantia de alienação fiduciária de bem móvel (exceto veículos, que só demandam a anotação do gravame no certificado de registro), porque o art. 30 do Decreto-Lei n. 413/69 prevê o registro da cédula no Livro 3 (Registro Auxiliar) do Registro de Imóveis e há previsão do art. 1.361, § 1º, do Código Civil, combinado com o inciso 5º do art. 129 da Lei n. 6.015/73, para o registro da constituição de garantia no Registro de Títulos e Documentos. Como há dissídio jurisprudencial nesse particular, o recomendável é o duplo registro.

No tocante à definição do órgão registral detentor da atribuição para o registro de garantias reais, teremos as seguintes situações:

a) cédula rural pignoratícia: no Registro de Imóveis da circunscrição em que estiverem situadas as coisas empenhadas, (art. 1438 e parágrafo único do Código Civil e art. 19 do Decreto-Lei n. 167/67, com a redação dada pela Lei n. 13.986/2020)

b) cédula rural hipotecária: no Registro de Imóveis da circunscrição em que está situado o imóvel hipotecado;

c) cédula rural pignoratícia e hipotecária: no Registro de Imóveis da circunscrição em que estiverem situadas as coisas empenhadas, (art. 1438 e parágrafo único do Código Civil e art. 19 do Decreto-Lei n. 167/67, com a redação dada pela Lei n. 13.986/2020) e no Registro de Imóveis em que situado o imóvel hipotecado;

d) cédula de crédito industrial, à exportação e comercial: no Registro de Imóveis da circunscrição onde situados os bens apenhados, da alienação fiduciária ou em que localizado o imóvel hipotecado;

e) cédula de produto rural: as *garantias reais* a ela vinculadas (hipoteca, penhor rural e alienação fiduciária sobre bem imóvel) serão registradas no Registro de Imóveis em que localizados os bens dados em garantia (§ 2º do art. 12 da Lei n. 8.929/1980, com redação dada pela Lei n. 13.986/2020). Se garantida por alienação fiduciária sobre bem *móvel*, deverá ser averbada no Registro de Títulos e Documentos do domicílio do emitente (§ 3º do art. 12);

f) cédula de crédito imobiliário: averba-se a emissão da cédula em todas as matrículas dos imóveis dados em garantia (alienação fiduciária ou hipoteca);

g) cédula de crédito bancário: registra-se somente a garantia dada que, dependendo de sua natureza (imóvel ou móvel), será procedida ou no Registro de Imóveis ou no Registro de Títulos e Documentos, ou em ambos, se variadas as garantias.

Quanto aos *prazos* para a realização do registro, teremos as seguintes situações:

a) nas *cédulas de crédito rural* (pignoratícias, hipotecárias e pignoratícias e hipotecárias) o prazo é de 30 dias, tendo em vista a revogação do prazo especial pela Lei n. 13.986/2020, passando a incidir o art. 188 da LRP;

b) a *nota de crédito rural* será registrável no Registro de Imóveis somente *a pedido*, nos termos do art. 178, VII, da LRP, com prazo de 30 dias para conclusão do registro, de acordo com o art. 188 da LRP, tendo em vista que esse título passou a ser de *emissão escritural* em sistemas eletrônicos de entidades credenciadas pelo Banco Central do Brasil;

c) *nas cédulas industrial, à exportação, comercial e de produto rural*, o prazo é de três dias úteis para a qualificação e o registro, de acordo com o que dispõem o art. 38 do Decreto-Lei n. 413/69 (devendo ser recusado o registro se verificado registro anterior no grau de preferência declarado na cédula, de acordo com o que dispõe o art. 35 do Decreto-Lei n. 413/69) e o § 2º do art. 12 da Lei n. 8.929/94, com a redação dada pela Lei n. 13.986/2020;

d) na *cédula de crédito imobiliário* e na *cédula de crédito bancário*, o prazo é de 15 dias, de acordo com o art. 52 da Lei n. 10.931/2004.

Deve, o apresentante, para o registro, além da via original da cédula, apresentar mais uma via de igual teor contendo a declaração "Via não negociável", em linhas transversais paralelas para arquivo no Ofício Registral, não se aplicando esse procedimento às cédulas de crédito imobiliário.

Quaisquer alterações posteriores devem ser *averbadas*, tais como aditivos, endossos ou alterações da garantia. As averbações de *cancelamento* da cédula e do gravame serão realizadas mediante ordem judicial ou prova de quitação, que poderão ser lançadas no próprio título ou em documento separado, observadas as disposições do art. 320 do Código Civil.

A legislação específica não exige reconhecimento de firma para o registro de cédulas de crédito, havendo, entretanto, a praxe de exigi-lo nos instrumentos de *quitação*, para o respectivo cancelamento.

Não é exigida Certidão Negativa de Débito (CND) da Receita Federal (inclusive quanto a débitos perante a Receita Previdenciária) para o registro de garantias cedulares (art. 37 da Lei n. 4.829/65), salvo para o registro de *garantias* das cédulas de crédito imobiliário e bancário, dada a ausência de dispensa legal.

De regra, quando se pretende registrar uma garantia que envolva *imóvel rural*, será obrigatória a comprovação de pagamento do ITR pela exibição da respectiva Certidão Negativa de Débitos de Imóvel Rural (arts. 20 e 21 da Lei n. 9.393/96).

Um dos muitos méritos do trabalho de pesquisa acerca de cédulas de crédito realizado por Tiago Machado Burtet[37] e por várias vezes referido neste texto, é o de apresentar, ao final do estudo, um quadro-resumo que sistematiza as informações acerca do tema, sendo um instrumento muito útil na tarefa da qualificação registral, o qual apresentamos a seguir, com atualizações em virtude da Lei n. 13.986/2020:

CÉDULAS DE CRÉDITO: RI ou RTD?[38]

Espécies e Legislações	Competência	Registro Livro 3	Registro Livro 2	Prazo (dias)	Rec. firma	CND	ITR + CCIR	Requisitos
Crédito Rural Pignoratícia (Decreto-Lei n. 167/67)	RI da situação do imóvel onde se encontram os bens apenhados (registrar só a garantia)	Só o penhor. (Registro da emissão da CCR não mais cfe. Lei 13.986/20)	Não	30 (art. 188, LRP)	Não	Não	Não	Art. 14
Crédito Rural Hipotecária (Decreto-Lei n. 167/67)	RI da situação do imóvel dado em hipoteca (registrar só a garantia)	(Registro da emissão da CCR não mais cfe. Lei 13.986/20)	Sempre (se hipoteca)	30 (art. 188, LRP)	Não	Não	Não	Art. 14
Crédito Rural Pignoratícia e Hipotecária (Decreto-Lei n. 167/67)	RI da situação do imóvel onde se encontram os bens apenhados ou hipotecados (registrar só as garantias)	Só o penhor. (Registro da emissão da CCR não mais cfe. Lei 13.986/20)	Sempre (se hipoteca)	30 (art. 188, LRP)	Não	Não	Não	Art. 25
Nota de Crédito Rural (Decreto-Lei n. 167/67)	Sem previsão de registro em RI (Lei 13.986/20), salvo a pedido (art. 178, VII, LRP).	Registro da emissão da NCR não mais (Lei 13.986/20)	Não	30 (art. 188, LRP)	Não	Não	Não	Art. 27

---

37. BURTET, Tiago M. Cédulas de crédito – aspectos registrais. *Boletim Eletrônico do IRIB* n. 3.055, São Paulo, 28 de julho de 2007.
38. Título original do artigo: *Cédulas de Crédito – Aspectos Registrais: Registro de Imóveis e Registro de Títulos e Documentos*.
    Fonte: BURTET, Tiago Machado. *Boletim Eletrônico do IRIB* n. 3.055, ano VII, São Paulo, 28 de julho de 2007. (Obs: quadro ajustado às alterações posteriores promovidas pela Lei n. 13.986/2020).

Espécies e Legislações	Competência	Registro Livro 3	Registro Livro 2	Prazo (dias)	Rec. firma	CND	ITR + CCIR	Requisitos
Crédito Industrial (Decreto-Lei n. 413/69)	RI do local da situação do bem dado em garantia e/ou RTD se houver alienação fiduciária de bem móvel ou penhor de veículo	Sempre	Sempre (no caso de hipoteca ou alienação fiduciária). Se RTD, no domicílio do devedor (Livro B)	3 (art. 38)	Não	Não	Sim, quando envolver imóvel rural, salvo PRONAF.	Arts. 14 e 30 e Lei n. 9.514/97 (art. 22, parágrafos 1º e 2º)
Crédito à Exportação (Decreto-Lei n. 413/69) (Lei n. 6.313/75)	RI do local da situação do bem dado em garantia e/ou RTD se houver alienação fiduciária de bem móvel ou penhor de veículo	Sempre, se não prevista dispensa expressa do registro.	Sempre (no caso de hipoteca ou alienação fiduciária). Se RTD, no domicílio do devedor (Livro B)	3 (art. 38)	Não	Não	Sim, quando envolver imóvel rural, salvo PRONAF.	Arts. 3º e 14, Decreto-Lei n. 413/69 e Lei n. 9.514/97 (art. 22, parágrafos 1º e 2º)
Crédito Comercial (Decreto-Lei n. 413/69) (Lei n. 6.840/80)	RI do local da situação do bem dado em garantia e/ou RTD se houver alienação fiduciária de bem móvel ou penhor de veículo	Sempre	Sempre (no caso de hipoteca ou alienação fiduciária). Se RTD, no domicílio do devedor (Livro B)	3 (art. 38)	Não	Não	Sim, quando envolver imóvel rural, salvo PRONAF.	Arts. 5º e 14, Decreto-Lei n. 413/69 e Lei n. 9.514/97 (art. 22, parágrafos 1º e 2º)
Produto Rural (Lei n. 8.929/94) e Lei n. 10.200/01	RI do local da situação do bem dado em garantia e/ou RTD se houver alienação fiduciária de bem móvel ou penhor de veículo (registrar só as garantias)	Só o penhor. (Registro da emissão da CPR não mais a partir de 1.1.2021, cfe. Lei 13.986/20).	Sempre (no caso de hipoteca ou alienação fiduciária). Se RTD, no domicílio do devedor (Livro B)	3 (art. 10, § 2º)	Não	Não	ITR sim, quando envolve imóvel rural, salvo PRONAF. CCIR, não.	Art. 3º.
Crédito Imobiliário (Lei n. 10.931/2004)	RI da situação do imóvel dado em garantia	Não	Sempre (no caso de alienação fiduciária de imóvel ou hipoteca)	15 (art. 52)	Não.	Para pessoa jurídica ou equiparada.	Sim, quando envolver imóvel rural, salvo PRONAF.	Art. 19.
Crédito Bancário (Lei n. 10.931/2004)	RI se a garantia é hipoteca, alienação fiduciária de imóvel ou penhor industrial) e o RTD do domicílio do devedor se de móvel ou veículo. OBS.: Registra-se somente a garantia, não a cédula.	Sempre (se for penhor industrial)	Sempre (no caso de alienação fiduciária de Imóvel ou hipoteca).	15 (art. 52)	Não	Para pessoa jurídica ou equiparada.	Sim, quando envolver imóvel rural, salvo PRONAF.	Art. 29.

5.6.11 Compra e venda ou trespasse de estabelecimento

O contrato de trespasse, ou a compra e venda de estabelecimento e, de igual forma, o contrato de arrendamento do estabelecimento e, ainda, o usufruto de estabelecimento têm órgão especial de registro, qual seja, o Registro Público de Empresas Mercantis (Junta Comercial), quando se trata de estabelecimento pertencente à sociedade empresária, ou ao empresário individual (e também, mais modernamente, à EIRELI), de acordo com o que prevê o art. 1.144 do Código Civil. Na hipótese de tratar-se de estabelecimento pertencente a sociedade simples, o registro dar-se-á no Registro Civil de Pessoas Jurídicas.

Assim, o Registro de Títulos e Documentos não pode operar em relação a essas hipóteses registrais, como se ela estivesse abrangida pela atribuição residual reservada ao Registro de Títulos e Documentos, pelo art. 127, parágrafo único, da Lei n. 6.015/73.

Quando muito poderá ocorrer, em relação ao contrato de trespasse de estabelecimento, o registro facultativo previsto pelo inciso VII do art. 127 da referida lei, para simples conservação do documento.

5.6.12 Fomento mercantil, faturização ou *factoring*

Faturização (*factoring*) é um contrato pelo qual a organização faturizadora se obriga a realizar a cobrança dos devedores de uma sociedade, empresa ou empresário (faturizado), prestando-lhe os serviços de administração de crédito.

Hoje a faturizadora não precisa ser uma instituição financeira para poder operar esses contratos.

Posteriormente à edição da Resolução n. 1.359/89 do Banco Central do Brasil – BACEN, foi eliminado qualquer impedimento à celebração de contratos de faturização por prestadores de serviços que se não caracterizassem como instituições financeiras.

A *factoring* convencional (*conventional factoring*) atende às seguintes características:

a) contempla a prestação de *serviços de administração* de crédito;
b) abrange a contratação de um *seguro* que funciona como garantia de recebimento do título pelo faturizado, independentemente de o devedor honrar o pagamento;
c) o faturizador antecipa o pagamento de valores recebíveis.

Na prática dessa modalidade, muitas faturizadoras passaram a exigir um endosso ou aval no título, fazendo com que o faturizado se torne um coobrigado ao pagamento do título e, ocorrendo o inadimplemento, cobram-no ao faturizado que se tornou devedor no título não pago.

A *maturity factoring*, por sua vez, corresponde a outra modalidade de faturização, na qual o faturizado, por contrato mercantil, cede ao faturizador, total ou parcialmente, créditos decorrentes de suas vendas a prazo, recebendo, o faturizado, valor em dinheiro em razão da cessão do crédito, mediante o pagamento de uma remuneração, assumindo, o faturizador, o risco pelo inadimplemento do devedor do crédito.

Nessa modalidade, diferentemente da *conventional factoring,* não ocorre antecipação do pagamento de valores, estando presente, no contrato, o seguro e o serviço de administração de crédito.

Ocorrendo inadimplemento, o faturizador procura executar o devedor ou, como última opção, pagando o prêmio, receber o valor do título por meio do seguro.

Sendo o contrato de faturização ou *factoring* exemplo típico de contrato em que ocorre cessão onerosa de crédito, do faturizado ao faturizador, além de implicar a sub-rogação do faturizador nos direitos do faturizado,[39] impõe-se o registro desse contrato para que produza plenamente sua eficácia jurídica, nos termos do art. 129, 9º, combinado com o art. 127, I, da Lei n. 6.015/73, pelo Registro de Títulos e Documentos em que domiciliadas as partes contratantes, nos termos do art. 130 da mencionada lei.

Apesar de o contrato de faturização ser um contrato atípico, na atualidade, há grande padronização dos contratos de faturização utilizados no Brasil, em razão do grande desenvolvimento experimentado pelo setor de fomento mercantil no país, o que levou à criação de uma entidade de âmbito nacional, sem fins econômicos, destinada a difundir o *factoring,* buscando parâmetros legais e operacionais dentro do direito e da legislação pertinentes a essa atividade econômica, além de sugerir normas, sem caráter vinculativo, destinadas a regulamentar as operações realizadas pelas sociedades de fomento mercantil filiadas à Associação Nacional das Sociedades de Fomento Mercantil-*Factoring* – ANFAC (http://www.anfac.com.br).

Assim, para o registro de contrato de fomento mercantil deve-se verificar basicamente:

a) se o documento apresentado é original;

b) se o documento está devidamente subscrito pelas partes (contratantes, contratados e responsáveis solidários);

c) se há eventual *anexo* mencionado no texto do contrato, que deva ser juntado para fins de registro (especialmente os *aditivos* discriminando os direitos creditórios representados pelos títulos de crédito envolvidos na aquisição realizada);

d) se está especificada a modalidade de faturização (convencional ou outra);

e) se está pactuada a remuneração pelos serviços: comissão de prestação dos serviços (*ad valorem*), ou outro valor livremente pactuado.

5.6.13 Constituição de Clubes de Investimento

Os Clubes de Investimento são condomínios abertos constituídos por no mínimo três e no máximo cinquenta pessoas naturais (quotistas), que se unem para realizarem investimentos por meio de aplicação de recursos em títulos e valores mobiliários. São universalidades desprovidas de personalidade jurídica.

Seu funcionamento é regulado por estatuto próprio e depende de registro em entidade administradora de mercado organizado. O Clube deve ser administrado por

---

39. DINIZ, Maria Helena. *Tratado teórico e prático dos contratos.* 2. ed. São Paulo: Saraiva, 2011, v. 4, p. 782.

sociedade corretora, sociedade distribuidora, banco de investimento ou banco múltiplo com carteira de investimento. Os Clubes de Investimentos são passíveis de incorporação, fusão, cisão e transformação, bem como estão sujeitos à liquidação, dissolução e encerramento de suas atividades. As atividades dos Clubes são reguladas e fiscalizadas pela Comissão de Valores Mobiliários (CVM), entidade autárquica vinculada ao Ministério da Fazenda.

As quotas dos Clubes correspondem a frações ideais de seu patrimônio e devem ser escriturais e nominativas, conferindo iguais direitos e obrigações aos quotistas, sendo vedada a criação de diferentes classes. A qualidade de quotista caracteriza-se pela inscrição do nome do titular no registro de quotistas do Clube, sendo que nenhum quotista pode ser titular de mais de 40% do total das quotas do Clube.

A matéria relativa aos Clubes de Investimentos é regulada principalmente pela Lei n. 6.385, de 7.12.1976 e pela Instrução CVM n. 494, de 20.4.2011.

Aos Clubes de Investimento, que *não se constituem sob a forma de pessoas jurídicas*, é altamente recomendável registrarem ou inscreverem seus *estatutos* e as subsequentes alterações no Registro de Títulos e Documentos da sede da sociedade corretora, sociedade distribuidora, banco de investimento ou banco múltiplo com carteira de investimento, que administre o respectivo Clube, já que são estes os responsáveis pelo conjunto de atividades e de serviços relacionados direta e indiretamente ao seu funcionamento e manutenção, nos termos do art. 18 da Instrução CVM n. 494/2011. Essa recomendação encontra fundamento, na ampla publicidade legalmente reconhecida a esses atos de registro, garantindo uma presunção de seu conhecimento pelos quotistas e terceiros interessados, independentemente de outras formas de divulgação que possam ser estatutariamente estabelecidas.

Tanto é assim que o *Regulamento de Clube de Investimento*, editado pela BM&F BOVESPA em 21 de maio de 2012[40] e adotado amplamente como documento de referência pelas administradoras de Clubes de Investimentos, em todo o Brasil, exige, em seu item 5.4.1, que seja feito o registro do *estatuto do Clube de Investimento* em cartório de Registro de Títulos e Documentos e sua inscrição no Cadastro Nacional de Pessoas Jurídicas do Ministério da Fazenda (CNPJ). Os Clubes só são autorizados a funcionar depois de adotadas essas providências.

Para a qualificação registral desses estatutos, deve-se observar especialmente sua conformidade às disposições relativas aos artigos 12 a 14 da Instrução CVM n. 494/2011, que regulam a elaboração dos estatutos dos Clubes de Investimento, complementadas pelo Regulamento de Clubes de Investimento, editado pela BOVESPA em 2012.

Assim dispõem os artigos 12 a 14 da Instrução CVM n. 494/2011:

> **Art. 12**. O estatuto do Clube deve dispor, no mínimo, sobre as seguintes matérias:
>
> I – qualificação do administrador;
>
> II – qualificação do gestor da carteira, nos casos de opção por gestão na forma dos incisos II e III do art. 19, e do custodiante, caso este não seja o próprio administrador;

---

40. Disponível em http://www.b3.com.br.

III – prazo de duração, se determinado ou indeterminado;

IV – política de investimento a ser adotada, contendo, no mínimo:

a) os ativos que podem compor o patrimônio do Clube e os requisitos de diversificação de investimentos; e

b) a possibilidade de o Clube realizar operações no mercado de derivativos;

V – taxa de administração, fixa e expressa em percentual anual do patrimônio líquido (base 252 dias);

VI – taxa de *performance*, se houver;

VII – demais encargos do Clube, em conformidade com o disposto no art. 36;

VIII – condições para a aplicação e o resgate de cotas, inclusive no que tange a prazos;

IX – política de distribuição de resultados, se houver, compreendendo os prazos e condições de pagamento, observado o disposto no parágrafo único;

X – exercício social do Clube;

XI – política de divulgação de informações, inclusive as relativas à composição de carteira;

XII – política relativa ao exercício de direitos de voto do Clube, em assembleias gerais das companhias nas quais o Clube detenha participação;

XIII – obrigações e responsabilidades do administrador e do gestor;

XIV – forma de convocação e prazo para realização da assembleia geral; e

XV – modo e condições de dissolução e liquidação do Clube.

Parágrafo único. O administrador pode destinar diretamente aos cotistas as quantias que forem atribuídas ao Clube a título de dividendos, juros sobre capital próprio ou outros rendimentos advindos de ativos que integrem sua carteira, desde que expressamente autorizado pelo estatuto.

Art. 13. A alteração do estatuto depende da prévia aprovação da assembleia geral de cotistas, sendo eficaz a partir da data deliberada pela assembleia.

Parágrafo único. Salvo se aprovadas pela unanimidade dos cotistas do Clube, as alterações do estatuto serão eficazes no mínimo a partir de 30 (trinta) dias após a comunicação aos cotistas, efetuada na forma regulamentada pela entidade administradora de mercado organizado, nos seguintes casos:

I – aumento ou alteração do cálculo das taxas de administração ou de *performance*;

II – alteração da política de investimento;

III – mudança nas condições de resgate; e

IV – incorporação, cisão ou fusão que acarrete alteração, para os cotistas envolvidos, das condições elencadas nos incisos anteriores.

Art. 14. O estatuto pode ser alterado, independentemente da assembleia geral, sempre que tal alteração decorrer exclusivamente:

I – de atendimento a exigências expressas da CVM ou da entidade administradora de mercado organizado;

II – de adequação a normas legais ou regulamentares;

III – em virtude da atualização dos dados cadastrais do administrador ou, se for o caso, do gestor ou do custodiante; ou

IV – de exclusão ou de redução de taxa de administração ou de *performance* ou de outros encargos.

Parágrafo único. As alterações referidas no *caput* devem ser comunicadas aos cotistas, pelo meio estabelecido pela entidade administradora de mercado organizado, no prazo de até 30 (trinta) dias, contados da data em que tiverem sido implementadas.

5.6.14 Constituição de Fundos de Investimento em Participações (FIP)

Até o advento a Lei 13.874, de 20 de setembro de 2019 (Lei da Liberdade Econômica), a constituição de Fundos de Investimento em Participações (FIP) e o registro do inteiro teor de seus regulamentos, perante a Comissão de Valores Mobiliários (CVM), nos termos do inciso I do art. 2º da Instrução CVM n. 578, de 30 de agosto de 2016, deveriam comprovar ter sido registrados previamente em RTD para que pudessem ter seu funcionamento autorizado pela precitada Comissão.

Entretanto, a referida Lei, ao acrescentar o art. 1.368-C ao texto do Código Civil terminou por estabelecer, no § 3º do mencionado artigo, que "o registro dos regulamentos dos fundos de investimento na Comissão de Valores Mobiliários é condição suficiente para garantir a sua publicidade e oponibilidade de efeitos em relação a terceiros".

Essa alteração legislativa, portanto, tornou inexigível qualquer registro prévio em RTD para a constituição e regulamentação de Fundos de Investimento.

Assim, a Instrução CVM n. 615, de 2 de outubro de 2019, alterou o inciso I do art. 2º da Instrução CVM n. 578, de 30 de agosto de 2016, deixando de exigir a comprovação, mediante certidão, de registro perante o Cartório de Títulos e Documentos, do ato de constituição de Fundos de Investimento em Participações e do inteiro teor de seu regulamento.

6
Prática Registral no RTD

6.1 OS LIVROS DO RTD

No Registro de Títulos e Documentos, de acordo com o que dispõe o art. 132, I a IV, da Lei n. 6.015/73, existem os seguintes livros:

Livro A – protocolo, para apontamento de todos os títulos, documentos e papéis apresentados, diariamente, para serem registrados, ou averbados;

Livro B – para trasladação integral de títulos e documentos, sua conservação e validade contra terceiros, ainda que registrados por extratos em outros livros;

Livro C – para inscrição, por extração, de títulos e documentos, a fim de surtirem efeitos em relação a terceiros e autenticação de data;

Livro D – indicador pessoal, substituível pelo sistema de fichas, a critério e sob a responsabilidade do oficial, o qual é obrigado a fornecer, com presteza, as certidões pedidas pelos nomes das partes que figurarem, por qualquer modo, nos livros de registros.

A previsão legal é de que tenham, esses livros, 300 (trezentas) folhas, mas essa não é uma regra rigorosa, ficando a critério do oficial registrador a adoção de livros com menor quantidade de folhas, conforme julgue conveniente para a organização técnica dos registros a seu cargo, podendo ser reduzidas até 100 (cem) folhas (art. 5º da Lei n. 6.015/73). Desde o advento da LRP, não mais é necessário submeter à aprovação do juiz competente a abertura e encerramento dos livros de escrituração do serviço registral (art. 4º da Lei n. 6.015/73), ficando essa tarefa a cargo do oficial do registro. As dimensões dos livros também serão estabelecidas a critério do oficial registrador (§ 1º do art. 3º da LRP).

Os livros podem ser encadernados, para escrituração manuscrita, ou em folhas soltas, para escrituração mecânica (art. 3º, § 2º, da LRP), sendo facultado ao oficial efetuar o registro por meio de *microfilmagem*, desde que, por lançamentos remissivos, com menção ao protocolo, ao nome dos contratantes, à data e à natureza dos documentos apresentados, sejam os microfilmes havidos como partes integrantes dos livros de registro, nos seus termos de abertura e encerramento (art. 141 da LRP).

Findando-se um livro, o imediato tomará o número seguinte, acrescido à respectiva letra (art. 6º da Lei n. 6.015/73): A-1, A-2, A-3 etc., B-1, B-2, B-3 etc., e assim sucessivamente.

No caso de afluência de serviço, os livros de registro poderão ser desdobrados para escrituração das várias espécies de atos, sem prejuízo da unidade do protocolo e de sua numeração em ordem rigorosa. Nesse caso, os livros desdobrados serão indicados pelas letras E, F, G, H etc. (art. 134 e parágrafo único da LRP).

Na parte superior de cada *página* do livro se escreverão o título, a letra com o número correspondente e o ano em que o livro foi iniciado (art. 133 da LRP).

De acordo com o art. 7º da LRP, os *números de ordem dos registros* não serão interrompidos no fim de cada livro, mas continuarão, indefinidamente, nos seguintes da mesma espécie.

6.1.1 Da microfilmagem à atualidade do registro

A microfilmagem é um método de arquivamento de documentos que teve grande utilização no país, especialmente a partir da década de 1970. Foi regulada no Brasil por meio da Lei n. 5.433, de 8 de maio de 1968. Daí por que a Lei n. 6.015/73 ter estabelecido a faculdade de que os registradores de títulos e documentos a utilizassem na organização de seus serviços. A Lei n. 5.433/68 foi regulada inicialmente pelo Decreto n. 64.398, de 24 de abril de 1969, e posteriormente pelo Decreto n. 1.799, de 30 de janeiro de 1996.

No método de *microfilmagem*, há a reprodução integral dos característicos do título, documento ou papel, na sua perfeita integralidade, através da reprodução da imagem do documento na inteireza de sua forma gráfica original, sem possibilidade de que essa imagem seja adulterada ou de que haja inserção posterior de novas imagens, conferindo grande segurança ao documento. Além disso, reduz o volume físico dos arquivos, facilitando o manuseio do acervo e a expedição de certidões, especialmente naqueles serviços registrais que apresentam grande volume de documentos a registrar.

No Brasil, um dos serviços registrais pioneiros na implantação da microfilmagem foi o 3º Registro de Títulos e Documentos da capital paulista (Cartório Adalberto Netto), e o seu titular, José Maria Siviero, teve oportunidade de expor as vantagens de utilização da então novíssima tecnologia:[1]

"O microfilme é um sistema de arquivamento por cópia reduzida. Pode ser apresentado em vários formatos, todos eles caracterizados pela gravação de imagem através de processo de redução fotográfica. A imagem é a reprodução fiel do documento que lhe deu origem, e o microfilme permite leitura e reprodução".

"Sendo uma reprodução de imagem que corresponde exatamente ao original – diferindo dele apenas no tamanho físico – o microfilme representa um tipo de cópia que oferece segurança para efeito de perpetuidade, de prova e de arquivamento. A imagem do microfilme é inadulterável, uma vez que é impossível que receba acréscimos pelo mesmo processo como que foi conseguida. O único meio de falsificação seria o corte e emenda do filme que, no entanto, são perfeitamente visíveis."

"O microfilme tem o mesmo valor jurídico do documento que lhe deu origem. A Lei de Registros Públicos autoriza que os registros sejam feitos através da microfilmagem, desde que não haja prejuízo para o fornecimento das certidões."

---

1. SIVIERO, José Maria. *Títulos e documentos e pessoa jurídica*: seus registros na prática, p. 45.

"A microfilmagem substituiu os Livros B e C. Cada fotograma corresponde a uma folha solta do livro correspondente ao registro em questão. As averbações, também feitas através da microfilmagem, têm remissão nos Livros A e D."

"Assim, os documentos são microfilmados e os rolos de microfilmes guardados em pequenas caixas, identificadas por etiquetas."

Além disso, nessa mesma oportunidade, José Maria Siviero apresentou o relato da experiência vivida naquele 3º Cartório da cidade de São Paulo,[2] que reproduzimos a seguir, em razão da importância para o conhecimento acerca dessa fase histórico-evolutiva dos registros públicos no Brasil:

"No 3º Cartório não se arquivam documentos em papel desde 1968. Naquela época eram registrados – em média – 60 documentos por dia e o documento registrado só era devolvido depois de 10 dias. Os 10 escreventes em trabalho ininterrupto não eram suficientes para agilizar a transcrição. O número sequencial do protocolo obrigava que se aguardasse o término de uma transcrição para iniciar a seguinte e esse era o motivo da demora."

"Por isso, esse sistema foi abandonado e assim, chegou-se à conclusão de que seria mais vantajoso e seguro manter os documentos em microfilme. Com a microfilmagem o registro é perfeito, não havendo possibilidade de que qualquer detalhe escape ou seja transcrito de forma incorreta. E no caso de perícia em relação à assinatura de uma das partes de um contrato – por exemplo – é possível verificar se é falsa, através de ampliação. Isto era impossível no sistema anterior, porque o documento arquivado no Cartório não tinha a assinatura da parte, mas apenas menção do escrevente de que se achava assinado. Além disso, a extrema rapidez desse processo permite que os documentos sejam microfilmados em segundos."

"Assim, com a microfilmagem aliada a modernos equipamentos que carimbam mecanicamente e computam todos os dados, o documento é devolvido às partes em apenas **8 minutos**, depois de passar por todas as fases do registro."

"Hoje,[3] o microfilme substitui os livros de registros, no 3º Cartório. Em vez de serem escriturados manualmente nos livros, os documentos são microfilmados. Assim, só o rolo de microfilme – contendo milhares de documentos microfilmados – é que vai para o arquivo. Todos os originais em papel são devolvidos aos clientes, o que é permitido pela legislação do microfilme. Isso significa que o 3º Cartório não arquiva documentos em papel."

"O número do protocolo é utilizado para localização do documento nos rolos de microfilme. Depois do protocolo, o documento vai para o setor de microfilmagem. A frente e o verso do documento são microfilmados – automática e simultaneamente. O tamanho do documento em papel é reduzido em 32 vezes, quando passa para microfilme. Para garantir a segurança e qualidade da operação, o documento é microfilmado

---

2. SIVIERO, José Maria. *Títulos e documentos e pessoa jurídica:* seus registros na prática, p. 47-51.
3. O presente relato foi publicado em 1983.

duas vezes, dando origem a dois rolos de microfilme: um para manuseio e outro para o arquivo de segurança, guardado em local à prova de fogo."

"Todo o processo de revelação fotográfica é feito no 3º Cartório. O controle de qualidade é rigoroso e garante um alto padrão de processamento e durabilidade das imagens geradas. Depois de microfilmados, os documentos são colocados na ordem em que foram recebidos, para serem devolvidos aos clientes com o devido registro."

"Cada fotograma representa uma folha solta do livro correspondente ao registro. E o sistema COM (*Computer Output Microfilm*), de microfilmagem na saída do computador, reproduz em microfichas todas as informações armazenadas – mensalmente – na memória do computador. Cada uma dessas microfichas armazena 12 mil nomes, por ordem alfabética."

"Com o índice dos documentos condensado em microfichas, as buscas podem ser realizadas em 15 segundos. Só o índice do Registro Civil de Pessoas Jurídicas tem 500 mil nomes condensados em 25 microfichas de 6 x 9cm. Ao todo o arquivo do 3º Cartório armazena 9 milhões de nomes nessas microfichas."

"As consultas aos registros são efetuadas pelos leitores-copiadores. O usuário do 3º Cartório que desejar uma busca e/ou certidão de qualquer documento ali registrado só precisa fornecer o nome de uma das partes, para ter seu pedido prontamente atendido. Com essa informação, o número e data do registro podem ser facilmente obtidos. Então, basta projetar o microfilme no leitor-copiador para localizar o documento desejado e o copiar em papel, se for o caso. Essa cópia, depois de ter o seu registro certificado, possui validade de original – de acordo com o Código Civil Brasileiro e a Lei dos Registros Públicos."

"Portanto, com a microfilmagem, o trabalho do 3º Cartório ficou muito mais simplificado, rápido e eficaz. Basta lembrar que, em 1968, eram registrados 60 documentos por dia. Hoje, com a ajuda da microfilmagem, essa capacidade potencial aumentou para 4 mil documentos diários."

"Ao obter essa agilização do seu trabalho, o 3º Cartório simplificou a vida de milhares de empresas públicas, privadas, e dos próprios advogados. As vantagens mais importantes estão representadas pela conquista de tempo e segurança para todos. Para o 3º Cartório, esse sistema ainda ofereceu uma vantagem adicional: a redução de 98% do espaço ocupado por arquivos."

Atualmente, vivemos uma nova fase histórica do Registro de Títulos e Documentos, na qual os ofícios registrais já se encontram informatizados em grande parte dos centros urbanos do país, onde a realização dos registros passa rapidamente ao processamento eletrônico de dados e à digitalização documental.

Assim, são desenvolvidos mais e mais produtos e aplicativos preocupados em facilitar o trabalho do dia a dia dos registradores, surgindo, também, empresas especializadas na informatização dos serviços, para administração de um ciclo que vai desde a protocolização e tramitação dos títulos, formação dos acervos de dados, realização de buscas e integração total de informações, até a operação de sistemas de acompanhamento do ciclo de realização das notificações.

O novo cenário do Registro de Títulos e Documentos aponta para a certificação digital, a desmaterialização de documentos, o registro eletrônico, as interfaces com centrais de dados, podendo, os registros, inclusive, passar a ser realizados, com independência de plataformas operacionais específicas, por meio da rede mundial de computadores, utilizando-se das facilidades de *browsers* de internet.

6.1.2 Livro de protocolo

A regra dominante no país é a de adotarem, o RCPJ e o RTD, um só livro de protocolo para o apontamento de todos os títulos, documentos e papéis apresentados, diariamente, para registro ou averbação. É admitida a possibilidade de que o RCPJ adote livro próprio para a realização do apontamento, independente dos documentos e papéis que nele ingressarem. Entretanto, esse livro, ao que se conclui das normas legais, não terá letra designativa, denominando-se, simplesmente, "Livro de Protocolo", porque não poderia ser designado como Livro "A", tal como ocorre no RTD (em que os títulos podem ser apontados cumulativamente), porque o Livro "A", no RCPJ, destina-se ao registro (ou inscrição) e às averbações posteriores das pessoas jurídicas de direito privado.

Independem de apontamento no protocolo os títulos apresentados apenas para exame e cálculo dos respectivos emolumentos (parágrafo único do art. 12 da LRP). Nesse caso, recebe-se o documento mediante nota de entrega ou recibo fornecido ao apresentante, com especificação dessa situação.

Estabelece, além disso, o *caput* do art. 12 da LRP, que nenhuma exigência fiscal, ou dúvida, obstará a apresentação de um título e o seu lançamento no protocolo com o respectivo número de ordem, nos casos em que da precedência decorra prioridade de direitos para o apresentante. Assim, é importante salientar que, apresentado o título a registro e, ainda que evidentes os motivos para lhe promover a impugnação, com devolução para que sejam providenciadas as exigências opostas pelo oficial, pode solicitar, o apresentante, de imediato, a suscitação de dúvida pelo registrador, ou manifestar que, tão logo esteja formalizada a nota de impugnação, solicitará a suscitação de dúvida, com o que só restará ao órgão registral providenciar a competente protocolização do título, já que, dentro do prazo em que lhe é assegurada prioridade de registro, poderão ser cumpridas as exigências apresentadas.

Além disso, há posicionamentos doutrinários que veem no RTD a função primordial de conferir **publicidade** a todo documento que venha a ser apresentado a registro e que a natureza da **qualificação** dos títulos apresentados ao RTD não é exauriente como aquela exigida do Registro de Imóveis, relativamente à qual é estabelecido prazo de trinta dias para registro, ao passo que a LRP determinou uma **qualificação sumária** do título, estabelecendo que seu registro se faça **de imediato**, reservando o próprio dia da apresentação ao protocolo para a feitura do registro (art. 153 da LRP).[4]

---

4. ÁLVARES, Amilton. *A função primária e essencial do RTD é garantir publicidade e informação*. São José dos Campos, 2009. Disponível em: <http://www.titulosedocumentos.com.br>. Acesso em: 2 jun. 2011

Deve, pois, o RTD, nesse aspecto referido, garantir a plenitude de sua função primordial, conferindo publicidade a **todo documento** de que o interessado expressamente requeira o registro.

Além disso, outra característica que evidencia a função eminentemente **publicitária** do RTD seria o fato de que nele se registra o título formal, o instrumento, independentemente de nele estarem contidos um ou mais negócios, atos ou contratos. Dessa forma, se for apresentado ao RTD um instrumento de abertura de crédito ou de financiamento, com garantia de penhor, caução ou alienação fiduciária, não se faz um registro para cada contrato coligado (como é a característica do Registro de Imóveis). Lançar-se-á nos livros da serventia, portanto, o registro de um só contrato ou instrumento, conferindo a mais ampla publicidade a tantos quantos sejam os atos ou negócios jurídicos que nele se contenham.

6.1.2.1 Apontamento dos documentos

O protocolo, de acordo com o art. 135 da LRP, deverá conter colunas para as seguintes anotações:

a) número de ordem, que seguirá infinitamente;

b) dia e mês;

c) natureza do título e qualidade do lançamento;

d) nome do apresentante;

e) anotações e averbações.

Logo depois de realizado o registro ou a averbação, far-se-á, na coluna "anotações e averbações" do protocolo, remissão ao número da página do(s) livro(s) em que foram lançados os correspondentes atos registrais (art. 149), datando e rubricando, em seguida, o oficial, seu substituto legal ou escrevente designado pelo oficial e autorizado pelo juiz competente.

Dispõe o art. 146 da LRP que, apresentado o título ou documento para registro ou averbação, serão anotados, no protocolo, a data de sua apresentação, sob o número de ordem que se seguir imediatamente, a natureza do instrumento, a espécie de lançamento a fazer (registro integral ou resumido, ou averbação), o nome do apresentante, reproduzindo-se as declarações relativas ao número de ordem, à data e à espécie de lançamento a fazer no corpo do título, do documento ou do papel.

O apontamento do título, documento ou papel no protocolo será feito seguida e imediatamente um depois do outro. Sem prejuízo da numeração individual de cada documento, se a mesma pessoa apresentar simultaneamente diversos documentos de idêntica natureza, para lançamento da mesma espécie, serão eles lançados no protocolo englobadamente (o termo mais adequado seria "sequencialmente"). Onde terminar cada apontamento, será traçada uma linha horizontal, separando-o do apontamento seguinte (art. 150 e parágrafo único da LRP).

6.1.2.2 Encerramento diário

Ao final do expediente diário, o oficial, ou seu substituto legal, deverá *lavrar* o termo de encerramento do recebimento de títulos com a apuração do número total de documentos recebidos naquele dia, consignando o seguinte: "Certifico que, por ser hora, encerrei o serviço de hoje apontando .... títulos" (ou "não apontando nenhum título", conforme o caso), seguindo-se a data e sua assinatura (art. 150 e parágrafo único da LRP).

Nos termos de encerramento diário do protocolo, lavrados ao findar a hora regulamentar, deverão ser mencionados, pelos respectivos números, os títulos apresentados cujos registros ficarem adiados, com a declaração dos motivos do adiamento. Ainda que o expediente continue para ultimação do serviço, nenhuma nova apresentação será admitida depois da hora regulamentar (art. 154 e parágrafo único da LRP).

6.1.2.3 Exemplo de apontamentos no protocolo

REPÚBLICA FEDERATIVA DO BRASIL
ESTADO ....
SERVIÇO DE REGISTROS PÚBLICOS DE ....
REGISTRO DE TÍTULOS E DOCUMENTOS

PROTOCOLO

LIVRO N. A-42   ANO: 2012   FOLHA N. 175

N. de ordem	Dia e mês	Nome do apresentante	Natureza do título e qualidade do lançamento	Anotações e averbações
15.263	02/01	Banco do Brasil S.A.	Cédula de Crédito Bancário	R-11.947 Lv B-48
15.264	02/01	Central de Documentos	Notificação	R-11.948 Lv B-48
15.265	02/01	3º RTD São Paulo	Notificação	R-11.949 Lv B-48
15.266	02/01	2º RTD Porto Alegre	Notificação	R-11.950 Lv B-48
15.267	02/01	FINCRED CRÉDITO	Aditamento de contrato	Av-2/10.902 Lv B-44
	CERTIFICO que, por ser hora, encerrei o serviço de hoje apontando 5 (cinco) títulos. Em 02/01/2012. O Registrador/Substituto: _____ (assinatura).			
15.268	03/01	Banco ABC	Contrato de financiamento	R-11.951 Lv B-48
15.269	03/01	Financeira BOM TEMPO	Contrato alien. fiduciária	R-11.952 Lv B-48
15.270	03/01	Peter Paul Senger	Cert. nascim. estrangeira	R-11.953 Lv B-48
	CERTIFICO que, por ser hora, encerrei o serviço de hoje apontando 3 (três) títulos. Em 03/01/2012. O Registrador/Substituto: _____ (assinatura).			
...				

6.1.3 Livro "B"

O *Livro "B"* é destinado à realização do *registro integral dos títulos e documentos*, devendo conter, de acordo com o art. 136 da LRP, colunas para lançamento das seguintes declarações:

a) número de ordem;

b) dia e mês;

c) transcrição;

d) anotações e averbações.

6.1.3.1 Da realização do registro

O registro integral dos documentos consiste na sua trasladação com a mesma ortografia e pontuação, com referências às entrelinhas ou quaisquer acréscimos, alterações, defeitos ou vícios que tiver o original apresentado, e, bem assim, com menção precisa aos seus característicos exteriores e às formalidades legais, podendo a transcrição dos documentos mercantis, quando levados a registro, ser feita na mesma disposição gráfica em que estiverem escritos, se o interessado assim o desejar (*caput* do art. 142 da LRP).

Feita a trasladação, na última linha, de maneira a não ficar espaço em branco, será conferida e realizado o seu encerramento, depois do que o oficial, seu substituto legal ou escrevente designado pelo oficial e autorizado pelo juiz competente, ainda que o primeiro não esteja afastado, assinará o seu nome por inteiro (§ 1º do art. 142 da LRP).

Tratando-se de documento impresso, idêntico a outro já anteriormente registrado na íntegra, no mesmo livro, poderá o registro limitar-se a consignar o nome das partes contratantes, as características do objeto e demais dados constantes dos claros preenchidos, fazendo-se remissão, quanto ao mais, àquele já registrado (§ 2º do art. 142 da LRP).

Protocolado o título ou documento, far-se-á, em seguida, no livro respectivo, o lançamento do registro integral ou averbação e, concluído este, declarar-se-ão no corpo do título, documento ou papel, o número de ordem e a data do procedimento no livro competente, rubricando, o oficial ou os servidores referidos no art. 142, § 1º, esta declaração e as demais folhas do título, do documento ou do papel (art. 147 da LRP).

Os títulos, documentos e papéis escritos em língua estrangeira, uma vez adotados os caracteres comuns, poderão ser registrados no original, para o efeito da sua conservação ou perpetuidade. Para produzirem efeitos legais no país e para valerem contra terceiros, deverão, entretanto, *ser vertidos em vernáculo, por tradutor público juramentado e registrada a tradução*, o que também se observará em relação às *procurações* lavradas em língua estrangeira. Estabelece o art. 163 da LRP, inclusive, que os tabeliães (de notas) e escrivães (judiciais), nos atos que praticarem, farão sempre referência ao livro e à folha do Registro de Títulos e Documentos em que tenham sido trasladados os *mandatos de origem estrangeira*, a que tenham de reportar-se.

O lançamento dos registros e das averbações no livro respectivo será feito, também seguidamente, *na ordem de prioridade do seu apontamento* no protocolo, quando não for obstado por ordem de autoridade judiciária competente, ou por dúvida superveniente; neste caso, seguir-se-ão os registros ou averbações dos imediatos, sem prejuízo da data autenticada pelo competente apontamento (art. 151 da LRP). Ao final, cada registro ou averbação será datado e assinado por inteiro, pelo oficial ou pelos servidores referidos no art. 142, § 1º, separados, um do outro, por uma linha horizontal (art. 152).

O registro e a averbação deverão ser imediatos, e, quando não o puderem ser, por acúmulo de serviço, o lançamento será feito no prazo estritamente necessário e sem prejuízo da ordem da prenotação. Em qualquer desses casos, o oficial, depois de haver dado entrada no protocolo e lançado no corpo do título as declarações prescritas, fornecerá um recibo, contendo a declaração da data da apresentação, o número de ordem desta no protocolo e a indicação do dia em que deverá ser entregue, devidamente legalizado. O recibo será restituído pelo apresentante contra a devolução do documento (art. 153 da LRP).

Depois de concluídos os lançamentos no livro respectivo, determina o art. 149 da LRP que será feita, nas anotações do protocolo, referência ao número de ordem sob o qual tiver sido feito o registro, ou a averbação, no livro respectivo, datando e rubricando, em seguida, o oficial ou os servidores já referidos anteriormente.

Quando o título, já registrado por extrato, for levado a registro integral, ou for exigido simultaneamente pelo apresentante o duplo registro, mencionar-se-á essa circunstância no lançamento posterior e, nas anotações do protocolo, far-se-ão referências recíprocas para verificação das diversas espécies de lançamento do mesmo título.

O apresentante do título para registro integral poderá também deixá-lo arquivado em cartório ou a sua fotocópia, autenticada pelo oficial, circunstâncias que serão declaradas no registro e nas certidões (art. 161, § 1º, da LRP).

6.1.3.2 Do cancelamento do registro

O cancelamento geralmente vai-se verificar por meio da apresentação de documento particular, contendo a quitação ou exoneração do credor em relação ao título registrado. Poderá ser cancelado, também, por efeito de sentença judicial (art. 164 da LRP).

Apresentados quaisquer dos documentos referidos no art. 164 da LRP, o oficial certificará, na coluna das **averbações** do livro de registro integral, o cancelamento e a razão dele, mencionando-se o documento que o autorizou, datando e assinando a certidão, de tudo fazendo referência nas anotações do protocolo. Quando não for suficiente o espaço da coluna das averbações, será feito novo registro (o "registro", aqui, é usado em sentido amplo, porque, na prática, será feito o restante da averbação, inserindo na coluna do "n. de ordem" a abreviação "AV-.../ seguida do n. de ordem do registro a que se refere", na sequência da ordem dos registros, em continuidade à averbação inconclusa, com a referência recíproca lançada na coluna das "averbações e anotações"), nos termos do que dispõe o art. 165, *caput* e parágrafo único, da LRP. Essa, aliás, é a praxe usada para a realização ou conclusão de quaisquer averbações inconclusas ou que não contem com espaço suficiente para sua realização, e não somente para as relativas a cancelamentos. Também é a praxe a utilizar – com mais razão – nos registros resumidos do Livro C, conforme ilustrado a seguir:

		REPÚBLICA FEDERATIVA DO BRASIL ESTADO .... SERVIÇO DE REGISTROS PÚBLICOS DE .... REGISTRO DE TÍTULOS E DOCUMENTOS REGISTRO INTEGRAL	
LIVRO N. B-84	ANO: 2012		FOLHA N. 067
N. de ordem	Dia e mês	Transcrição	Anotações e averbações
AV-1/14.500	17-01	AV-1/14.500. Continuação da averbação solicitada nos termos do requerimento datado de 17 de janeiro de 2012, instruído com ...., datado de 6 de janeiro de ...., protocolado sob o número 19.885 do Livro A-4, neste Registro de Títulos e Documentos, relativamente ao registro sob o número 14.500 do Livro B-12, em 20/01/2002. ....(segue o todo ou o restante da averbação não possível de inserir junto ao respectivo registro). Dou fé. Morrinhos do Norte, 17 de janeiro de 2012. Eu,_____, Registrador/Substituto, mandei digitar, conferi, subscrevo e assino. Emolumentos: R$ 37,60. – ks – Selo de Fiscalização: 0314.00.1100002.06878. Registrador/Substituto: (assinatura).	Transportado da folha 114v do Livro B-12 deste Ofício.

As averbações relativas aos cancelamentos serão realizadas, também, mediante apresentação de requerimento de cancelamento, os quais serão arquivados com os documentos que os instruírem (art. 166 da LRP).

6.1.3.3 Exemplos de lançamentos de registro integral no Livro "B"

REPÚBLICA FEDERATIVA DO BRASIL
ESTADO ....
SERVIÇO DE REGISTROS PÚBLICOS DE ....
REGISTRO DE TÍTULOS E DOCUMENTOS

REGISTRO INTEGRAL

LIVRO N. B-84   ANO: 2012   FOLHA N. 067

N. de ordem	Dia e mês	Transcrição	Anotações e averbações
15.671	17-01	**Registro Integral** do 7º aditamento à Cédula de Crédito Bancário com Garantia, apresentada pelo **BANCO S/A** e Protocolada sob número **19.865** no Livro A-14, em 17 de janeiro de 2002, nesta Serventia, a saber: Banco Industrial do Brasil – BIB. 7º ADITAMENTO À CÉDULA DE CRÉDITO BANCÁRIO CONTA GARANTIDA N. 7917 DE 22/06/2010. I. Credor. BANCO INDUSTRIAL DO BRASIL, instituição financeira, com sede na Rua Itaguaí, 155, 8º andar, na Cidade de São José dos Pinhais – SP, CEP 01451-013, inscrito no CNPJ/MF sob n. 61.024.656/0031-76, doravante designado BIB, aqui representado na forma de seus Estatutos Sociais, em conjunto, por dois, dentre seus procuradores ora qualificados, Sr. Antonio Roberto, brasileiro, casado, bancário, portador do RG n. 6950008-9 SSP/SP e do CPF/MF n. 762.000.000-00; Sra. Fátima Aparecida, brasileira, casada, bancária, portadora do RG n. 163555555-3 SSP/SP e do CPF/MF n. 084.535.978-09; Sr. Darci Lyoto, brasileiro, casado, bancário, portador do RG n. 125.591.895-1 SSP/SP e do CPF/MF n. 301.025.788-00; Sr. Laerte Brasil, brasileiro, casado, bancário, portador do RG n. 10.708. 893-4 SSP/SP e do CPF/MF n. 031.022.888-30; Sr. Renan da Silva, brasileiro, casado, bancário, portador do RG n. 15300008-1 SSP/SP e do CPF/MF n. 064.000.000-43; e Sr. Renato Silva, brasileiro, solteiro, bancário, portador do RG n. 21.000.033 SSP/SP e do CPF/MF n. 126.928.444-90, todos domiciliados em São Paulo-SP. 11. Emitente. METALÚRGICA S/A, com estabelecimento na Rodovia RS 101 Km 6, Bairro Nova Sapucaí, Cidade do Sul, Estado do Mato Grande do Sul, CEP: 83230390, com inscrição no CNPJ sob o n. 91.038.699/0001-57. III. Instrumento Aditado. 01. Tipo de Instrumento CÉDULA DE CRÉDITO BANCÁRIO CONTA GARANTIDA. 2. Número 7917. 3. Data de Emissão 22/06/2010. IV. Condições do Limite de Crédito. 01. Valor do Limite de Crédito: R$ 5.500.000,00. 02. Taxa efetiva de juros: 0,900% a.m. 11,351% a.a. 03. Tipo dos encargos: Flutuante, com base em 100% da taxa de referência: CDI-Over. 04. Tarifa de Abertura de Crédito R$ 550,00. 05. Metodologia de cálculo dos juros: Juros compostos, capitalizados mensalmente. 06. Conta 25993334443. 07. Dia de pagamento dos encargos 1. Data de vencimento e local de pagamento: 1. Data de vencimento: 24/02/2012. 2. Local de pagamento: Rua Bela Vista, 386 – 9º andar – São Paulo/SP – CEP: 01015-001. VI. Garantia(s) Garantias não alteradas. Cód. 1366 – Versão: TB-00/2000. Contrato n. 7917. 1/4. (Constam sete assinaturas ilegíveis) (Fim da primeira página). Banco BIB. VII. Avalista(s). RENATO RONIL, brasileiro, separado consensualmente, industrial, portador do Documento de Identidade n. 6065523342-SSP/RS, e do CPF/MF 073.656.750-91, residente e domiciliado à Rua Augusto Loureiro, 141, bairro Petrópolis, Cidade de Porto, Estado do Mato Grosso do Sul, CEP: 80457120. VIII. Interveniente(s) garantidor(es) X-X IX. Depositário X-X x. X. Outras condições ajustadas entre as Partes.	

Alterada a data de vencimento conforme indicado no campo 01 do quadro V deste Aditamento. Alterada a tarifa de abertura de crédito para R$ 550,00 conforme indicado no campo 04 do quadro IV deste Aditamento. XI. Registro anterior do Instrumento aditado. XI. Registrado no Registro de Títulos e Documentos da Comarca de São Lourenço do Norte/PB, livro B-20, sob o n. 61550 em 23/05/2010. 1. As partes nomeadas e qualificadas no preâmbulo, aqui devidamente representadas, resolvem de comum acordo ADITAR o Instrumento descrito no quadro "111" do preâmbulo, com o objetivo de alterar as garantias e/ou as condições do limite de crédito objeto do referido instrumento. As partes ajustam neste ato que durante a vigência deste instrumento vigorarão as condições, descritas nos quadros "IV" e "V" do preâmbulo. 2.1 O BIB concede ao(à) EMITENTE o limite de crédito em conta corrente, no valor expresso no campo "01" do quadro "IV" do preâmbulo, que somente poderá ser utilizado através de ordens de transferência (Ted, DOC ou outro meio similar permitido pelo Banco Central do Brasil), dentro do limite que este Instrumento provisionar. 2.2 O limite de crédito será reduzido pelos valores que forem sendo debitados e será recomposto pelos valores creditados na conta indicada no campo "06" do quadro "IV" do preâmbulo. 3. Caso tenham sido pactuados encargos flutuantes para vigorar no período do aditamento, conforme expresso no campo "03" do quadro "IV" do preâmbulo, sobre o saldo devedor diário da conta indicada no campo "06" do quadro "IV" do preâmbulo, já acrescido dos encargos a debitar, incidirão encargos calculados com base na taxa de referência CDI Over, capitalizada diariamente. 3.1 Sobre o saldo devedor diário acrescido dos encargos a debitar e dos encargos calculados com base na taxa de referência, conforme previsto no item anterior, incidirão juros à taxa indicada no campo "02" do quadro "IV" do preâmbulo, calculados pelo método de capitalização, conforme indicado no campo "05" do quadro "IV" do preâmbulo e de acordo com as demais condições estabelecidas no Instrumento de Crédito ora aditado, Código: 1266 – Versão: TB.06/2010. Contrato n. 7917. 2/4 (Constam sete assinaturas ilegíveis) (Fim da segunda página). Banco BIB. 4. Caso tenham sido pactuados encargos prefixados para vigorar no período do aditamento, conforme expresso no campo "03" do quadro "IV" do preâmbulo, sobre o saldo devedor diário da conta indicada no campo "06" do quadro "IV" do preâmbulo, já acrescido dos encargos a debitar, incidirão juros à taxa indicada no campo "02" do quadro "IV" do preâmbulo, calculados pelo método de capitalização, conforme indicado no campo "05" do quadro "IV" do preâmbulo e de acordo com a fórmula constante do item seguinte. 4.1 O fator diário dos juros será apurado de acordo com a seguinte fórmula: $[((((TX/100) + 1) A(1/30)) A (dc/du)) - 1)$, onde: "TX" = taxa indicada no campo "02" do quadro "IV" do preâmbulo, "dc" = quantidade de dias corridos existentes entre a data de emissão e a data de vencimento deste Instrumento e "du" = quantidade de dias úteis existentes entre a data de emissão e a data de vencimento deste Instrumento. 5. O(A) EMITENTE pagará ao BIB: a) A tarifa de abertura de crédito, no valor indicado no campo "04" do quadro "IV" do preâmbulo, será paga ao BIB, nesta data, mediante débito que o BIB fará na conta indicada no campo "06" do quadro "IV" do preâmbulo, que fica, desde já, autorizado. b) O Imposto sobre Operações Financeiras – IOF e outros impostos que venham a ser criados durante o curso desta operação de crédito serão debitados na conta indicada no campo "06" do quadro "IV" do preâmbulo, pelo BIB, na conformidade com a legislação em vigor. 6. Se as partes acordarem a manutenção das garantias conforme descrito no quadro "VI" do preâmbulo, as garantias anteriormente constituídas são neste ato ratificadas expressamente, permanecendo em toda sua plenitude válidas até a final liquidação da dívida representada pelo Instrumento de Crédito ora aditado. 6.1 Todavia, havendo alteração das garantias, as partes ratificam e aceitam, desde já, as novas condições estabelecidas no quadro "VI" do preâmbulo, devendo, conforme o caso, ser celebrado o respectivo Instrumento de garantia. 7. DO AVAL: Em garantia do pagamento da dívida decorrente deste Instrumento, incluindo-se o principal, os acessórios, inclusive juros, despesas, pena convencional, multa, encargos financeiros e demais obrigações dele decorrentes, a(s) pessoa(s) física(s) e/ou jurídica(s) qualificada(s) no quadro "Avalista(s)" constante do preâmbulo assinam este Instrumento como Avalista(s), assumindo também a condição de devedor(es) solidário(s) nos termos dos artigos 264 e 275 do Código Civil, responsável(is) com o(a) EMITENTE, pelo integral cumprimento de todas as obrigações de pagamento assumidas neste Instrumento, com renúncia expressa a qualquer benefício de ordem. 7.1 O(S) INTERVENIENTE(S) GARANTIDOR(ES) qualificado(s) no quadro "Interveniente(s) Garantidor(es)" constante do preâmbulo assumem também a condição de devedor(es) solidário(s) nos termos dos artigos 264 e 275 do Código Civil, responsável(is) com o(a) EMITENTE, pelo integral cumprimento de todas as obrigações de pagamento assumidas neste Instrumento, com renúncia expressa a qualquer benefício de ordem. 7.2 O(S) AVALISTA(S) e o(s) INTERVENIENTE(S) GARANTIDOR(ES) declaram-se cientes do disposto no § 1º do art. 49 da Lei n. 11.101/2005, segundo o qual, o credor do devedor em recuperação judicial conserva seus direitos e privilégio contra os avalistas, coobrigados, fiadores e obrigados de regresso, e concordam que, caso o(a) EMITENTE venha a requerer Recuperação Judicial ou extrajudicial, estarão eles obrigados ao pagamento da dívida representada por este Instrumento, independentemente das condições de pagamento que vierem a ser aprovadas para o Plano de recuperação. Código: 1066. Versão: TB-SOS/2000 Contrato n. 7911 3/4. (Constam sete assinaturas ilegíveis) (Fim da terceira página). Banco BIB. Judicial do(a) EMITENTE. 8. Se as partes acordarem a alteração de outras condições ajustadas no Instrumento de Crédito ora aditado ou mesmo pelo ajuste de novas condições, conforme descrito no quadro "X" do preâmbulo, tais condições, ora descritas no referido quadro "X", são neste ato ratificadas expressamente, permanecendo em toda sua plenitude válidas até a final liquidação da dívida representada pelo Instrumento de Crédito ora aditado, inclusive do saldo devedor. 9. Permanecem em vigor e são neste ato expressamente ratificadas, todas as demais cláusulas e condições do Instrumento ora aditado, até final liquidação da totalidade da dívida representada pelo referido Instrumento. 10. Fica autorizado o Senhor Oficial do Serviço Registral Competente a proceder às averbações e registros necessários à margem do registro anterior indicado no quadro "XI" do preâmbulo. 11. SAC – OUVIDORIA – CANAIS DE COMUNICAÇÃO. Telefone: 53 0800-714-0410 Site: www.bib.com.br – Setor de Ouvidoria ou Fale Conosco no endereço eletrônico: ouvidor@bib.com.br ou falecom@bib.com.br. 12. E por estarem as partes justas e acordadas, firmam o presente em tantas vias quantos forem os intervenientes neste instrumento, todas de igual forma e teor, com as testemunhas ao final nomeadas e, quando for o caso, com os AVALISTAS e demais INTERVENIENTES, que anuem a todos os termos deste instrumento. O(A) EMITENTE declara, ainda, que recebeu neste ato uma via deste instrumento, assinada por todas as Partes. São Paulo, 26 de Dezembro de 2011. INDÚSTRIA METALÚRGICA S/A. CNPJ. 91.033.633/0001-57. BANCO BIB S.A. AVALISTA RENATO REAL CONIL, CNPJ. 073.638.340-91. TESTEMUNHA. Cód. 1206 – Versão: TB-01/2010. Contrato n. 7997. 4/4 (Constam sete assinaturas ilegíveis) (Fim da quarta página) (Constam quatro carimbos – Darci Luema, CPF. 277.027.787-00, ilegível, CPF. 032.044.648-30, Banco BIB S/A, Jackeline de Sousa, CPF. 333.129, ilegível, Sonia Regina Tosi, CPF. 187.168.686-98) (Constam quatro reconhecimentos de firma em nome de Darci Luema, Jack de Sousa, e Sonia R. Tosi, no Tabelionato de Notas Olegário Manoel em 09/01/2011) **Selo Digital de Fiscalização: 0314.88.1100013.06523.**

		Nada mais consta no documento trasladado que bem e fielmente mandei transcrever. Aditamento a Cédula de Crédito Bancário apresentada em três (3) vias, sendo que uma (1) via fica arquivada nesta Serventia. Eu,_____ Registrador/Substituto, mandei digitar, conferi, subscrevo e assino. Morrinhos do Norte, 17 de janeiro de 2012. Registrador/Substituto: _____ (assinatura) Emolumentos: R$ 35,10 – dk.	
...	...	...	...

REPÚBLICA FEDERATIVA DO BRASIL
ESTADO ....
SERVIÇO DE REGISTROS PÚBLICOS DE ....
REGISTRO DE TÍTULOS E DOCUMENTOS

REGISTRO INTEGRAL

LIVRO N. B-84   ANO: 2012   FOLHA N. 067-v

N. de ordem	Dia e mês	Transcrição	Anotações e averbações
15.672	17-01	**Registro integral** de uma notificação apresentada pela CONSTRUTORA E INCORPORADORA COLOMBO e protocolada sob n. 19.866 no Livro A-14, em 17 de janeiro de 2012, nesta Serventia, a saber: CONSTRUTORA E INCORPORADORA COLOMBO. Canoas (RS), 6 de janeiro de 2012. Ilmo. Sr. MARCELO MALET. Rua Lauro Dondonis, 478 – Morrinhos do Sul – RS. Prezado Senhor. APARTAMENTO n. 902 e Boxes 04 e 05 do Edifício Dilúvio, sito na Rua Caxias, 474 em São Leopoldo (RS). Pela presente fica Vossa Senhoria NOTIFICADO para, no prazo de 15 (quinze) dias, contados do recebimento da presente, purgar a mora relativamente ao Contrato Particular de Promessa de Compra e Venda de Imóveis n. 334, celebrado em 21 de dezembro de 2009, tendo por objeto os imóveis em epígrafe, sitos na cidade de São Leopoldo, devendo efetuar o pagamento do saldo devedor da parcela vencida em 21/10/2011, que importa, na data de hoje, com os acréscimos contratuais, em sessenta e quatro mil, quinhentos e sessenta e cinco reais e sessenta centavos (R$ 64.565,60), o qual deverá ser feito na sede da notificante, sob pena de ser proposta a competente ação judicial com as consequências inerentes. Cordialmente. CONSTRUTORA E INCORPORADORA COLOMBO LTDA. (assinatura ilegível João José Dutra – sócio administrador – consta reconhecimento de firma por autenticidade de João José Dutra, em 06/01/2012). CNPJ 93133082/0011-391. CONSTRUTORA E INCORPORADORA COLOMBO LTDA. Rua Rio Grande, 259 – Centro – CEP 94.230-480. Selo digital de fiscalização: 0334.001200003.03348. Nada mais consta no documento trasladado que bem e fielmente mandei transcrever. Notificação apresentada em 3 (três) vias, sendo que uma via fica arquivada nesta Serventia. Eu, _____ Registrador/Substituto, que a mandei digitar, conferi, subscrevo e assino. Morrinhos do Sul, 17 de janeiro de 2012. Registrador/Substituto: _____ (assinatura) Emolumentos: R$ 200,70 – cs.	**CERTIFICO** que o notificador deste Registro compareceu no endereço indicado pelo apresentante do documento, sito na Rua Lauro Dondonis, 478, nesta cidade, no dia 23.1.2012 para, em cumprimento à notificação registrada sob o n. 15.672 no Livro B-84, em 17 de janeiro de 2012, notificar **MARCELO MALET**, RG n. 4789334083, o qual tomou conhecimento de todo conteúdo da notificação e recebeu uma via de igual teor e forma, conforme assinatura aposta ao rodapé do documento. Dou fé. Emol. R$ 20,50. Morrinhos do Sul, 23.1.2012 Registrador/Substituto. _____ (assinatura). Selo 34100110000203374
...			

REPÚBLICA FEDERATIVA DO BRASIL
ESTADO ....
SERVIÇO DE REGISTROS PÚBLICOS DE ....
REGISTRO DE TÍTULOS E DOCUMENTOS

REGISTRO INTEGRAL

LIVRO N. B-84   ANO: 2012   FOLHA N. 067-v

N. de ordem	Dia e mês	Transcrição	Anotações e averbações
15.673	17-01	**Registro Integral** nos termos do art. 127, inciso VII, da Lei n. 6.015/1973, **PARA FINS DE CONSERVAÇÃO**, de um diploma apresentado pelo Sr. **Nathan Barros**, protocolado sob o n. 19.867 no Livro A-14, em 17 de janeiro de 2012, nesta Serventia, a saber: Universidade de Santa Maria, reconhecida pela Portaria n. 800, de 20.6.1983 – *DOU* de 25.6.1983. O Reitor da Universidade de Santa Maria, no uso de suas atribuições e tendo em vista a conclusão do Curso de Graduação em Direito, em 14 de junho de 2007, e a colação de grau em 6 de julho de 2007, confere o título de Bacharel em Direito a **NATHAN BARROS**, de nacionalidade brasileira, nascido em 20 de setembro de 1983, no Estado do Rio Grande do Sul, portador da cédula de identidade RG n. 47986520071 – SJS-RS, outorgando-lhe o presente diploma, a fim de que possa gozar de todos os direitos e prerrogativas legais. Santa Maria, 6 de julho de 2007. Professora Lúcia Helena Lima, Pró-Reitora de Graduação. Prof. Vilmar Tadeu, Reitor Diplomado (constam três assinaturas ilegíveis). No verso do documento consta: Curso de DIREITO reconhecido pelo Decreto n. 30.546/66. Universidade de Santa Maria. Reitoria. Diploma registrado sob o n. 46.347, fls. 102 do Livro n. 026. Processo n. 001.04728/2000, de acordo com o § 1º do art. 48 da Lei n. 9.394/1996. Santa Maria, 3 de outubro de 2000. Setor de Registro de Diplomas (assinatura ilegível) Nelci Silva, Secretária-Geral, por delegação da Pró-Reitora da UFSM, conferida pela Portaria n. 001/1998 (assinatura ilegível). Selo digital de fiscalização n. 03140011 00003482936. Nada mais consta no documento trasladado, que bem e fielmente mandei transcrever. Eu, _____ Registrador/Substituto, mandei digitar, conferi, subscrevo e assino. Cacimbas, 17 de janeiro de 2012. Registrador/Substituto: _____ (assinatura) Emolumentos: R$ 30,80 – ks.	
15.674	17-01	**Registro Integral** do Livro Razão n. 06, apresentado pela **Associação dos Funcionários Municipais de Cacimbas** e Protocolada sob o n. 19.868 no Livro A-14, em 17 de janeiro de 2012, nesta Serventia, a saber: RAZÃO ANALÍTICO, livro n. 006, fl. 001. Entidade: Associação dos Funcionários Municipais de Cacimbas, CNPJ n. 98.038.068/0001-64. Data da entidade: 28 de dezembro de 2011. **TERMO DE ABERTURA**. Contém este Livro 326 folhas, numeradas de 001 a 326, que servirá de Livro Razão n. 006, da Associação dos Funcionários Municipais de Cacimbas, estabelecida na Rua Érico Veríssimo n. 651, Bairro Nova COHAB, cidade de Cacimbas. ...	
...	...	...	...

6.1.4 Livro "C"

O *Livro "C"* é destinado à realização do *registro resumido (ou registro por extrato) dos títulos, documentos ou papéis* apresentados a registro perante o RTD, devendo conter, de acordo com o art. 137 da LRP, colunas para lançamento das seguintes declarações:

a) número de ordem;

b) dia e mês;

c) espécie e resumo do título;

d) anotações e averbações.

6.1.4.1 Da realização do registro

O *registro resumido*, nos termos do art. 143 da LRP, consiste na declaração da natureza do título, do documento ou papel, valor, prazo, lugar em que tenha sido feito, nome e condição jurídica das partes, nomes das testemunhas, data da assinatura e do reconhecimento de firma por tabelião, se houver, o nome deste, o do apresentante, o número de ordem e a data do protocolo, e da averbação, a importância e a qualidade do imposto pago, depois do que será datado e rubricado pelo oficial ou pelos servidores referidos no art. 142, § 1º, da LRP.

Protocolado o título ou documento, far-se-á, em seguida, no livro respectivo, o lançamento do registro resumido ou averbação e, concluídos estes, declarar-se-ão no corpo do título, documento ou papel, o número de ordem e a data do procedimento no livro competente, rubricando, o oficial ou os servidores já referidos, esta declaração e as demais folhas do título, do documento ou do papel (art. 147 da LRP).

Para o registro resumido, os títulos, documentos ou papéis em *língua estrangeira* deverão ser sempre traduzidos por tradutor público (parágrafo único do art. 148 da LRP).

Particularmente em relação ao registro de contratos de penhor, caução e parceria, o registro resumido será feito com declaração do nome, profissão e domicílio do credor e do devedor, valor da dívida, juros, penas, vencimento e especificações dos objetos apenhados, da(s) pessoa(s) em poder de quem ficam tais objetos, espécie do título, condições do contrato, data e número de ordem. Nesses contratos, será considerado credor o parceiro proprietário, e devedor, o parceiro cultivador ou criador. É o que dispõe a LRP no *caput* do art. 144 e seu parágrafo único.

O lançamento dos registros e das averbações no livro respectivo será feito, também seguidamente, *na ordem de prioridade do seu apontamento* no protocolo, quando não for obstado por ordem de autoridade judiciária competente, ou por dúvida superveniente; neste caso, seguir-se-ão os registros ou averbações dos imediatos, sem prejuízo da data autenticada pelo competente apontamento (art. 151 da LRP). Ao final, cada registro ou averbação será datado e assinado por inteiro, pelo oficial ou pelos servidores referidos no art. 142, § 1º, separados, um do outro, por uma linha horizontal (art. 152).

O registro e a averbação deverão ser imediatos, e, quando não o puderem ser, por acúmulo de serviço, o lançamento será feito no prazo estritamente necessário e sem prejuízo da ordem da prenotação. Em qualquer desses casos, o oficial, depois de haver dado entrada no protocolo e lançado no corpo do título as declarações prescritas, fornecerá um recibo, contendo a declaração da data da apresentação, o número de ordem desta no protocolo e a indicação do dia em que deverá ser entregue, devidamente legalizado. O recibo será restituído pelo apresentante contra a devolução do documento (art. 153 da LRP).

Depois de concluídos os lançamentos no livro respectivo, determina o art. 149 da LRP que será feita, nas anotações do protocolo, referência ao número de ordem sob o qual tiver sido feito o registro, ou a averbação, no livro respectivo, datando e rubricando, em seguida, o oficial ou os servidores referidos no art. 142, § 1º.

6.1.4.2 Exemplo de lançamento de registro resumido

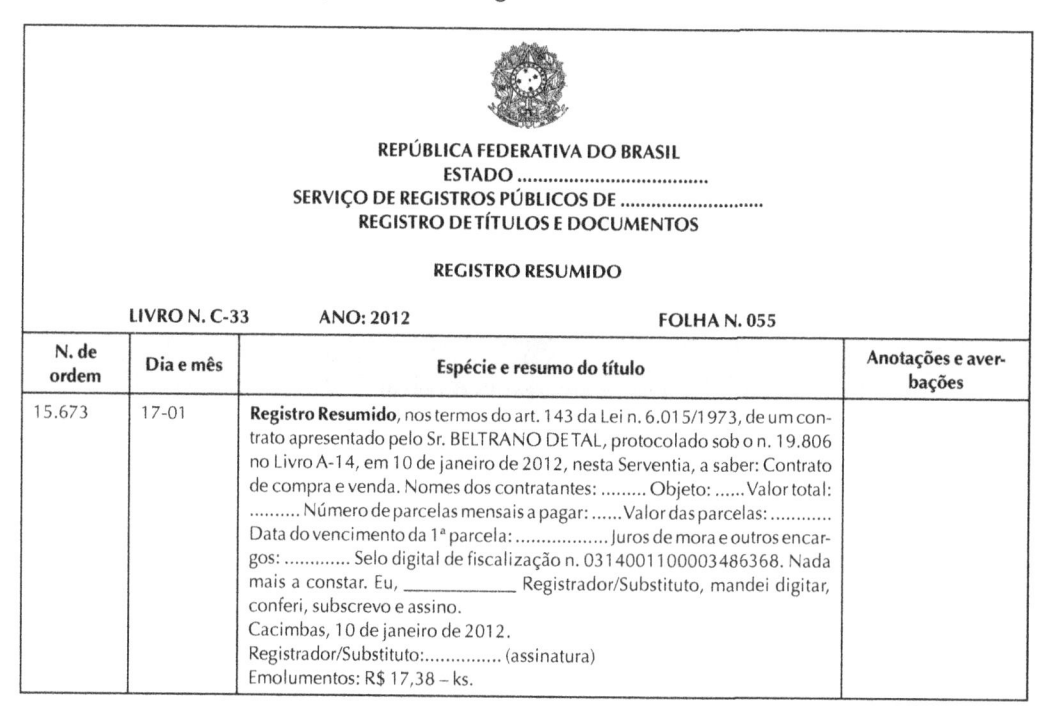

REPÚBLICA FEDERATIVA DO BRASIL
ESTADO ....
SERVIÇO DE REGISTROS PÚBLICOS DE ....
REGISTRO DE TÍTULOS E DOCUMENTOS

REGISTRO RESUMIDO

LIVRO N. C-33   ANO: 2012   FOLHA N. 055

N. de ordem	Dia e mês	Espécie e resumo do título	Anotações e averbações
15.673	17-01	**Registro Resumido**, nos termos do art. 143 da Lei n. 6.015/1973, de um contrato apresentado pelo Sr. BELTRANO DE TAL, protocolado sob o n. 19.806 no Livro A-14, em 10 de janeiro de 2012, nesta Serventia, a saber: Contrato de compra e venda. Nomes dos contratantes: .... Objeto: ...... Valor total: .... Número de parcelas mensais a pagar: ...... Valor das parcelas: .... Data do vencimento da 1ª parcela: .... Juros de mora e outros encargos: .... Selo digital de fiscalização n. 0314001100003486368. Nada mais a constar. Eu, _____ Registrador/Substituto, mandei digitar, conferi, subscrevo e assino. Cacimbas, 10 de janeiro de 2012. Registrador/Substituto:............... (assinatura) Emolumentos: R$ 17,38 – ks.	

6.1.4.3 Desuso do registro resumido

Cabe lembrar que, desde a adoção da microfilmagem nos Ofícios de registros e com o aperfeiçoamento tecnológico dos meios reprográficos verificado posteriormente (especialmente o processamento eletrônico de dados e a digitalização atualmente utilizados), houve um significativo abandono da utilização dos registros resumidos, por uma série de fatores que confere maior segurança à realização do registro integral, apesar de o custo dos emolumentos ser menor para o registro dos títulos por meio de extratos. Entretanto, muitas vezes, fazia-se o registro resumido e, posteriormente, por segurança ou outra necessidade ou conveniência, terminava-se por requerer o registro integral do mesmo título, o que significava uma dupla despesa.

6.1.5 Livro "D"

O *Livro "D"* destina-se ao *indicador pessoal* e será dividido alfabeticamente para a indicação do nome de todas as pessoas que, ativa ou passivamente, individual ou coletivamente, figurarem nos livros de registro. Deverá conter, além dos nomes das pessoas, referências aos números de ordem e páginas dos outros livros e anotações (art. 138 da LRP).

Quando a mesma pessoa já tiver sido mencionada no indicador, somente se fará, na coluna das anotações, uma referência ao número de ordem, página e número do livro em que estiver lançado o novo registro ou averbação. Se no mesmo registro, ou averbação, figurar mais de uma pessoa, ativa ou passivamente, o nome de cada uma delas será lançado distintamente, no indicador pessoal, com referência recíproca na coluna das anotações (arts. 139 e 140 da LRP).

Esse livro é substituível pelo sistema de *fichas*, mais prático para realização das buscas, a critério e sob a responsabilidade do oficial titular do serviço registral, já que a organização técnica dos registros lhe é atribuída com exclusividade (Lei n. 8.935/94, arts. 1º e 3º).

6.1.5.1 Exemplo de lançamento nas fichas do Livro "D"

MEDEIROS
(Sobrenome)

REPÚBLICA FEDERATIVA DO BRASIL
ESTADO ....
SERVIÇO DE REGISTROS PÚBLICOS DE ....
REGISTRO DE TÍTULOS E DOCUMENTOS

INDICADOR PESSOAL
LIVRO D

NOME: MARCO ANTÔNIO NERI MEDEIROS   CPF N. 314.642.170-99

Data	Registro	Livro	Folhas	Espécie	Anotações
16.7.2001	9.340	B-32	17v	Contr. locação	
26.10.2010	13.640	B-46	263	Notificação	

6.2 DA EXIGÊNCIA DE RECONHECIMENTO DE FIRMAS

Ainda que salutar o reconhecimento de firmas nos títulos, documentos e outros papéis apresentados a registro no Registro de Títulos e Documentos, não há, para esse Registro Público, dispositivo similar àquele existente para o Registro de Imóveis no art.

221, II, da LRP, exceto para as *procurações*, às quais o reconhecimento de firma se impõe por força do art. 158 da LRP.

Assim, o princípio parece ser o da presunção de boa-fé relativamente aos documentos apresentados a registro, não havendo norma legal cogente que obrigue o apresentante ao suprimento desse requisito eventualmente faltante, não sendo esse fato, também, fundamento para impugnação e suscitação de dúvida registral (art. 198, combinado com o art. 296, da LRP e art. 30, XIII, da Lei n. 8.935/94), em homenagem ao princípio da legalidade.

6.3 DA RECUSA DO REGISTRO E DA SUSCITAÇÃO DE DÚVIDA

Estabelece o art. 156 da LRP que o oficial deverá *recusar registro* a título e a documento que não se revistam das formalidades legais. Entretanto, essas *"formalidades legais"* constituem uma expressão imprecisa. Nesse particular, há posicionamentos que, fundamentando que a **qualificação** a ser conferida aos documentos apresentados a registro perante o RTD é caracteristicamente **superficial**, e não exauriente como ocorre no Registro Imobiliário, sendo seu **prazo** de registro tão **imediato** quanto apresentado ao protocolo, restaria evidente que o RTD, para atingir sua finalidade publicística, deve conferir registro a todo documento cujo apresentante expressamente o requeira, o que, aliás, seria o suficiente para eximir de qualquer responsabilidade o oficial (art. 157 da LRP).

Acerca desse aspecto, assim se manifesta Amilton Álvares:

"Veja-se que o Oficial não pode recusar nem mesmo o registro de documento sob suspeita de falsificação (art. 156, parágrafo único, da Lei 6.015/73), e a serventia não pode ser responsabilizada por vício intrínseco ou extrínseco do documento, título ou papel (LRP, art. 157). A limitação do RTD está posta em termos de negar registro a contratos, negócios ou instrumentos da realização de atos ilícitos e imorais, pois a vedação de registro de instrumentos que não se revistam das formalidades legais (LRP, art. 156) pode perfeitamente ser superada pelo requerimento de registro do interessado".[5]

Se tiver *suspeita de falsificação*, poderá o oficial *sobrestar* o registro, depois de protocolado o documento, até *notificar* o apresentante dessa circunstância. Sobrestar, aqui, significa *suspender temporariamente* a realização do registro para adoção da providência apontada pela lei registrária. Se, entretanto, o apresentante insistir, o registro será feito com essa nota, podendo o oficial submeter a *dúvida* ao juiz competente, ou notificar o signatário para assistir ao registro, mencionando também as alegações pelo último aduzidas. O termo *"signatário"* é de utilização ambígua aqui, podendo designar, pelo que se pode deduzir, os demais interessados que figurem no título e/ou o destinatário da notificação ou, ainda, outro qualquer interessado.

Cabe alertar que a regra do art. 157 da LRP é especialíssima no universo das normas relativas à responsabilidade civil dos profissionais de notas e registros. Ela só reconhece

---

5. ÁLVARES, Amilton. *A função primária e essencial do RTD é garantir publicidade e informação*. São José dos Campos, 2009. Disponível em: <http://www.titulosedocumentos.com.br>. Acesso em: 2 jun. 2011.

a responsabilidade do oficial de Registro de Títulos e Documentos, por danos, quando comprovado que tenha agido de má-fé, ou seja, quando tenha praticado *dolosamente* a conduta danosa. Além disso, essa responsabilidade só surgirá se sobrevier anulação de *registro* ou *averbação* por vício intrínseco (vício de conteúdo) ou vício extrínseco (vício de forma) do documento, título ou papel registrado (o que pressupõe decisão judicial por sentença nesse sentido).

Estabelece a regra que o oficial responderá apenas por erros ou vícios havidos no *processo de registro* (o que aponta para a caracterização de conduta *culposa* na prática de seus misteres profissionais).

Entretanto, em matéria de responsabilidade civil, houve recente alteração introduzida no art. 22 da Lei n. 8.935/94, pela Lei n. 13.286/2016, nos termos seguintes:

"Art. 22. Os notários e oficiais de registro são civilmente responsáveis por todos os prejuízos que causarem a terceiros, por culpa ou dolo, pessoalmente, pelos substitutos que designarem ou escreventes que autorizarem, assegurado o direito de regresso.

Parágrafo único. Prescreve em três anos a pretensão de reparação civil, contado o prazo da data de lavratura do ato registral ou notarial."

Avaliando essa nova disposição legal, parece bastante evidente que o tema será passível de discussão pela jurisprudência, na apreciação de casos concretos, já que a responsabilidade civil dos registradores é afirmada, sem restrições, tanto em razão de atos dolosos como culposos, pelos prejuízos que, em decorrência, venham a ser causados.

Entretanto, não vai deixar de ser polêmica essa discussão, especialmente nos casos em que haja vício intrínseco (de conteúdo do documento) que redunde a falsidade do documento apresentado e seja impossível ao oficial registrador, na hipótese, constatar, por qualquer meio, tratar-se de falsidade que esteja sendo operada por terceiro apresentante do título ou interessado no registro. Aliás, é especialmente nesse sentido que a regra atual da Lei de Registros Públicos pretende resguardar o registrador, mitigando as consequências dessa situação.

A nova disposição legal, entretanto, traz inovação à matéria da responsabilidade civil dos registradores e notários no momento em que, nos termos do parágrafo único do novo art. 22 da Lei n. 8.935/94 (Lei dos Notários e Registradores) é fixado em três anos, contados da data da lavratura do ato notarial ou registral, o prazo prescricional da pretensão à reparação civil.

Reza o art. 296 da LRP que se aplicam ao Registro de Títulos e Documentos as disposições relativas ao processo de *dúvida* no Registro de Imóveis, o qual é disciplinado pelos arts. 198 a 207 da referida lei. Esse procedimento se instaura a partir do momento em que, indicando o oficial, por escrito (nota de impugnação), qual a exigência ou exigências a serem satisfeitas pelo apresentante, e este não se conformando com a(s) exigência(s), ou mediante a alegação de que não a(s) pode satisfazer, requer o oficial que o juiz competente (que será ou o juiz de direito Diretor do Foro nas comarcas menores, ou o juiz da Vara dos Registros Públicos nas comarcas das Capitais) venha a dirimir a dúvida suscitada, enviando-lhe o título e as razões da declaração de dúvida. Uma vez suscitada a dúvida, deverá providenciar o oficial:

a) a anotação, à margem da prenotação no protocolo, da ocorrência da dúvida;

b) em certificar, no título, a prenotação e a suscitação da dúvida, rubricando todas as folhas do título;

c) em dar ciência dos termos da dúvida ao apresentante, fornecendo-lhe cópia da suscitação e notificando-o para impugná-la, perante o juízo, no prazo de 15 dias;

d) em certificar de que foi dada ciência ao apresentante para a impugnação, remetendo, ao juízo, o título e as razões da dúvida.

Não impugnada a dúvida, ainda assim será ela julgada por sentença. Se impugnada, será ouvido o Ministério Público em 10 dias, proferindo, o juiz, decisão em 15 dias, se não requeridas diligências. Da sentença poderá ser interposta apelação. A decisão da dúvida tem natureza administrativa, não impedindo o ajuizamento de processo contencioso.

Transitada em julgado a decisão da dúvida, se for julgada *procedente*, o oficial cancelará a prenotação lançada no protocolo e restituirá os documentos ao interessado; se julgada *improcedente*, desde logo será procedido o registro, mediante mandado ou certidão da sentença, anotando o oficial o fato no protocolo.

Em razão da cognição sumária (não exauriente) que predomina no processo de qualificação registral praticado no RTD, são bem menos recorrentes as suscitações de dúvida no âmbito desse órgão registral.

Dispõe o art. 157 da LRP que o oficial, salvo quando agir de má-fé devidamente comprovada, não será responsável pelos danos decorrentes da *anulação do registro ou da averbação*, por vício intrínseco ou extrínseco do documento, título ou papel, mas, tão somente, pelos erros ou vícios no processo do registro.

6.3.1 Exemplo de notas devolutivas

REPÚBLICA FEDERATIVA DO BRASIL
ESTADO DO RIO GRANDE DO SUL
COMARCA DE CACIMBAS DO SUL
SERVIÇOS DE REGISTROS PÚBLICOS
REGISTRO DE TÍTULOS E DOCUMENTOS
Rua dos Andradas n. 145, Centro, CEP 93.320-360, Cacimbas do Sul – RS.

NOTA DEVOLUTIVA DE EXIGÊNCIAS

Apresentante: A & B ADVOGADOS, procuradora do GRUPO FINANÇA S.A.
Ato solicitado: notificação de Finança S.A. dirigida a Ademir Valentim.
Nota de entrega: documento recebido por via postal (SEDEX) para simples exame e cálculo de emolumentos com posterior pedido de realização.
Prezado Senhor:
O Oficial de Registros Públicos da Comarca de Cacimbas do Sul, abaixo assinado, tendo em conta o que dispõem os arts. 156, 198 e 296 da Lei dos Registros Públicos (Lei n. 6.015/73) comunica a Vossa Senhoria que o seu pedido acima referido está sendo devolvido levando em consideração as razões a seguir apresentadas.
1. Vem ao Registro de Títulos e Documentos desta Serventia Registral o documento em epígrafe para exame e cálculo de emolumentos.
2. Verificado o inusitado gesto gráfico do signatário da carta de solicitação do serviço, foi enviada correspondência, por *e-mail*, para que informasse o Ofício em que possuía firma reconhecida pelo respectivo Tabelião, não tendo sido recebida resposta nesse sentido.
3. O representante da apresentante, dada a condição de integrante do Departamento Jurídico daquela Sociedade de Advogados, autoriza a presumir-se estar ciente de que a notificação pressupõe a realização de prévio registro ou averbação do quanto se contenha na notificação a realizar, característica que confere a essa forma de cientificação extrajudicial a certeza acerca do conteúdo do documento a ser apresentado ao destinatário.
4. A qualificação do título, a cargo do Registrador, envolve a verificação de sua especialidade subjetiva, princípio registral que está a exigir a perfeita identificação e qualificação das pessoas nomeadas nos títulos e outros papéis levados a registro, daí por que a exigência de o interessado na realização da notificação ser identificado, pelo menos através de firma reconhecida por Tabelião no documento que contém o texto da notificação, esclarecendo quem é a pessoa por ela responsável, já que, para a realização do referido ato notarial, há sua prévia e necessária identificação perante o Notário.
5. Verifica-se que o apresentante, em vista, especialmente, da singeleza do gesto gráfico inserido no documento apresentado, o qual pode ser facilmente produzido por qualquer pessoa, não está suficientemente identificado de modo a autorizar a realização dos atos registrais demandados.
6. Além disso, A & B ADVOGADOS, pelo que se dessume do conteúdo da notificação pretendida, declara-se procuradora do GRUPO FINANÇA S.A., qualidade não demonstrada através do respectivo instrumento de mandato com firma devidamente reconhecida, nos termos do que exigem o art. 158 da LRP e o art. 293 da CNNR-CGJ-RS. Levando em conta as razões apontadas e para autorização dos atos registrais ora solicitados pelo apresentante faz-se necessário:
– Reconhecimento de firma do responsável pela notificação ou apresentação de elementos suficientes para sua perfeita identificação (cópia do documento de identidade, identidade profissional, cópia do instrumento societário se sócio da sociedade de advogados ou, ainda, cópia de procuração que lhe tenha sido outorgada pela sociedade);[1]
– Cópia da procuração que outorga à sociedade de advogados a representação do interessado na notificação.
Cacimbas do Sul, 26 de julho de 2011.

JOÃO PEDRO MISSIONEIRO
Oficial de Registros Públicos da Comarca de Cacimbas do Sul

---
[1] Sabe-se que, no RTD, de regra, não é exigível o reconhecimento de firma do apresentante; entretanto, pela especificidade do presente caso (ver especialmente o item n. 5 *supra*), há fundamento suficiente para a presente impugnação, já que a *notificação* há de estar adequadamente *assinada* por um signatário perfeitamente *identificável* para que seja admitido o registro e processamento.

> **REPÚBLICA FEDERATIVA DO BRASIL**
> **ESTADO DO RIO GRANDE DO SUL**
> **COMARCA DE CACIMBAS DO SUL**
> **REGISTRO DE TÍTULOS E DOCUMENTOS**
> Rua dos Andradas n. 145, Centro, CEP 93.320-360, Cacimbas do Sul – RS.
>
> **NOTA DEVOLUTIVA DE EXIGÊNCIAS**
>
> Referência: contrato BANKSUL X RECRUTASUL
> Apresentação para simples exame: 26.10.2011
>
> Trata-se de CONTRATO DE ABERTURA DE CRÉDITO, no qual a RECRUTASUL S.A. transfere, ao BANKSUL, em alienação fiduciária, os bens constantes da cláusula n. 5.
> Assim, há ONERAÇÃO dos referidos bens pertencentes ao patrimônio da empresa.
> Logo, há incidência do disposto no art. 47 da Lei n. 8.212/91, regulamentada pelo Decreto n. 3.048/99, art. 257, I, "c", §§ 7º e 15.
> A inobservância da previsão legal acarreta as sanções previstas no art. 48 da Lei n. 8.212/91, regulamentada pelo art. 263 e parágrafo único do Decreto n. 3.048/99.
> A empresa, portanto, deve apresentar CND, na forma do art. 254 da Consolidação Normativa Notarial e Registral da Corregedoria-Geral de Justiça – CNNR-CGJ-RS.
>
> Cacimbas do Sul, 26 de outubro de 2011.
>
> **JOÃO PEDRO MISSIONEIRO**
> Registrador

6.4 DAS NOTIFICAÇÕES

Por meio da notificação extrajudicial realizada pelo Registro de Títulos e Documentos, vai-se dar, oficialmente e de modo incontestável, conhecimento do conteúdo ou do teor de qualquer documento levado a registro.

O documento assim produzido é de alto valor probatório, já que o escrevente autorizado/notificador é dotado de fé pública e certifica o recebimento, pelo notificado, mesmo quando este se negue a fazê-lo. Nessa hipótese, o notificador irá ler o documento na presença do notificado e certificará que lhe foi dado conhecimento do conteúdo da notificação.

As notificações realizadas pelo Registro de Títulos e Documentos constituem meios de prova. Muitos são os casos em que a notificação dá início a um processo de promoção de responsabilidade, faz provar, vai provocar provas, desfaz enganos, previne responsabilidades, chama alguém à autoria, proporciona a alguém precaver-se contra danos, promove alegações para depois provar, constitui alguém em mora, solicita cumprimento de obrigações, dentre outros tantos efeitos que pode provocar.

Qualquer pessoa pode ser notificada em qualquer parte do país por meio do Ofício de Registro de Títulos e Documentos do Município de residência do interessado. O interessado na notificação entrega o documento a ser notificado, e o Ofício Registral fará o registro, solicitando o cumprimento da notificação a um dos inúmeros serviços de Registro de Títulos e Documentos que formam a grande rede de órgãos dessa especialidade no país. Depois de realizada, basta retirar a notificação cumprida, no serviço onde foi entregue, com toda a comodidade.

Nesse aspecto relativo ao respeito à observância da territorialidade para o exercício da delegação extrajudicial de Registro de Títulos e Documentos, especialmente quando se trate de realização de notificações, tem havido manifestações judiciais no sentido de declarar a ineficácia de notificações extrajudiciais que não tenham observado a territorialidade que confere legitimidade às atribuições do delegatário. Nesse sentido, na apreciação do Agravo de Instrumento n. 831608, em 11-4-2011, no STF, tendo como relatora a Ministra Cármen Lúcia, foi decidido que está adequado o posicionamento do CNJ no sentido de que "*a notificação extrajudicial deve ser realizada pelos Cartórios de Títulos e Documentos situados na comarca do domicílio/residência do inadimplente*", ficando sujeita à decretação de sua nulidade se esse princípio de territorialidade não for respeitado.

Quanto à territorialidade da delegação de Registro de Títulos e Documentos, em sede de Procedimento de Controle Administrativo n. 642 do Conselho Nacional de Justiça, há a seguinte manifestação:

"Na unidade de Registro de Títulos e Documentos da Comarca de ... se verificou que são registradas e enviadas notificações para qualquer município do país. Foi criado serviço de notificação via Correio que excede o território de competência do registrador. O serviço é oferecido com desconto aos grandes usuários que passam a notificar a partir da Comarca de ... quando nem o contrato, nem o notificado, nem o negócio jurídico está relacionado com aquela Comarca. Esse procedimento subtrai a competência dos demais registradores de títulos e documentos do país, implanta concorrência predatória que pode inviabilizar o serviço de títulos e documentos de outras comarcas que obedecem ao valor dos emolumentos na tabela, desequilibra a autonomia financeira que deve ser preservada para todas as unidades dos serviços e **ofende frontalmente o estabelecido na seara legal prescrita no art. 160 da Lei dos Registros Públicos**, no qual se estabelece que as notificações feitas em municípios diversos daquele em que se encontra a sede do titular, quando lhes for requerida, podem ser requisitados aos titulares que tenham competência no outro município onde o ato deva ser praticado. Nesse sentido está o precedente do Conselho Nacional de Justiça que afirmou o rigor do princípio da territorialidade para os atos de notificações praticados pelos registros de títulos e documentos, o que, à evidência, como decisão administrativa que interpretou a aplicação da Lei dos Registros Públicos nesse particular, deve refletir seus efeitos para todo o território nacional, **sendo ilegal notificação extrajudicial praticada pelo registrador quando o interessado reside fora do município de sua sede, salvo se utilizada a regra posta no mencionado art. 160,** *caput*, **da Lei Federal 6.015/73**" (*trechos omitidos e destaques nossos*).

Entretanto, esse conflito jurisprudencial parece estar longe de ser pacificado, tendo em vista que está ganhando força no STJ o acirramento entre as correntes que propugnam pela validade ou invalidade da notificação extrajudicial realizada por via postal, com aviso de recebimento, no endereço do devedor, ainda que o título tenha sido apresentado em Cartório de Títulos e Documentos situado em comarca diversa do domicílio daquele.

Nesse sentido, torna-se bastante interessante o exame do teor de julgado (9-5-2012) que faz uma avaliação em prol dos argumentos predominantes quanto à validade da notificação extrajudicial feita por Cartório de Títulos e Documentos situado em comarca diversa da do domicílio do devedor, revelando os aspectos contraditórios e conflitantes dessa discussão jurídica de relevante interesse para os registradores:

"**EMENTA:** RECURSO ESPECIAL. AÇÃO DE BUSCA E APREENSÃO. CONTRATO DE FINANCIAMENTO DE AUTOMÓVEL COM GARANTIA DE ALIENAÇÃO FIDUCIÁRIA. NOTIFICAÇÃO EXTRAJUDICIAL REALIZADA POR CARTÓRIO DE TÍTULOS E DOCUMENTOS SITUADO EM COMARCA DIVERSA DA DO DOMICÍLIO DO DEVEDOR. VALIDADE. 1. A notificação extrajudicial realizada e entregue no endereço do devedor, por via postal e com aviso de recebimento, é válida quando realizada por Cartório de Títulos e Documentos de outra Comarca, mesmo que não seja aquele do domicílio do devedor. Precedentes. 2. Julgamento afetado à Segunda Seção com base no procedimento estabelecido pela Lei n. 11.672/2008 (Lei dos Recursos Repetitivos) e pela Resolução STJ n. 8/2008. 3. Recurso especial conhecido e parcialmente provido. **ACÓRDÃO.** A Seção, por unanimidade, conheceu do recurso especial e deu-lhe parcial provimento, nos termos do voto da Sra. Ministra Relatora. Para os efeitos do artigo 543-C, do CPC, foi fixada a tese de que é válida a notificação extrajudicial realizada por via postal, com aviso de recebimento, no endereço do devedor, ainda que o título tenha sido apresentado em Cartório de Títulos e Documentos situado em comarca diversa do domicílio daquele. Os Srs. Ministros Antonio Carlos Ferreira, Ricardo Villas Bôas Cueva, Marco Buzzi, Nancy Andrighi, Massami Uyeda, Luis Felipe Salomão, Raul Araújo e Paulo de Tarso votaram com a Sra. Ministra Relatora. Brasília/DF, 09 de maio de 2012 (Data do Julgamento). MINISTRA MARIA ISABEL GALLOTTI, Relatora. **RELATÓRIO.** MINISTRA MARIA ISABEL GALLOTTI: Trata-se de recurso especial interposto por Aymoré Crédito, Financiamento e Investimento S/A, com fundamento nas alíneas 'a' e 'c' do art. 105, III, da Constituição Federal, contra acórdão que manteve sentença indeferitória da inicial de ação de busca e apreensão proferida pelo Juízo de Direito da 5ª Vara Cível de Belo Horizonte-MG. O acórdão recorrido recebeu a seguinte ementa (e-STJ fl. 69): AÇÃO DE BUSCA E APREENSÃO – ALIENAÇÃO FIDUCIÁRIA – NOTIFICAÇÃO – CARTÓRIO DE TÍTULOS E DOCUMENTOS – CIRCUNSCRIÇÃO DISTINTA DA DO ENDEREÇO DO DEVEDOR – MORA NÃO COMPROVADA. Em que pese seja a carta com 'AR' entregue no endereço do devedor suficiente para comprovar a notificação, presumindo-se que o recebimento naquele lugar, por outra pessoa, tenha sido autorizado pelo notificando, no caso dos autos, a notificação extrajudicial foi enviada por cartório de circunscrição diversa da do endereço do devedor, sendo, pois, imprestável para constituí-lo em mora, pois o ato do tabelião praticado fora do âmbito de sua delegação é inválido, segundo os artigos 8º e 9º da Lei n. 8.935/94. Sustenta a recorrente ofensa aos arts. 2º, § 2º e 3º do Decreto-Lei n. 911/69 e aos arts. 8º e 9º da Lei n. 8.935/94, ao argumento de que a referida legislação não exige que a notificação deva ser expedida pelo cartório do domicílio do devedor. Ressalta que a notificação atingiu sua finalidade, pois foi recebida no endereço fornecido pelo devedor no ato da celebração do contrato de alienação fiduciária. A recorrente assevera que a legislação que regula a matéria não faz alusão alguma a que o Cartório de Títulos e Documentos deva estar localizado no mesmo domicílio do devedor fiduciário para expedir as notificações extrajudiciais por carta registrada, a fim de constituir em mora o devedor. Aponta divergência jurisprudencial salientando que, enquanto o tribunal de origem entende que a mora não foi comprovada porque a notificação extrajudicial foi enviada por cartório de circunscrição diversa do endereço do devedor, o Tribunal de Justiça de São Paulo, diversamente, entende que o fato de a notificação extrajudicial ter sido enviada por meio de cartório de títulos e documentos de comarca diversa da do domicílio do devedor é irrelevante, principalmente porque atingiu sua finalidade. Requer o provimento do recurso para que seja reformado o acórdão de origem e deferida a liminar de busca e apreensão com o prosseguimento do feito nos termos do Decreto-Lei n. 911/69. Não foram apresentadas contrarrazões ao recurso especial (cf. e-STJ fl. 102). O recurso foi admitido na origem como representativo da controvérsia, nos moldes do art. 543-C, § 1º, do Código de Processo Civil (e-STJ fl. 103). No parecer de fls. 117/119, o Ministério Público Federal opina pelo provimento do recurso especial. É o relatório. **VOTO.** MINISTRA MARIA ISABEL GALLOTTI (Relatora): Como visto do relatório, a questão discutida nos presentes autos atém-se à validade, ou não, de notificação extrajudicial realizada por Cartório de comarca diversa do domicílio do devedor. Prequestionada a matéria e demonstrada a divergência jurisprudencial, conheço do recurso e passo ao seu exame. No que interessa, constou do voto condutor do acórdão recorrido (e-STJ fl.72): 'Como é curial em questões dessa natureza, nas dívidas garantidas por alienação fiduciária, reafirme-se, a mora constitui-se *ex re*, segundo o disposto no § 2º, do Decreto-Lei 911/69, com a notificação servindo apenas para sua comprovação, não sendo exigir-se, para esse efeito, mais do que a referência ao contrato inadimplido e que seja entregue no endereço do devedor. Lado outro, observo que a hipótese em julgamento guarda uma particularidade eis que, conforme análise dos documentos encartados aos autos, o réu/apelado reside numa casa situada na R. Gomes Ferraz, n. 125, bairro Santa Lúcia, nesta Capital – fl. 05 – e a notificação extrajudicial foi enviada por intermédio do Cartório de Títulos e Documentos de Raul Soares/MG, fls. 06/08. Ora, a notificação extrajudicial enviada por cartório distinto da comarca do devedor é imprestável para constituí-lo em mora, pois o ato do tabelião praticado fora do âmbito de sua circunscrição é inválido, segundo os artigos 8º e 9º da Lei n. 8.935/94 ...'. A jurisprudência desta Corte, quanto à questão da mora, pacificou-se no sentido de que, na ação de busca e apreensão, cujo objeto é contrato de financiamento com garantia fiduciária, a mora constitui-se *ex re* nas hipóteses do art. 2º, § 2º, do Decreto-Lei n. 911/69, ou seja, uma vez não paga a prestação no vencimento, já se configura a mora do devedor que deverá ser comprovada por carta registrada expedida por intermédio de Cartório de Títulos e Documentos ou pelo protesto do título, a critério do credor (art. 2º, § 2º, do Decreto-Lei n. 911/69). Ainda no que diz respeito à constituição em mora por meio de notificação extrajudicial, foi consolidado o entendimento de que para a sua caracterização é suficiente a entrega da correspondência no endereço do devedor, ainda que não pessoalmente. A propósito: 'PROCESSUAL CIVIL. ALIENAÇÃO FIDUCIÁRIA. AÇÃO DE BUSCA E APREENSÃO. CONVERSÃO EM DEPÓSITO. CONSTITUIÇÃO EM MORA. NOTIFICAÇÃO ENTREGUE NO ENDEREÇO DO DEVEDOR. VALIDADE. DECRETO-LEI N. 911, ART. 2º, § 2º. EXEGESE. I. Válida a notificação para constituição em mora do devedor efetuada em seu domicílio, ainda que não lhe entregue pessoalmente. Precedentes do STJ. II. Recurso especial conhecido e provido, para afastar a extinção do processo, determinando ao Tribunal de Alçada a apreciação das demais questões postas no agravo de instrumento' (REsp 692.237/MG, Rel. Ministro Aldir Passarinho Junior, *DJ* de 11/4/2005). 'DIREITO CIVIL E PROCESSUAL CIVIL. RECURSO ESPECIAL. BUSCA E APREENSÃO. ALIENAÇÃO FIDUCIÁRIA. CARACTERIZAÇÃO DA MORA. PRECEDENTES. COMPROVAÇÃO DA MORA. VALIDADE DA NOTIFICAÇÃO. REQUISITO PARA CONCESSÃO DE LIMINAR. – Ainda que haja possibilidade de o réu alegar, na ação de busca e apreensão, a nulidade das cláusulas do contrato garantido com a alienação fiduciária, ou mesmo seja possível rever, de ofício, cláusulas contratuais consideradas abusivas, para anulá-las, com base no art. 51, IV, do CDC, a jurisprudência da 2ª Seção do STJ é pacífica no sentido de que na alienação fiduciária a mora constitui-se *ex re*, isto é, decorre automaticamente do vencimento do prazo para pagamento, por isso não cabe qualquer inquirição a respeito do montante ou origem da dívida para a aferição da configuração da mora. – Na alienação fiduciária, comprova-se a mora do devedor pelo protesto do título, se houver, ou pela notificação extrajudicial feita por intermédio do Cartório de Títulos e Documentos, que é considerada válida se entregue no endereço do domicílio do devedor, ainda que não seja entregue pessoalmente a ele. – A busca e apreensão deve ser concedida liminarmente se comprovada a mora do devedor fiduciante. Recurso especial provido' (REsp 810.717/RS, Terceira Turma, Rel. Min. Nancy Andrighi, *DJ* de 4.9.2006). Nestes pontos o acórdão recorrido não destoa da jurisprudência desta Corte. A divergência, entretanto, se faz presente no tocante à possibilidade de a notificação extrajudicial, exigida para a comprovação da mora do devedor nos contratos de financiamento com garantia de alienação fiduciária, ser realizada por Cartório de Títulos e Documentos de Comarca diversa do domicílio do devedor. A Quarta Turma desta Corte, quando do julgamento do Recurso Especial n. 1.237.699-SC, de relatoria do Min. Luis Felipe Salomão, *DJe* de 18.5.2011, decidiu que a notificação extrajudicial pode ser realizada por Cartório de Títulos e Documentos de Comarca diversa do domicílio do devedor. Confira-se a ementa: 'RECURSO ESPECIAL. AÇÃO DE BUSCA E APREENSÃO.

CONTRATO DE FINANCIAMENTO DE AUTOMÓVEL COM GARANTIA DE ALIENAÇÃO FIDUCIÁRIA. NOTIFICAÇÃO EXTRAJUDICIAL REALIZADA POR CARTÓRIO DE TÍTULOS E DOCUMENTOS LOCALIZADO EM COMARCA DIVERSA DA DO DOMICÍLIO DO DEVEDOR. 1. *A notificação extrajudicial realizada e entregue no endereço do devedor, por via postal e com aviso de recebimento, é válida quando realizada por Cartório de Títulos e Documentos de outra Comarca, mesmo que não seja aquele do domicílio do devedor.* 2. De fato, inexiste norma no âmbito federal relativa ao limite territorial para a prática de atos registrais, especialmente no tocante aos Ofícios de Títulos e Documentos, razão pela qual é possível a realização de notificações, como a efetivada no caso em apreço, mediante o requerimento do apresentante do título, a quem é dada liberdade de escolha nesses casos. 3. A notificação extrajudicial, seja porque não está incluída nos atos enumerados no art. 129, seja porque não se trata de ato tendente a dar conhecimento a terceiros acerca de sua existência, não está submetida ao disposto no art. 130 da Lei 6.015/73. 4. Recurso especial conhecido em parte e, nesta parte, provido' (REsp 1.237.699/SC, Rel. Min. Luis Felipe Salomão, Quarta Turma, julgado em 22/03/2011, *DJe* 18/05/2011, sublinhei). Por ocasião do referido julgamento foi ressaltado que não existe norma no âmbito federal relativa ao limite territorial para a prática de atos registrais, especialmente no tocante aos Ofícios de Títulos e Documentos, razão pela qual é possível a realização de notificações mediante o requerimento do apresentante do título, a quem é dada liberdade de escolha nesses casos. Constou do voto condutor do acórdão citado: 'É bem verdade que a E. Terceira Turma desta Corte, em precedente de 2007, entendeu que, em virtude do disposto nos arts. 8º e 9º da Lei n. 8.935/94, o tabelião não pode praticar atos fora do município para o qual recebeu delegação, conforme a seguinte ementa: 'Notificação extrajudicial. Artigos 8º e 9º da Lei n. 8.935/94. 1. O ato do tabelião praticado fora do âmbito de sua delegação não tem validade, inoperante, assim, a constituição em mora. 2. Recurso especial conhecido e provido' (REsp 682.399/CE, Rel. Ministro CARLOS ALBERTO MENEZES DIREITO, TERCEIRA TURMA, julgado em 07/05/2007, *DJ* 24/09/2007, p. 287). Contudo, penso que não se deve aplicar o mesmo entendimento para a hipótese ora em julgamento. 3. Com efeito, os arts. 8º, 9º e 12 da Lei 8.935/94 dispõem que: 'Art. 8º É livre a escolha do tabelião de notas, qualquer que seja o domicílio das partes ou o lugar de situação dos bens objeto do ato ou negócio. Art. 9º O tabelião de notas não poderá praticar atos de seu ofício fora do Município para o qual recebeu delegação. Art. 12. Aos oficiais de registro de imóveis, de títulos e documentos e civis das pessoas jurídicas, civis das pessoas naturais e de interdições e tutelas compete a prática dos atos relacionados na legislação pertinente aos registros públicos, de que são incumbidos, independentemente de prévia distribuição, mas sujeitos os oficiais de registro de imóveis e civis das pessoas naturais às normas que definirem as circunscrições geográficas'. Verifica-se que os dispositivos referem-se, especificamente, aos *tabelionatos de notas e aos registros de imóveis e civis das pessoas naturais,* limitando a prática dos atos notariais realizados por estes oficiais de registro às circunscrições geográficas para as quais receberam delegação. Nesse passo, *a contrario sensu,* se a norma não restringiu a atuação dos Cartórios de Títulos e Documentos ao município para o qual recebeu delegação, não cabe a esta Corte interpretar a norma de forma mais ampla, limitando a atuação destes cartórios. Máxime porque, no tocante às notificações extrajudiciais realizadas por via postal, não há qualquer deslocamento do oficial do cartório a outra comarca. De fato, inexiste norma no âmbito federal relativa ao limite territorial para a prática de atos registrais, especialmente no tocante aos Ofícios de Títulos e Documentos, razão pela qual é possível a realização de notificações, como a efetivada no caso em apreço, mediante o requerimento do apresentante do título, a quem é dada liberdade de escolha nesses casos. 4. Por outro lado, cumpre destacar, ainda, que o art. 130 da Lei 6.015/73, quando prevê o princípio da territorialidade, a ser observado pelas serventias de registro de títulos e documentos, não alcançou os atos de notificação extrajudicial, *verbis*: 'Art. 130. Dentro do prazo de vinte dias da data da sua assinatura pelas partes, todos os atos enumerados nos arts. 128 e 129 serão registrados no domicílio das partes contratantes e, quando residam estas em circunscrições territoriais diversas, far-se-á o registro em todas elas. (Renumerado do art. 131 pela Lei n. 6.216, de 1975.) Parágrafo único. Os registros de documentos apresentados, depois de findo o prazo, produzirão efeitos a partir da data da apresentação'. O art. 129, por sua vez, enumera os atos que deverão ser registrados no domicílio das partes contratantes: 'Art. 129. Estão sujeitos a registro, no Registro de Títulos e Documentos, para surtir efeitos em relação a terceiros: (Renumerado do art. 130 pela Lei n. 6.216, de 1975.) 1º) os contratos de locação de prédios, sem prejuízo do disposto no art. 167, I, n. 3; 2º) os documentos decorrentes de depósitos, ou de cauções feitos em garantia de cumprimento de obrigações contratuais, ainda que em separado dos respectivos instrumentos; 3º) as cartas de fiança, em geral, feitas por instrumento particular, seja qual for a natureza do compromisso por elas abonado; 4º) os contratos de locação de serviços não atribuídos a outras repartições; 5º) os contratos de compra e venda em prestações, com reserva de domínio ou não, qualquer que seja a forma de que se revistam, os de alienação ou de promessas de venda referentes a bens móveis e os de alienação fiduciária; 6º) todos os documentos de procedência estrangeira, acompanhados das respectivas traduções, para produzirem efeitos em repartições da União, dos Estados, do Distrito Federal, dos Territórios e dos Municípios ou em qualquer instância, juízo ou tribunal; 7º) as quitações, recibos e contratos de compra e venda de automóveis, bem como o penhor destes, qualquer que seja a forma que revistam; 8º) os atos administrativos expedidos para cumprimento de decisões judiciais, sem trânsito em julgado, pelas quais for determinada a entrega, pelas alfândegas e mesas de renda, de bens e mercadorias procedentes do exterior; 9º) os instrumentos de cessão de direitos e de créditos, de sub-rogação e de dação em pagamento'. Walter Ceneviva, ao tratar do art. 130 da Lei 6.015/73, afirma: 'O domicílio determina a atribuição ao serviço de certa comarca, para que se assegure a cognoscibilidade por todos os terceiros. O assentamento fora do domicílio das partes, dos apresentados e interessados, dificultaria o conhecimento do ato por terceiros. Havendo mais de um registro na comarca, a transcrição poderá ser feita em qualquer deles, vedada que é a distribuição (art. 131)'. 5. Assim, a notificação extrajudicial, seja porque não está incluída nos atos enumerados no art. 129, seja porque não se trata de ato tendente a dar conhecimento a terceiros acerca de sua existência, não está submetida ao disposto no art. 130 da Lei 6.015/73. Observe-se que a limitação descrita no art. 9º da Lei n. 8.935/94 é dirigida ao **tabelião** na prática de serviços notariais e de registro, dentro das atribuições do cartório de notas. Já a realização de notificação extrajudicial está a cargo do cartório de títulos e documentos, cujo titular denomina-se **oficial de registro**, para o qual não vinga a específica restrição. Em resumo, o art. 9º da Lei n. 8.935/94, inserido na Seção II 'Das Atribuições e Competências dos Notários', traz restrição à prática de atos fora do Município para o qual recebeu delegação, mas diz respeito expressamente ao tabelião de notas, não se aplicando ao cartório de títulos e documentos. Observe-se que, para este último, há seção específica na referida lei: 'Atribuições e Competências dos Oficiais de Registros'. Assim, por ausência de norma dispondo em contrário e tendo em vista o pleno alcance de sua finalidade (dar conhecimento da mora ao próprio devedor a quem é endereçada a notificação), tenho como válida a notificação extrajudicial realizada por via postal, no endereço do devedor, ainda que o título tenha sido apresentado em Cartório de Títulos e Documentos situado em comarca diversa do domicílio daquele. Recentemente, a 2ª Seção, no julgamento do REsp 1.283.834-BA, de minha relatoria, colocou uma pá de cal sobre a questão quando acordou, à unanimidade, ter como válida a notificação extrajudicial realizada por via postal, no endereço do devedor, ainda que o título tenha sido apresentado em Cartório de Títulos e Documentos situado em comarca diversa do domicílio daquele. O citado acórdão recebeu a seguinte ementa: 'RECURSO ESPECIAL. AÇÃO DE BUSCA E APREENSÃO. CONTRATO DE FINANCIAMENTO DE AUTOMÓVEL COM GARANTIA DE ALIENAÇÃO FIDUCIÁRIA. NOTIFICAÇÃO EXTRAJUDICIAL REALIZADA POR CARTÓRIO DE TÍTULOS E DOCUMENTOS SITUADO EM COMARCA DIVERSA DA DO DOMICÍLIO DO DEVEDOR. VALIDADE. 1. 'A notificação extrajudicial realizada e entregue no endereço do devedor, por via postal e com aviso de recebimento, é válida quando realizada por Cartório de Títulos e Documentos de outra Comarca, mesmo que não seja aquele do domicílio do devedor' (REsp 1.237.699/SC, Rel. Ministro Luiz Felipe Salomão, Quarta Turma, julgado em 22/03/2011, DJe 18/05/2011). 2. Recurso especial conhecido em parte e, nesta parte, provido' (REsp 1.283.834/BA, Rel. Ministra MARIA ISABEL GALLOTTI, SEGUNDA SEÇÃO, julgado em 29/02/2012, DJe 09/03/2012). No caso ora em exame, o devedor reside na Comarca de Belo Horizonte/MG e a recorrente, Aymoré Crédito Financiamento e Investimento S/A, com o objetivo de constituí-lo em mora, realizou a notificação extrajudicial por intermédio do Cartório de Títulos e Documentos da Comarca de Raul Soares/MG. A tese assentada para os efeitos previstos no art. 543-C do CPC é, pois, a de que é válida a notificação extrajudicial realizada por via postal, com aviso de recebimento, no endereço do devedor, ainda que o título tenha sido apresentado em Cartório de Títulos e Documentos situado em comarca diversa do domicílio daquele. Em face do exposto, conheço e dou parcial provimento ao recurso especial para cassar o acórdão e a sentença, determinando o retorno dos autos à primeira instância para prosseguimento da demanda, analisando-se os demais aspectos da lide. Após a publicação do acórdão, comunique-se ao Presidente e aos Ministros integrantes das Turmas da 2ª Seção desta Corte, bem como aos Presidentes dos Tribunais de Justiça dos Estados e dos Tribunais Regionais Federais, para os procedimentos previstos no art. 543-C, § 7º, incisos I e II, do Código de Processo Civil, na redação dada pela Lei n. 11.672/2008, e no art. 5º, incisos I, II, e III da Resolução/STJ n. 8/2008. É como voto. **CERTIDÃO.** Certifico que a egrégia SEGUNDA SEÇÃO, ao apreciar o processo em epígrafe na sessão realizada nesta data, proferiu a seguinte decisão: a Seção, por unanimidade, conheceu do recurso especial e deu-lhe parcial provimento, nos termos do voto da Sra. Ministra Relatora. Para os efeitos do art. 543-C do CPC, foi fixada a tese de que é válida a notificação extrajudicial realizada por via postal, com aviso de recebimento, no endereço do devedor, ainda que o título tenha sido apresentado em Cartório de Títulos e Documentos situado em comarca diversa do domicílio daquele. Os Srs. Ministros Antonio Carlos Ferreira, Ricardo Villas Bôas Cueva, Marco Buzzi, Nancy Andrighi, Massami Uyeda, Luis Felipe Salomão, Raul Araújo e Paulo de Tarso Sanseverino votaram com a Sra. Ministra Relatora" (REsp 1.184.570-MG – 2010/0040271-5).

Mais recentemente, por ocasião da regulamentação da Central de Serviços Eletrônicos Compartilhados de Títulos e Documentos e Civil das Pessoas Jurídicas do Estado de São Paulo por meio do Provimento n. 16/2019, editado pela Corregedoria-Geral de Justiça e publicado no DJe de 22.4.2019, voltou-se ao tema da *territorialidade* na realização das notificações extrajudiciais e, tomando por base estes e outros precedentes jurisprudenciais do STJ e STF, foi assentado, pelo referido provimento, a seguinte norma, em alteração às disposições do Tomo II das Normas de Serviço da CGJ-SP, Seção I do Capítulo XIX, item 1.2:

> "O princípio da territorialidade não se aplica às notificações e ao registro facultativo de quaisquer documentos, para sua exclusiva guarda e conservação."

Assim, para a Corregedoria de Justiça paulista, ficou assente que somente os registros de títulos e documentos que tenham por finalidade surtir efeitos em relação a terceiros estão sujeitos ao princípio da territorialidade, hipótese em que o ato deverá ser praticado pelos registradores localizados no domicílio das partes, conforme estabeleceu o item 7 da Seção II do Capítulo XIX do Tomo II das Normas de Serviço.

Relativamente a essa questão jurisprudencialmente conflituosa em âmbito nacional e que não tem evoluído nos tribunais parece não estar sendo levado em conta o aspecto *sistêmico* da organização dos serviços dos ofícios de Registro de Títulos e Documentos, referido pelo art. 160 da LRP, o qual é voltado a dar *segurança jurídica* à realização das notificações extrajudiciais e que, com a integração das Centrais Eletrônicas, ficaria amplamente dinamizada em sua cobertura do território nacional. Assim, está-se privilegiando, hoje, a forma mais duvidosa quanto à plena eficácia da notificação (por via postal), em detrimento daquela que oferece maior segurança (pela via eletrônica).

6.4.1 Vantagens da notificação extrajudicial

A notificação extrajudicial apresenta como principais vantagens:

a) Leva ao conhecimento de determinada pessoa a integralidade do texto de um documento integralmente registrado. Ela é a prova incontestável de se ter dado conhecimento do conteúdo ou teor de qualquer documento registrado;

b) O notificado não pode alegar desconhecimento do documento ou de seu conteúdo, nem se furtar ao cumprimento de obrigações sob alegação de ignorância;

c) A entrega da notificação extrajudicial é pessoal. Isso significa que ela dá a certeza de que foi entregue ao destinatário ou às pessoas requeridas pelo notificante. Na eventualidade de o notificado recusar-se a assinar, prevalece a fé pública do oficial ou seu preposto, ao declarar que houve efetivamente a entrega;

d) As notificações realizadas por meio do Registro de Títulos e Documentos dispensam a complexidade dos procedimentos judiciais, bem como a sobrecarga desses serviços, ajudando a desjudicializar conflitos e evitando os elevados gastos com custas e outras despesas processuais.

6.4.2 Do procedimento da notificação

Quando o apresentante requerer, o oficial será obrigado a notificar do registro ou da averbação os demais interessados que figurarem no título, documento, ou papel apresentado, e a quaisquer terceiros que lhe sejam indicados, podendo requisitar dos oficiais de registro, em outros Municípios, as notificações necessárias. Por esse processo, também, poderão ser feitos avisos, denúncias e notificações, quando não for exigida a intervenção judicial (art. 160 da LRP).

Dessa forma, três são os requisitos básicos para a realização da notificação:

1º) que o conteúdo a notificar conste de registro ou averbação realizados;

2º) que o notificante, perfeitamente identificado, requeira sua realização;

3º) que os notificados figurem no título registrado ou na averbação, ou, ainda, que sejam indicados pelo notificante em seu requerimento.

Os certificados de notificação ou da entrega de registros serão lavrados nas colunas das anotações, no livro competente, à margem dos respectivos registros (§ 1º do art. 160 da LRP).

O serviço das notificações e das diligências necessárias poderá ser realizado por escreventes designados pelo oficial e autorizados pelo juiz competente (§ 2º do art. 160 da LRP).

6.4.3 Exemplos de notificações

6.4.3.1 *Constituição do devedor em mora na alienação fiduciária*

A *constituição do devedor em mora*, como decorrência do descumprimento de contrato de financiamento garantido por alienação fiduciária, é uma formalidade importantíssima, dadas as sérias consequências, autorizadas por lei contra o *devedor em mora*, especialmente a imediata *busca e apreensão* do bem que se encontra na sua posse direta (art. 3º do Decreto-Lei n. 911/69) e demais cominações legais.

Autorizam, a Lei n. 4.728/65 e o Decreto-Lei n. 911/69, que, no caso de inadimplemento ou mora da obrigação garantida, o credor poderá vender a terceiros o bem objeto da propriedade fiduciária, independentemente de leilão, hasta pública ou qualquer outra medida judicial ou extrajudicial, devendo aplicar o preço da venda no pagamento do seu crédito e das despesas decorrentes da realização da garantia, entregando ao devedor o saldo, se houver, acompanhado do demonstrativo da operação realizada (§ 3º do art. 66-B da Lei n. 4.728/65, com a redação dada pela Lei n. 10.931/2004, e *caput* do art. 2º do Decreto-Lei n. 911/69).

Dessa forma, para que o credor obtenha liminarmente a *busca e apreensão* do bem, visando à aplicação de seus consectários legais, é-lhe exigida a plena comprovação da *mora* do devedor, nos exatos termos da **Súmula 72 do STJ**: "A comprovação da mora é imprescindível à busca e apreensão do bem alienado fiduciariamente".

Essa comprovação, nos termos do § 2º do art. 2º do Decreto-Lei n. 911/69, decorre do simples *vencimento do prazo* para pagamento, sendo *feita por carta registrada expedida por intermédio de Cartório de Títulos e Documentos* ou pelo protesto do título, a critério do credor.

Assim, a jurisprudência dos Tribunais do país tem consagrado, como prova da constituição do devedor em mora, a sua notificação pelo Registro de Títulos e Documentos da comarca onde aquele resida, o que passou a constituir *pressuposto processual* a ser efetivamente demonstrado quando do exercício do direito de ação, sob pena de extinção do processo sem resolução de mérito. Vejamos alguns arestos:

> "AGRAVO REGIMENTAL – PROCESSUAL CIVIL E CIVIL – RECURSO ESPECIAL – ALIENAÇÃO FIDUCIÁRIA – BUSCA E APREENSÃO – CONSTITUIÇÃO EM MORA DO DEVEDOR – NOTIFICAÇÃO ENTREGUE NO ENDEREÇO DO DEVEDOR – VALIDADE – REVISÃO DE OFÍCIO DE CLÁUSULAS CONTRATUAIS – IMPOSSIBILIDADE – 1 – Conforme jurisprudência assente desta Corte, não é possível a revisão, de ofício, de cláusulas contratuais consideradas abusivas (Súmula 381 do Superior Tribunal de Justiça). 2 – Nos termos do art. 2º, § 2º, do Decreto-Lei 911/69, a comprovação da mora, na alienação fiduciária, pode ser efetivada mediante notificação extrajudicial promovida por meio de Cartório de Títulos e Documentos e entregue no domicílio do devedor, não se exigindo o recebimento pessoal pelo devedor. Precedentes. 3 – A confirmação da validade das cláusulas contratuais e a caracterização da mora do devedor leva à procedência da ação de busca e apreensão. 4 – AGRAVO REGIMENTAL PROVIDO" (STJ – AgRg 842.130 – (2006/0105817-5) – 3ª T. – Rel. Min. Paulo de Tarso Sanseverino – *DJe* 22-11-2010 – p. 249).

> "APELAÇÃO CÍVEL – BUSCA E APREENSÃO – MORA – CONSTITUIÇÃO – NOTIFICAÇÃO EXTRAJUDICIAL – CARTÓRIO DE TÍTULOS E DOCUMENTOS – DEVEDOR – DOMICÍLIO – CIRCUNSCRIÇÃO DISTINTA – PRESSUPOSTO PROCESSUAL – DIREITO DE AÇÃO – EXERCÍCIO – PROCESSO – EXTINÇÃO – PETIÇÃO INICIAL – EMENDA – 1 – Conquanto concebida pelo ordenamento jurídico como uma das espécies para a constituição do devedor em mora, deve a notificação extrajudicial ser realizada via Cartório de Títulos e Documentos localizado no mesmo domicílio no qual aquele reside. Leitura do art. 2º, § 2º, do Dec.-lei n. 911/69, c/c art. 9º, *caput*, da Lei n. 8.935/94 e Súmula 72 do STJ. 2 – Porquanto levada adiante por delegatário de circunscrição distinta da região na qual o devedor tem domicílio, deve a notificação ser assimilada como inválida para os fins de busca e apreensão, muito embora

tenha aquela sido enviada e recebida em seu endereço. Precedentes desta Corte. 3 – Porque admitida como pressuposto processual, a constituição do devedor em mora, concluída em estrita observância a legislação e jurisprudência pátrias, há de ser efetivamente demonstrada quando do exercício do direito de ação, pena de extinção do processo sem resolução do mérito. Interpretação do art. 267, inciso IV, e art. 283, *caput*, do CPC c/c Súmula 72 do STJ. Precedentes deste Tribunal de Justiça. (...)" (TJGO – AC 201190349434 – 5ª C.Cív. – Rel. Des. Alan S. de Sena Conceição – *DJe* 21-9-2011 – p. 259).

"DIREITO COMERCIAL E PROCESSUAL CIVIL – ALIENAÇÃO FIDUCIÁRIA EM GARANTIA – VEÍCULO AUTOMOTOR – MORA DO FIDUCIANTE – PROVA – IMPRESCINDIBILIDADE À PROPOSITURA DA AÇÃO DE BUSCA E APREENSÃO – Notificação feita por cartório de comarca diversa daquela do domicílio do devedor. Invalidade. Inteligência do artigo 9º da Lei n. 8.935/1994 (LEI DOS CARTÓRIOS). Matéria não alegada no recurso. Aplicação do efeito translativo. Processo extinto sem resolução do mérito. I – Nos termos da Súmula 72 do Superior Tribunal de Justiça, 'a comprovação da mora é imprescindível à busca e apreensão do bem alienado fiduciariamente'. II – A mora do fiduciante, nos contratos gravados com alienação fiduciária, na forma do artigo 2º, § 2º, do Decreto-Lei n. 911/69, pode ser provada por meio de carta registrada, expedida pelo cartório de registro de títulos e documentos, ou por meio do protesto do título que consubstancia a obrigação, sendo inválida, por contrariar o artigo 9º da Lei n. 8.935/1994, a notificação feita por cartório de comarca diversa daquela do domicílio do devedor. III – As questões de ordem pública, ainda que não levantadas pelas partes, devem ser conhecidas de ofício pelo tribunal, por conta do efeito translativo dos recursos, não se operando, a respeito delas, a preclusão, pressupondo, apenas, que o recurso vença o exame de sua admissibilidade. IV – Apelação conhecida para, de ofício, ser extinto o processo, por falta de pressuposto de constituição e desenvolvimento válido e regular, nos termos do art. 267, IV, do Código de Processo Civil" (TJMA – Proc. 0021467-38.2007.8.10.0001 – (108438/2011) – Rel. Des. Marcelo Carvalho Silva – *DJe* 28-11-2011 – p. 108).

"AGRAVO DE INSTRUMENTO – AÇÃO DE BUSCA E APREENSÃO – CONSTITUIÇÃO IRREGULAR EM MORA – ART. 2º, § 2º, DEC.-LEI 911/69 – NOTIFICAÇÃO VIA CARTÓRIO DE TÍTULOS E DOCUMENTOS, AINDA QUE NÃO PESSOAL, MAS ENTREGUE NO ENDEREÇO DO DEVEDOR, OU, PROTESTO DO TÍTULO – NOTIFICAÇÃO PARTICULAR VIA CORREIO INADMISSÍVEL – DECISÃO CONFIRMADA – RECURSO IMPROVIDO – A constituição em mora do devedor, como requisito para a propositura da ação de busca e apreensão, deve ser comprovada por carta registrada expedida por intermédio do Cartório de Títulos e Documentos ou pelo protesto do título, a qual é considerada válida desde que entregue no endereço do domicílio do devedor, sendo inadmissível a notificação encaminhada diretamente pelo credor via correio" (TJMS – AG 2011.011547-7/0000-00 – 1ª T. Cível – Rel. Des. Joenildo de Sousa Chaves – *DJe* 6-9-2011 – p. 12).

"ALIENAÇÃO FIDUCIÁRIA – BUSCA E APREENSÃO – Notificação extrajudicial enviada pelo Cartório de Títulos e Documentos ou protesto de título, a critério do credor fiduciário. Inexistência. Correspondência enviada ao devedor fiduciante pelo próprio credor fiduciário. Inadmissibilidade. Exegese do artigo 2º, § 2º, do Decreto-Lei n. 911/69. Constituição em mora. Inocorrência. Ausência de requisito de procedibilidade da ação. Extinção sem resolução do mérito mantida. Recurso improvido" (TJSP – Ap. 992.08.012728-1 – São José dos Campos – 32ª CDPriv. – Rel. Rocha de Souza – *DJe* 27-10-2011 – p. 1221).

Assim, mais uma vez, temos o reconhecimento da importância do RTD para a realização da justiça e do direito, já que assegura que o **conteúdo da notificação** apresentada é realmente aquele que será exibido em juízo e que houve a efetiva **entrega do documento** na residência do devedor, valendo-se de uma rede de Ofícios Registrais presente em todos os recantos do país, oferecendo comodidade e rapidez aos usuários.

Além disso, alguns autores sustentam a existência de indiscutíveis vantagens apresentadas pelo sistema de notificações, se comparado com o sistema de protesto, enquanto métodos destinados à constituição de mora, como é o caso de José Maria Siviero,[6] que traça o seguinte quadro comparativo:

Protesto	Notificação
É mais conhecido e intimida o devedor pela consequência.	Mencionando no texto da carta a ameaça de busca e apreensão imediata, independentemente de quaisquer outros procedimentos, tem a mesma força intimidativa.
É mais demorado, pois exige distribuição prévia, remessa de aviso, decorrência de 72 horas de prazo, além do dia da distribuição, num total de 96 horas, no mínimo, dependendo da Comarca.	É efetuada por AR, em 48 horas, estando disponível para execução em 72 horas.
O pagamento, quando realizado, o é pelo líquido devido, perdendo-se juros, multa e correção. O pagamento é feito no Cartório.	Cobram-se por meio da carta as despesas de Cartório, juros, multas, correções e honorários. O pagamento é efetuado diretamente ao credor, no seu escritório.
A taxa do Cartório é proporcional ao valor cobrado.	A taxa do RTD é fixa, reajustável somente uma vez ao ano, o que facilita os cálculos de despesas e diminui sensivelmente o custo.
Local da cobrança – Exige que o protesto seja feito na praça do devedor, obrigando a remessa do título para o local e pessoa credenciada para protestar e receber.	Local de cobrança – A carta é enviada pelo Cartório do domicílio do credor para qualquer localidade do Brasil, pelo mesmo preço e no mesmo espaço de tempo.

---

6. SIVIERO, José Maria. *Títulos e documentos e pessoa jurídica:* seus registros na prática, p. 89.

Texto sugerido para a notificação:

Localidade e data

Ao Ilmo. Sr.
FULANO DE TAL
Rua .... n. ....
CEP............ CIDADE ....

Prezado Senhor:

Estando Vossa Senhoria em atraso com as obrigações contraídas através de contrato de financiamento entre nós celebrado em .../.../....... e registrado no Cartório de Registro de Títulos e Documentos da comarca de .... sob n. ...., vimos NOTIFICÁ-LO de que, na forma do § 2º do art. 2º do Decreto-Lei n. 911/1969 e da Lei n. 4.728/1965, o simples vencimento do prazo já o constitui em mora e que, dessa forma, o registro e entrega desta notificação são suficientes para que seja procedida a imediata busca e apreensão do ....(descrever o objeto) que se encontra sob sua posse, sem a necessidade de qualquer outra formalidade. Entretanto, por uma liberalidade de nossa parte, estamos concedendo um prazo de 72 horas para que seja pago por inteiro o débito em atraso, que totaliza R$ ...., o qual, no ato da liquidação, será acrescido dos juros de mora, multa contratual e despesas de cobrança, inclusive serviços extrajudiciais.
O pagamento deve ser feito em nosso escritório na Rua .... n. ..... na cidade de ...., no horário das .... às ...h.
Findo o prazo, que se inicia (com a data da entrega pelo notificador do Cartório, ou pela data marcada no cartão de AR dos Correios), ingressaremos, de imediato, com a ação judicial de busca e apreensão do bem já descrito, respondendo, Vossa Senhoria, além da dívida principal, por juros, multa, atualização, honorários advocatícios e despesas processuais.

Atenciosamente,

FINANSUL Crédito e Financiamento S.A.

A data e o lugar expressos na notificação indicam estar o credor atento à satisfação de seu crédito, independentemente de onde esteja o devedor, sendo, a notificação, tanto mais imediata ao descumprimento da obrigação quanto possível.

A perfeita identificação do notificado é importante, porque a notificação é antes de tudo meio de prova que deve evitar contestação em juízo. A exata grafia do nome do devedor e seu endereço correto, como dados essenciais de identidade de acordo com o contrato celebrado, são indispensáveis.

O tom da comunicação deve ser sóbrio e educado, sem utilização de ofensas e ironias. Os dados informados devem ser objetivos acerca da caracterização do contrato e da mora do devedor. A linguagem predominante deve ser técnico-jurídica, mas acessível à compreensão de qualquer pessoa.

É importante referir que foi realizado o registro do contrato originário no RTD, já que providência essencial à sua validade e eficácia, para a constituição da garantia de alienação fiduciária (LRP, art. 129, inciso 5º).

Além disso, a legislação específica estabeleceu, para os contratos de alienação fiduciária, uma necessidade de publicidade da mora, por meio da notificação, daí a importância de referir a base legal para a realização da notificação extrajudicial (Lei n. 4.728/65 e Decreto-Lei n. 911/69).

Apesar de não exigido, pela orientação jurisprudencial (Súmula 245 do STJ: "A notificação destinada a comprovar a mora nas dívidas garantidas por alienação fiduciária dispensa a indicação do valor do débito"), é sempre recomendável que da notificação conste o valor do débito a saldar, pelo menos quanto ao principal.

É sempre importante que o lugar onde deve ser realizado o pagamento seja indicado com clareza e precisão.

As consequências do não atendimento à notificação devem ser reafirmadas, ao final, de acordo com o estabelecido no contrato firmado.

6.4.3.2 Constituição do devedor em mora na compra de imóvel a prestação

Essas notificações são processadas em relação a adquirentes de imóveis loteados regularmente e que tenham sido adquiridos a prestações, de acordo com a previsão constante do § 1º do art. 32 da Lei n. 6.766/79 (Lei dos Loteamentos ou do Parcelamento do Solo).

A notificação é originalmente prevista para realização pelo *Registro de Imóveis*, que se pode valer dos serviços do Registro de Títulos e Documentos (RTD) para a efetivação do ato, sendo essa uma praxe bastante utilizada, especialmente nos grandes centros do país, onde a especialização dos registros sobressai à generalidade mais comum nas pequenas comarcas.

Faz-se necessária a notificação do devedor-adquirente (a lei utiliza o termo "intimação", como convém ao rigor dos assuntos imobiliários), a requerimento do credor, para promover sua **constituição em mora**. Uma vez notificado, o devedor dispõe de um prazo de trinta dias para purgar a mora, fazendo o pagamento das prestações vencidas e das que se vencerem até a data do efetivo pagamento, além dos juros convencionados e das despesas da notificação extrajudicial, perante o competente Registro de Imóveis.

Purgada a mora pelo pagamento, o contrato se restaura plenamente.

Não purgada a mora, o credor, de posse da certidão de não haver sido feito o pagamento em cartório, requererá ao oficial do Registro de Imóveis o cancelamento do registro do contrato.

Apesar de ter ocorrência mais rara na prática, essa notificação também pode ser usada para constituir em mora o credor das prestações, quando se recuse a recebê-las ou quando se furte a seu recebimento (art. 33 da Lei n. 6.766/79). Assim, será notificado o credor para vir receber as importâncias depositadas pelo devedor no próprio Registro de Imóveis.

Decorridos quinze dias do recebimento da notificação (intimação), considerar-se-á efetuado o pagamento, a menos que o credor impugne o depósito e, alegando inadimplemento do devedor, requeira a intimação deste para os fins do disposto no art. 32 da Lei n. 6.766/79.

Texto sugerido para a notificação:

Localidade e data

Ao Ilmo. Sr.
FULANO DE TAL
Rua .... n. ....
CEP .... CIDADE ....

Prezado Senhor:

A *LOTEADORA CÉU ANIL Ltda.* com sede na Rua .... n. ..... na cidade de ...., inscrita no CNPJ/MF sob n. ...., por seu procurador abaixo assinado, NOTIFICA Vossa Senhoria de que no prazo de trinta dias, contados do recebimento desta, a importância de R$ ...., referente às prestações em atraso, juros e multa, bem como as despesas decorrentes desta notificação e, ainda, as prestações que se venham a vencer nesse período e seus acréscimos que deverão ser pagos, juntamente com a importância anteriormente referida, no cartório do Registro de Imóveis de ...., situado na Rua .... n. ......, no horário das ..... às .....h, importâncias essas referentes ao compromisso de compra e venda matriculado sob n. ...., no cartório do Registro de Imóveis da comarca de ...., no valor total de R$......., do qual já foi paga, em parcelas, a importância de R$........., sob pena de, não realizando o pagamento, ser considerado rescindido de pleno direito o referido compromisso, nos termos do que dispõe a Lei n. 6.766/1979.

Atenciosamente,

p.p. FILADELFO ANTUNES
Advogado – OAB 350.360.

A data e o lugar expressos na notificação indicam estar o credor atento à satisfação de seu crédito, independentemente de onde esteja o devedor, sendo, a notificação, tanto mais imediata ao descumprimento da obrigação quanto possível.

A perfeita identificação do notificado é importante, porque a notificação é antes de tudo meio de prova que deve evitar contestação em juízo. A exata grafia do nome do devedor e seu endereço correto, como dados essenciais de identidade de acordo com o contrato celebrado, são indispensáveis.

O tom da comunicação deve ser sóbrio e educado, sem utilização de ofensas e ironias. Os dados informados devem ser objetivos acerca da caracterização do contrato e da mora do devedor. A linguagem predominante deve ser técnico-jurídica, mas acessível à compreensão de qualquer pessoa.

É importante referir que o compromisso de compra e venda foi registrado junto à matrícula do imóvel no RI, nos termos do que estabelece a Lei de Loteamentos.

É sempre importante que o lugar onde deve ser realizado o pagamento seja indicado com clareza e precisão.

É sempre importante que da notificação conste o valor em atraso a ser pago, pelo menos quanto ao principal, assim como referir o preço total a ser pago pelo imóvel e o valor já pago em prestações, para os efeitos do que dispõe a Lei n. 6.766/1979:

"Art. 35. Ocorrendo o cancelamento do registro por inadimplemento do contrato e tendo havido o pagamento de mais de 1/3 (um terço) do preço ajustado, o Oficial do Registro de Imóveis mencionará este fato no ato do cancelamento e a quantia paga; somente será efetuado novo registro relativo ao mesmo lote, se for comprovada a restituição do valor pago pelo vendedor ao titular do registro cancelado, ou mediante depósito em dinheiro à sua disposição junto ao Registro de Imóveis.
§ 1º Ocorrendo o depósito a que se refere este artigo, o Oficial do Registro de Imóveis intimará o interessado para vir recebê-lo no prazo de 10 (dez) dias, sob pena de ser devolvido ao depositante.
§ 2º No caso de não ser encontrado o interessado, o Oficial do Registro de Imóveis depositará a quantia em estabelecimento de crédito, segundo a ordem prevista no inciso I do artigo 666 do Código de Processo Civil, em conta com incidência de juros e correção monetária".

As consequências do não atendimento à notificação devem ser reafirmadas, ao final, de acordo com o estabelecido no contrato firmado.

6.4.3.3 Constituição em mora do devedor de financiamento do SFH

As notificações para constituição em mora do devedor nos contratos de financiamento do Sistema Financeiro da Habitação são realizadas mediante solicitação dos agentes fiduciários do SFH quando tenham recebido, do credor hipotecário, o pedido de execução da dívida hipotecária vencida e não paga, utilizando-se da sistemática estabelecida pelo Decreto-Lei n. 70/66 e legislação complementar.

Estabeleceu, posteriormente, o art. 21 da Lei n. 8.004/94 que somente constituiriam objeto da execução, na forma prevista pelo Decreto-Lei n. 70/66, os financiamentos em que se verificasse atraso de pagamento de três ou mais prestações.

Assim, estabelece o § 1º do art. 31 do Decreto-Lei n. 70/66 (com a redação dada pela Lei n. 8.004/90) que, uma vez recebida a solicitação da execução da dívida, o agente fiduciário, nos dez dias subsequentes ao recebimento do pedido do credor, promoverá a notificação do devedor, por intermédio de "Cartório" de Títulos e Documentos, concedendo-lhe o *prazo de vinte dias* para a **purgação da mora**.

Quando o devedor se encontrar em *lugar incerto ou não sabido*, o oficial do Registro de Títulos e Documentos responsável pela notificação *certificará* o fato, cabendo, então, ao agente fiduciário promover a notificação por edital, publicado por três dias pelo menos em um dos jornais de maior circulação local ou noutro de comarca de fácil acesso, se no local não houver imprensa diária (§ 2º do art. 31 do Decreto-Lei n. 70/66, com redação dada pela Lei n. 8.004/90).

Assim, nos termos do art. 32 do Decreto-Lei n. 70/66, não acudindo o devedor à purgação do débito, o agente fiduciário estará de pleno direito autorizado a publicar editais e a efetuar, no decurso dos quinze dias imediatos, o primeiro público leilão do imóvel hipotecado e, não alienado o bem nesse primeiro, será realizado o segundo público leilão nos quinze dias que se seguirem ao primeiro.

Uma vez efetivada a alienação do imóvel, de acordo com o art. 32, será emitida a respectiva carta de arrematação, assinada pelo leiloeiro, pelo credor, pelo agente fiduciário, e por cinco pessoas físicas idôneas, absolutamente capazes, como testemunhas, documento que servirá como título para a transcrição no registro geral de imóveis (art. 37 do Decreto-Lei n. 70/66).

Poderá, entretanto, o devedor, até a assinatura do auto de arrematação, purgar o débito, pagando todas as obrigações contratuais vencidas e demais encargos legais posteriores (art. 34 do Decreto-Lei n. 70/66).

Texto sugerido para a notificação:

Localidade e data
 	
Ao Ilmo. Sr.
FULANO DE TAL
Rua .... n. ....
CEP .... CIDADE ....
 	
Prezado Senhor:
 	
Vimos, na qualidade de Agente Fiduciário do Sistema Financeiro da Habitação (SFH), cientificá-lo de que, na forma do Decreto-Lei n. 70/1966 e legislação complementar, estamos autorizados a promover a execução extrajudicial relativamente ao imóvel adiante identificado, por achar-se vencida a dívida referente ao contrato de empréstimo hipotecário celebrado por Vossa Senhoria na qualidade de mutuário na aquisição do mencionado imóvel.
INFORMAÇÕES DA HIPOTECA:
Endereço do imóvel: ....
Data do contrato de mútuo hipotecário: ....
Data e n. do registro da hipoteca no Ofício do Registro de Imóveis de ....
Data da averbação das cédulas hipotecárias à margem da inscrição referida.
 	
Para evitar a execução da dívida, poderá Vossa Senhoria purgar a mora pagando as prestações em atraso e acréscimos atualizados.
O valor do débito a saldar será apurado na data de seu comparecimento para a purgação da mora, nele computando-se:
    a) O total das prestações em atraso, com juros e atualização monetária;
    b) Os prêmios de seguro;
    c) Multa contratual;
    d) Débitos fiscais em atraso, inclusive laudêmios, se for o caso;
    e) As despesas com execução, inclusive a remuneração do Agente Fiduciário.
 	
O prazo para purgação da mora é de 20 (vinte) dias, contados do recebimento desta notificação, no seguinte endereço:
Rua .... n. ......Bairro .... Cidade............
No horário das .... às ....h.
 	
Esgotado o referido prazo e não pago o débito, a dívida passará a ser exigível em sua *totalidade*, acrescida de todas as despesas, ficando o imóvel hipotecado sujeito à *venda em leilão público* para cobrança do montante devido.
 	
Atenciosamente,
 	
Assinatura do Agente Fiduciário Designado
	A data e o lugar expressos na notificação indicam estar o credor atento à satisfação de seu crédito, independentemente de onde esteja o devedor, sendo, a notificação, tanto mais imediata ao descumprimento da obrigação quanto possível.
	
	A perfeita identificação do notificado é importante, porque a notificação é antes de tudo meio de prova que deve evitar contestação em juízo. A exata grafia do nome do devedor e seu endereço correto, como dados essenciais de identidade de acordo com o contrato celebrado, são indispensáveis.
	
	O tom da comunicação deve ser sóbrio e educado, sem utilização de ofensas e ironias. Os dados informados devem ser objetivos acerca da caracterização do contrato e da mora do devedor. A linguagem predominante deve ser técnico-jurídica, mas acessível à compreensão de qualquer pessoa.
	
	É importante referir os dados relativos ao contrato e à hipoteca devidamente registrados e à averbação das respectivas cédulas hipotecárias no Registro Imobiliário.
	
	A forma de apuração do valor do débito a ser pago deve ser indicada com clareza.
	
	É sempre importante que o lugar onde deve ser realizado o pagamento seja indicado com clareza e precisão.
	
	As consequências do não atendimento à notificação devem ser reafirmadas, ao final, de acordo com o estabelecido no contrato firmado.

6.4.3.4 *Restituição dos bens em arrendamento mercantil (leasing)*

Resumidamente, o arrendamento mercantil (ou *leasing*, na sua denominação de origem) consiste em um contrato em que alguém pode "alugar comprando" um bem móvel. O contrato envolve um *arrendador* (banco ou sociedade de arrendamento mercantil), que tem a propriedade do bem, e um *arrendatário* (cliente, pessoa física ou jurídica), que tem a posse e a fruição do bem enquanto durar o contrato, ou seja, o arrendatário contrata a locação do bem por certo tempo em certo número de parcelas e tem a opção de, ao final, adquirir o bem arrendado. Havendo a opção de compra pelo arrendatário, se todas as parcelas (ou aluguéis) forem pagas, a propriedade se consolida em nome do arrendatário. Ao contrário, se as parcelas deixarem de ser pagas, o bem deve ser restituído ao arrendador, que, se não o receber de volta, pode promover ação de *reintegração de posse*.

A jurisprudência nacional construída em relação ao arrendamento mercantil terminou por consagrar que, mesmo que haja cláusula resolutiva expressa no contrato, há necessidade de *constituição do arrendatário em mora* (Súmula 369 do STJ: "No contrato de arrendamento mercantil (*leasing*), ainda que haja cláusula resolutiva expressa, é necessária a notificação prévia do arrendatário para constituí-lo em mora").

Essa *notificação* prévia, visando à constituição em mora do devedor, é feita aplicando-se analogicamente o procedimento previsto para a alienação fiduciária (§ 2º do art. 2º do Decreto-Lei n. 911/69), conforme ilustram algumas ementas:

"PROCESSO CIVIL – AGRAVO DE INSTRUMENTO – AÇÃO DE REINTEGRAÇÃO DE POSSE – ARRENDAMENTO MERCANTIL – Inicial possessória instruída com notificação extrajudicial expedida por escritório de advocacia. Ausência de notificação válida. Mora não comprovada. Provimento. I – Afigura-se indevida liminar de reintegração de posse, se instruída a inicial possessória com notificação extrajudicial expedida por escritório de advocacia e não por carta registrada remetida por intermédio de cartório de títulos e documentos ou pelo protesto do título, como determina o art. 2º, § 2º, do Decreto-Lei n. 911/69; II – 'No contrato de arrendamento mercantil (*LEASING*), ainda que haja cláusula resolutiva expressa, é necessária a notificação prévia do arrendatário para constituí-lo em mora' (STJ, Súmula 369); III – Agravo de instrumento provido" (TJMA – AI 016893/2011 – (107035/2011) – Rel. Des. Cleones Carvalho Cunha – *DJe* 11-10-2011 – p. 28).

"AGRAVO DE INSTRUMENTO – REINTEGRAÇÃO DE POSSE – ARRENDAMENTO MERCANTIL (*LEASING*) – CONSTITUIÇÃO DO DEVEDOR EM MORA – AUSÊNCIA DE REQUISITO ESSENCIAL – EXTINÇÃO DO FEITO SEM JULGAMENTO DO MÉRITO – O art. 2º, § 2º do Dec.-Lei n. 911/69 regula, por aplicação analógica, os contratos de *leasing*. Assim, é necessária a comprovação da mora por carta registrada expedida por intermédio de Cartório de Títulos e Documentos ou pelo protesto do título. A notificação extrajudicial, enviada por escritório de advocacia ao endereço da agravada, não é meio hábil para sua constituição em mora" (TJMT – AI 34607/2011 – Rel. Des. Marcos Machado – *DJe* 10-10-2011 – p. 41).

"AGRAVO REGIMENTAL – ARRENDAMENTO MERCANTIL – AÇÃO DE REINTEGRAÇÃO DE POSSE – DESCUMPRIMENTO DAS DETERMINAÇÕES POSTAS NO ART. 2º, § 2º, DO DECRETO-LEI 911/1969 – RECURSO VISANDO EMENDA DA INICIAL – IMPOSSIBILIDADE – PROVA DA MORA QUE DEVE ANTECEDER O AJUIZAMENTO DO FEITO – RECURSO IMPROVIDO – DECISÃO UNÂNIME – 1 – Agravo regimental recebido como recurso de agravo, a teor do disposto na Súmula 42 do TJPE. 2 – A ação de reintegração de posse decorrente do inadimplemento de contrato de arrendamento mercantil está condicionada tão só à mora do devedor, comprovada por carta registrada expedida por intermédio de cartório de títulos e documentos ou pelo protesto do título. 3 – A notificação extrajudicial não se perfectibilizou diante de seu envio por escritório de advocacia. Não comprovado requisito necessário previsto no artigo 2º, § 2º, do Decreto-Lei 911/69, inválida, portanto, a comprovação da mora do devedor. 4 – A regular constituição em mora deve preceder o próprio ajuizamento da demanda e sua falta configura nulidade insanável, não sendo o caso sequer de determinar emenda da inicial, motivo pelo qual a insurgência não merece ser acolhida. 5 – Recurso improvido. Da presente decisão não resulta violação ou negativa de vigência aos arts. 267, IV, 284 e 557 do CPC; 5º da Lei de Introdução às Normas do Direito Brasileiro; 2º, § 2º, e 3º do Decreto-Lei n. 911/69 ou à Súmula 245 do STJ" (TJPE – AgR 0247616-2/01 – 3ª C.Cív. – Rel. Des. Francisco Eduardo Gonçalves Sertorio Canto – *DJe* 7-10-2011 – p. 425).

"PROCESSO CIVIL – AÇÃO DE REINTEGRAÇÃO DE POSSE – CONTRATO DE ARRENDAMENTO MERCANTIL – CONSTITUIÇÃO EM MORA – NOTIFICAÇÃO EXTRAJUDICIAL EXPEDIDA PELO PRÓPRIO CREDOR ATRAVÉS DO ESCRITÓRIO DE ADVOCACIA – SÚMULA 369 DO STJ – APLICAÇÃO DAS REGRAS DO DEC.-LEI 911/69 – EMENDA À INICIAL OPORTUNIZADA – ART. 284 DO CPC – RECURSO DESPROVIDO – 1 – Não havendo previsão legal específica acerca da ação de reintegração de posse decorrente de inadimplemento de contrato de arrendamento mercantil, aplicam-se analogicamente, no que couber, as regras relativas à ação de busca e apreensão de bem alienado fiduciariamente, ante a semelhança na utilização do contrato de financiamento com garantia fiduciária e do *leasing* financeiro" no sistema jurídico brasileiro como instrumentos para aquisição de bens duráveis. 2 – Em aplicação analógica do art. 2°, § 2° do Dec.-Lei n. 911/69, a regular constituição em mora do devedor, nas ações de reintegração de posse decorrentes de inadimplemento de contrato de arrendamento mercantil, somente ocorre em duas hipóteses, a saber: (i) por meio de notificação extrajudicial enviada ao endereço do devedor, por intermédio do Cartório de Títulos e Documentos; ou (ii) via protesto do título. 3 – Tendo a notificação sido efetivada por intermédio do escritório de advocacia que representa o banco arrendante, correta a sentença de extinção por ausência de pressuposto de desenvolvimento válido e regular do processo" (TJPR – AC 0816096-9 – 17ª C.Cív. – Rel. Des. Lauri Caetano da Silva – *DJe* 13-10-2011 – p. 333).

Texto sugerido para a notificação:

Localidade e data Ao Ilmo. Sr. FULANO DE TAL Rua .... n. .... CEP............. CIDADE .... Referência: Contrato de Arrendamento Mercantil n. .... Número de parcelas não pagas: .... Prezado Senhor: Valemo-nos da presente para NOTIFICÁ-LO no sentido de que REALIZE A DEVOLUÇÃO DOS SEGUINTES BENS: ....; .... Conforme CONTRATO DE ARRENDAMENTO MERCANTIL já referido, foram arrendados a Vossa Senhoria os bens acima descritos, sendo que, até esta data, não foram pagos os aluguéis acima indicados. De acordo com o disposto na cláusula .... do contrato, o não cumprimento das obrigações assumidas pelo arrendatário acarreta a imediata rescisão do contrato, devendo ser devolvidos à arrendadora os bens arrendados, em perfeito estado de funcionamento, respondendo o arrendatário, ainda, pela indenização e multa previstas. Dessa forma, fica Vossa Senhoria NOTIFICADO de que os bens arrendados devem ser imediatamente devolvidos à arrendadora, sob pena de sofrerem a competente ação de reintegração de posse, como medida liminar, em razão do esbulho praticado, sem prejuízo das demais cominações legais e contratualmente previstas. Local para entrega dos já referidos bens: Rua .... n. .... Bairro .... Cidade ...., no horário das .... às .... h. Atenciosamente, FINANSUL Arrendamento Mercantil S.A.	A data e o lugar expressos na notificação indicam estar o credor atento à satisfação de seu crédito, independentemente de onde esteja o devedor, sendo, a notificação, tanto mais imediata ao descumprimento da obrigação quanto possível. A perfeita identificação do notificado é importante, porque a notificação é antes de tudo meio de prova que deve evitar contestação em juízo. A exata grafia do nome do devedor e seu endereço correto, como dados essenciais de identidade de acordo com o contrato celebrado, são indispensáveis. O tom da comunicação deve ser sóbrio e educado, sem utilização de ofensas e ironias. Os dados informados devem ser objetivos acerca da caracterização do contrato e da mora do devedor. A linguagem predominante deve ser técnico-jurídica, mas acessível à compreensão de qualquer pessoa. A descrição dos bens arrendados deve corresponder exatamente ao previsto nos termos do contrato firmado. As consequências do não atendimento à notificação devem ser reafirmadas, ao final, de acordo com o estabelecido no contrato firmado. É sempre importante que o lugar onde devem ser entregues os bens arrendados seja indicado com clareza e precisão.

6.4.3.5 Revogação de procurações

Estabelece o art. 653 do Código Civil que o mandato se opera quando alguém recebe de outrem poderes para, em seu nome, praticar atos ou administrar interesses, sendo que a *procuração* é o instrumento do mandato.

O mandato pode ser outorgado, na forma da lei, por instrumento público ou particular. O *mandante* é aquele que outorga poderes a outrem. O *mandatário* é aquele que recebe poderes para exercê-los em nome de outrem.

Estabelece, ainda, o Código Civil que o *mandatário* é obrigado a aplicar toda sua diligência habitual na execução do mandato e a indenizar qualquer prejuízo causado por culpa sua ou daquele a quem substabelecer, sem autorização, poderes que devia exercer pessoalmente (art. 667).

A *revogação* do mandato é uma das formas de sua *extinção*, ou seja, é uma das formas de lhe pôr fim, de fazer cessar o mandato outorgado e, geralmente, ocorre em razão de o mandatário exceder os poderes do mandato ou de proceder contra os interesses do mandatário ou conduzi-los temerariamente, ou, ainda, em razão de o mandatário não dar contas de sua gerência ao mandante.

Reza, ainda, o art. 686 que a revogação do mandato, notificada somente ao mandatário, não se pode opor aos terceiros que, ignorando-a, de boa-fé com ele trataram; mas ficam salvas ao constituinte as ações que no caso lhe possam caber contra o procurador.

Tendo essas disposições bem presentes, entende-se o porquê de notificar-se o mandatário não somente por carta, telegrama, *e-mail* ou outro meio que restrinja o conhecimento da revogação somente a este, devendo-se lançar mão de todos os meios que confiram maior *publicidade* à revogação operada. Daí por que optar-se, num primeiro momento, em promover a notificação do mandatário por meio do Registro de Títulos e Documentos, pois, inicialmente, haverá o efeito *publicitário* conferido ao *ato de revogação* por meio de seu *registro integral,* complementando-se, posteriormente, pela *notificação pessoal*, tanto do outorgado quanto daquelas outras pessoas a que essa revogação possa interessar mais diretamente, ainda que os efeitos da revogação se operem, em relação aos notificados, a partir do momento em que concluída a notificação, só que de maneira incontestável a partir de então.

Além disso, não é incomum complementar-se a divulgação pelos jornais de grande circulação na localidade em que o mandato se destinava a pro-duzir seus principais efeitos.

Outra providência importante nesse sentido, e uma vez que o mandato tenha sido outorgado por *instrumento público,* é a sua revogação no mesmo Tabelionato em que lavrado o instrumento da outorga, oportunizando a *anotação* respectiva no livro onde assentado o ato original, já que, em caso de dúvida, será esse o primeiro lugar no qual se procurará *confirmar* acerca da integridade da outorga. Essa é a grande vantagem do *instrumento público* na outorga de mandatos.

Redação sugerida para a notificação:

Localidade e data Ao Ilmo. Sr. FULANO DE TAL Rua .... n. .... CEP............ CIDADE .... Prezado Senhor: Serve a presente para notificá-lo da expressa e completa revogação, para todos os fins de direito, do instrumento de mandato por mim outorgado a Vossa Senhoria, em ../../...., com a finalidade de .... Isso posto, ficam, a partir desta data, absolutamente sem efeito quaisquer atos que Vossa Senhoria venha a praticar em razão da mencionada procuração, cabendo-lhe integral responsabilidade por danos ou prejuízos havidos em decorrência do indevido uso do já referido instrumento de mandato. (Quando se tratar de mandato conferido por *instrumento público*, fazer menção ao instrumento público de *revogação* que deve ser juntado por cópia à notificação.) Atenciosamente, BELTRANO DE TAL	A data e o lugar expressos na notificação indicam estar o outorgante atento à devida execução do mandato conferido, independentemente de onde esteja o outorgado, devendo ser, a notificação, tanto mais imediata à resolução de revogá-lo quanto possível. A perfeita identificação do notificado é importante, porque a notificação é antes de tudo meio de prova que deve evitar contestação em juízo. A exata grafia do nome do procurador e seu endereço correto, como dados essenciais de identidade, são indispensáveis. O tom da comunicação deve ser sóbrio e educado, sem utilização de ofensas e ironias. Os dados informados devem ser objetivos acerca da caracterização da revogação do mandato outorgado. A linguagem predominante deve ser técnico-jurídica, mas acessível à compreensão de qualquer pessoa. As consequências do não atendimento à notificação devem ser claramente afirmadas. Quando se tratar de revogação com poderes *ad judicia*, deve-se solicitar que no prazo das 72 horas que se seguirem ao recebimento da notificação o ex-procurador providencie a renúncia do mandato que lhe fora conferido perante o órgão judicial de 1º ou 2º grau de jurisdição em que se encontrava atuando, em defesa dos interesses do outorgante, relativamente aos autos do processo n. ....

6.4.3.6 Cientificação de prazo para exercício de preferência pelo inquilino

Estabelece o art. 27 da Lei de Locações (Lei n. 8.245/91) que no caso de venda, promessa de venda, cessão ou promessa de cessão de direitos ou dação em pagamento, o *locatário* tem **preferência** para *adquirir o imóvel locado*, em igualdade de condições com terceiros, devendo o locador dar-lhe conhecimento do negócio mediante notificação judicial, extrajudicial ou outro meio de ciência inequívoca.

Dispõe, portanto, o locador, de três formas opcionais de dar conhecimento do negócio ao locador: por notificação judicial, por notificação extrajudicial e por outro meio de ciência inequívoca. A notificação judicial é a mais dispendiosa e morosa. Além disso, dificilmente outro meio de dar "*ciência inequívoca*" vai-se comparar ao extrajudicial, realizado pelo Registro de Títulos e Documentos, porque é rápido, econômico, de longo alcance (atinge todo o território nacional), garantindo a *ciência* ao notificado (certificada com fé pública) do *exato conteúdo* do que na notificação deve conter:

a) todas as condições do negócio;
b) o preço;
c) a forma de pagamento;
d) a existência de ônus reais;
e) o local e horário em que a documentação pode ser examinada.

O direito de preferência do locatário caducará se não manifestada, de maneira inequívoca, sua aceitação integral à proposta no prazo de trinta dias da data em que tiver ciência da notificação.

O direito de preferência não alcança os casos de:

a) perda da propriedade;
b) venda por decisão judicial;
c) permuta;
d) doação;
e) integralização de capital;
f) cisão;
g) fusão;
h) incorporação;
i) constituição da propriedade fiduciária;
j) perda de propriedade ou venda por quaisquer formas de garantia, inclusive leilão extrajudicial.

O locatário preterido no seu direito de preferência poderá reclamar, do alienante, perdas e danos ou, depositando o preço e demais despesas do ato de transferência, haver para si o imóvel locado, se o requerer no prazo de seis meses, a contar do registro do ato no Cartório de Imóveis, desde que o contrato de locação esteja averbado pelo menos trinta dias antes da alienação junto à matrícula do imóvel (art. 33).

Texto sugerido para a notificação:

Localidade e data Ao Ilustríssimo Senhor FULANO DE TAL Rua .... n. .... CEP .... CIDADE .... Prezado Senhor: Na qualidade de proprietário do imóvel situado nesta cidade na Rua .... n. .... Bairro ...., atualmente locado a Vossa Senhoria, venho notificá-lo de que o referido imóvel está sendo ofertado à venda, nas seguintes condições: Preço total: R$ .... Entrada: R$ .... O saldo do preço deverá ser pago em 20 parcelas mensais, acrescidas de juros e atualização monetária. Cabe esclarecer que não há ônus reais incidindo sobre o imóvel e que a documentação respectiva poderá ser examinada no período de ..../..../..... a ..../..../...... no horário das .... às .....h em minha residência, nesta cidade, sita na Rua .... n. .... Nos termos da lei em vigor, Vossa Senhoria dispõe do prazo de trinta dias contados da data em que tomar ciência desta notificação para manifestar sua inequívoca e integral aceitação da presente proposta. Não havendo resposta ou sendo ela negativa ou incondizente com a oferta ora apresentada, o imóvel será oferecido, nas mesmas condições, a qualquer pessoa, devendo Vossa Senhoria, por consequência, facilitar a visita de quaisquer interessados, para exame do imóvel. Atenciosamente, BELTRANO DE TAL	A data e o lugar expressos na notificação indicam estar o outorgante atento à observância do direito de preferência do inquilino para a realização do negócio. A perfeita identificação do notificado é importante, porque a notificação é antes de tudo meio de prova que deve evitar contestação em juízo. A exata grafia do nome do procurador e seu endereço correto, como dados essenciais de identidade, são indispensáveis. O tom da comunicação deve ser sóbrio e educado. Os dados informados devem ser objetivos acerca da caracterização do negócio, obedecendo às prescrições do parágrafo único do art. 27 da Lei n. 8.245/91. A linguagem predominante deve ser técnico-jurídica, mas acessível à compreensão de qualquer pessoa. As consequências do não atendimento à notificação para o exercício do direito de preferência devem ser claramente afirmadas.

6.4.3.7 Envio de fatura de prestação de serviços

A Lei n. 5.474/68 autoriza a que as empresas, individuais ou coletivas, fundações ou sociedades civis, que se dediquem à prestação de serviços, podem, na forma dessa Lei, emitir fatura e duplicata dos serviços que prestarem (art. 20).

A fatura deverá discriminar a natureza dos serviços prestados.

A soma a pagar em dinheiro corresponderá ao preço dos serviços prestados.

Aplicam-se à fatura e à duplicata ou triplicata de prestação de serviços, com as adaptações cabíveis, as disposições referentes à fatura e à duplicata ou triplicata de venda mercantil, constituindo documento hábil, para transcrição do instrumento de protesto, qualquer documento que comprove a efetiva prestação dos serviços e o vínculo contratual que a autorizou (§ 3º do art. 20 da Lei n. 5.474/68, acrescentado pelo Decreto-Lei n. 436/69).

O sacado somente poderá deixar de aceitar a duplicata de prestação de serviços por motivo de (art. 21):

I – não correspondência com os serviços efetivamente contratados;

II – vícios ou defeitos na qualidade dos serviços prestados, devidamente comprovados;

III – divergências nos prazos ou nos preços ajustados.

Estabeleceu, ainda, a referida lei, em seu art. 22, a equiparação dos *profissionais liberais* e dos profissionais que prestam serviço de natureza eventual às entidades constantes de seu art. 20.

Para tanto, o credor enviará ao devedor fatura ou conta que mencione a natureza e valor dos serviços prestados, data e local do pagamento e o vínculo contratual que deu origem aos serviços executados, registrando a fatura ou conta no Cartório de Títulos e Documentos.

O não pagamento da fatura ou conta no prazo nela fixado autorizará o credor a levá-la a protesto, valendo, na ausência do original, certidão do cartório competente.

O instrumento do protesto, elaborado com as cautelas do art. 14, discriminando a fatura ou conta original ou a certidão do Cartório de Títulos e Documentos, autorizará o ajuizamento do competente processo de execução na forma prescrita na referida Lei (§ 4º do art. 22 da Lei n. 5.474/68, com a redação dada pela Lei n. 6.458/77).

Redação sugerida para a notificação:

Localidade e data	A data e o lugar expressos na notificação indicam estar o credor atento à realização de seu crédito.
Ao Ilustríssimo Senhor FULANO DE TAL Rua .... n. .... CEP .... CIDADE	A perfeita identificação do notificado é importante, porque a notificação é antes de tudo meio de prova que deve evitar contestação em juízo. A exata grafia do nome do procurador e seu endereço correto, como dados essenciais de identidade, são indispensáveis.
Prezado Senhor:	
Remetemos a Vossa Senhoria, nos termos do previsto nos artigos 20 e 22 da Lei n. 5.474/1968, a anexa fatura correspondente aos serviços prestados no período de ...../..../.......... a ...../..../.........., conforme contrato de prestação de serviços entre nós celebrado em ...../..../.......... e devidamente registrado no Cartório de Registro de Títulos e Documentos de ...., de conformidade com o que dispõe o art. 127 da Lei n. 6.015/1973 (Lei dos Registros Públicos). No aguardo do aceite de Vossa Senhoria, subscrevemo-nos,	O tom da comunicação deve ser sóbrio e educado.
Atenciosamente, BELTRANO DE TAL Diretor Comercial	Os dados informados devem ser objetivos acerca da caracterização dos serviços prestados no período correspondente à cobrança.
	A linguagem predominante deve ser técnico-jurídica, mas acessível à compreensão de qualquer pessoa.

6.4.3.8 Convocação de assembleias

A convocação de assembleias é majoritariamente disciplinada pelos estatutos e contratos sociais das pessoas jurídicas de direito privado, como instrumento de tomada de decisões dentro das organizações. Algumas decisões são, até mesmo, incumbidas por força de lei às assembleias gerais, como é o caso, por exemplo, da previsão do art. 59 ou do art. 1.072 do Código Civil.

Bastante comuns, também, são as assembleias de condomínios edilícios, reguladas por força de convenção de condomínio, nos termos da alínea *h* do § 3º do art. 9º e do art. 24 da Lei n. 4.591/64.

Assim, quando as deliberações envolvem assuntos que reclamam rigor na convocação dos integrantes das assembleias, comprovando que o interessado foi realmente cientificado da realização do evento, devido às exigências de *quorum* especial ou de unanimidade para as deliberações, há que se ter especial cuidado na efetivação das convocações, ganhando especial importância sua realização por meio da intervenção de um órgão *especializado* e *independente*, qual seja, o Registro de Títulos e Documentos, até mesmo para que se possa exigir maior responsabilidade dos sócios ou condôminos na condução dos destinos da organização que integram.

Cabe observar também que, relativamente ao regime legal das sociedades limitadas, dispõe o art. 1.072 que as deliberações dos sócios serão tomadas em reunião ou assembleia – obrigatória esta quando o número de sócios for superior a dez –, conforme previsto no contrato social, mediante convocação feita pelos administradores, nos casos previstos em lei ou no contrato, dispensando-se as formalidades de convocação previstas no § 3º do art. 1.152, quando **todos** os sócios declararem, por escrito, estar cientes do local, data, hora e ordem do dia.

Assim, a providência de notificar individualmente os sócios implica grande economia de controles burocráticos e de publicações em órgãos oficiais e em jornais de grande circulação.

Redação sugerida para as notificações:

Localidade e data Ao Ilustríssimo Senhor FULANO DE TAL Rua .... n. .... Nesta Cidade	A data e o lugar expressos na notificação indicam estar o encarregado da convocação atento à observância das disposições da convenção, devendo ser com antecedência suficiente à divulgação da realização da Assembleia.
	A perfeita identificação dos notificados é importante, porque a notificação é antes de tudo meio de prova que deve evitar contestação em juízo. A exata grafia do nome do convocado e seu endereço correto, como dados essenciais de identidade, são indispensáveis.
Em conformidade com o(s) artigo(s) .... da Convenção de Condomínio do Edifício Residencial ...., convoco V.Sa. para a reunião de Assembleia Geral a ser realizada no dia .... às ....h, em primeira convocação, e às .....h em segunda convocação, onde serão apreciados os assuntos constantes da seguinte ORDEM DO DIA:	O tom da comunicação deve ser sóbrio e educado.

1. Apresentação da proposta orçamentária anual;
    2. Discussão e aprovação do orçamento anual;
    3. Estabelecimento de valores e forma de pagamento para a renovação de apólice de seguro anual de incêndio e responsabilidade civil;
    4. Assuntos diversos.
	Os dados informados devem ser objetivos acerca da realização da Assembleia.
	
	A linguagem deve ser clara e acessível à compreensão de qualquer pessoa.

As pessoas que comparecerem à assembleia visando à representação de condôminos deverão apresentar instrumento de mandato por instrumento público ou, se particular, com assinatura reconhecida em Tabelionato por autenticidade, na forma exigida pela convenção. O não comparecimento à assembleia implica a concordância com as decisões tomadas pelos condôminos presentes, sem possibilidade de posterior reclamação.	
Cordialmente, BELTRANO DE TAL Síndico	As consequências do não atendimento à notificação devem ser esclarecidas.

Localidade e data	A data e o lugar expressos na notificação indicam estar o encarregado da convocação atento à observância das disposições da convenção, devendo ser com antecedência suficiente à divulgação da realização da Assembleia.
Ao Ilustríssimo Senhor FULANO DE TAL Rua .... n. .... Nesta Cidade	
	A perfeita identificação dos notificados é importante, porque a notificação é antes de tudo meio de prova que deve evitar contestação em juízo. A exata grafia do nome do convocado e seu endereço correto, como dados essenciais de identidade, são indispensáveis.
Em conformidade com a(s) cláusula(s) .... do Contrato Social da .... & Cia. Ltda., comunico a Vossa Senhoria que está convocada para o dia .... às ....h, em primeira convocação e às .....h em segunda convocação, uma reunião de Assembleia Geral desta sociedade onde serão apreciados os assuntos constantes da seguinte ORDEM DO DIA:	O tom da comunicação deve ser sóbrio e educado.
1. Aprovação das contas da administração atual; 2. Designação de novos administradores; 3. Apreciação e decisão sobre as modificações propostas ao contrato social.	Os dados informados devem ser objetivos acerca do objeto de realização da Assembleia. A linguagem deve ser clara e acessível à compreensão de qualquer pessoa.
Cabe salientar que o recebimento da presente notificação comprova estar o sócio ciente do local, data, horário e ordem do dia, para os efeitos do disposto no § 2º do art. 1.072 do Código Civil, dispensando as formalidades de convocação previstas no § 3º do art. 1.152 do Código Civil, conforme previsto no contrato social. O não comparecimento à assembleia implica a concordância com as decisões tomadas pelos sócios presentes.	As consequências do não atendimento à notificação devem ser esclarecidas.
Cordialmente, BELTRANO DE TAL Sócio-Administrador	

6.4.3.9 Exercício de preferência na aquisição de quotas sociais

Nas sociedades limitadas, dispõe o art. 1.057 do Código Civil que, no silêncio do contrato, o sócio poderá ceder sua quota, total ou parcialmente, a quem seja sócio, independentemente da audiência dos outros sócios. Logo, o contrato pode dispor de outra forma, obrigando a oferta a todos os demais sócios para aquisição total ou proporcional da quota.

Quando o cessionário for estranho à sociedade, a operação só será possível se não houver a oposição de mais de um quarto do capital social. Logo, nessa hipótese, haverá necessidade de oportunizar a preferência aos sócios.

Também no caso de aumento de capital social, há preferência dos sócios para participar da aquisição nesse aumento de capital, na proporção de suas quotas (§ 1º do art. 1.081), podendo haver, em tal caso, cessão do direito de preferência (§ 2º do art. 1.081), aplicando-se-lhe o disposto no *caput* do art. 1.057. O prazo é de trinta dias após a deliberação que aprovou o aumento de capital para o exercício da preferência.

Assim, visando a evitar problemas na operacionalização dessas alterações na estrutura de capital, sempre será preferível e mais conveniente *notificar* pessoalmente os sócios para o exercício de seu direito de preferência, seja no caso de cessão de quotas, seja no caso de cessão do direito de preferência ao aumento de capital, de modo que não haja alegação de que os sócios não foram avisados do *prazo* para o exercício de seu direito.

Induvidosamente, a forma mais segura de realizar tal notificação será utilizar-se dos serviços do Registro de Títulos e Documentos, que garantem, com imparcialidade e fé pública, a cientificação pessoal acerca do fato visando à prática do correspondente ato jurídico.

Redação sugerida para a notificação:

Localidade e data.	A data e o lugar expressos na notificação indicam estar a administração da pessoa jurídica atenta à observância das disposições do contrato social, devendo ser com antecedência suficiente ao exercício da preferência pelos demais sócios.
Ao Ilustríssimo Senhor FULANO DE TAL Rua .... n. .... Nesta Cidade	
Prezado Senhor:	A perfeita identificação dos notificados é importante, porque a notificação é antes de tudo meio de prova que deve evitar contestação em juízo. A exata grafia do nome do destinatário e seu endereço correto, como dados essenciais de identidade, são indispensáveis.
De acordo com a(s) cláusula(s) .... do Contrato Social da .... & Cia. Ltda., comunico a Vossa Senhoria que o sócio .... está oferecendo aos demais sócios a cessão das quotas de sua propriedade.	O tom da comunicação deve ser sóbrio e educado.
As referidas quotas estão sendo negociadas pelo valor de R$ .... cada uma, tendo Vossa Senhoria o prazo de trinta (30) dias para exercer o direito de preferência, findo o qual, sem que haja manifestação de sua parte, estará ele livre para negociar as referidas quotas de acordo com seu melhor interesse.	Os dados informados devem ser objetivos acerca do motivo da notificação.
	A linguagem deve ser clara e acessível à compreensão de qualquer pessoa.
Cordialmente,	As consequências do não atendimento à notificação devem ser esclarecidas.
BELTRANO DE TAL Sócio Administrador	

6.5 DOS CANCELAMENTOS NO RTD

O cancelamento, aqui, como ensina Walter Ceneviva, não significa a *anulação* pura e simples do assento, como se jamais tivesse existido. *Cancelar*, aqui, tem o sentido de consignar a ocorrência da *perda de eficácia* do assento a que se refere, o que é realizado, portanto, por meio de *averbação*, lançada na coluna própria do livro respectivo.[7]

---
7. CENEVIVA, Walter. *Lei dos Registros Públicos comentada*, p. 357.

O cancelamento geralmente verifica-se por meio da apresentação de documento particular, contendo a quitação ou exoneração do credor em relação ao título registrado. Poderá ser cancelado, também, por efeito de sentença judicial (art. 164 da LRP).

Apresentados quaisquer dos documentos referidos no art. 164 da LRP, o oficial certificará, na coluna das averbações do livro de registro respectivo, o cancelamento e a razão dele, mencionando-se o documento que o autorizou, datando e assinando a certidão, de tudo fazendo referência nas anotações do protocolo. Quando não for suficiente o espaço da coluna das averbações, será feito novo registro, com referência recíproca, na coluna própria (art. 165 e parágrafo único da LRP).

Quando o documento que contém a quitação ou exoneração for estrangeiro, deverá ser traduzido e legalizado no país, previamente à realização da averbação de cancelamento, submetendo-se à regra geral do art. 129, inciso 6º, da LRP.

As averbações serão realizadas, também, mediante apresentação de requerimentos de cancelamento, os quais serão arquivados com os documentos que os instruírem (art. 166 da LRP).

6.6 DAS CERTIDÕES

Os oficiais de registro estão obrigados a fornecer às partes as informações solicitadas, o que se realiza, ordinariamente, por meio de **certidões**, por eles lavradas, acerca do que lhes for requerido.

Nos termos do art. 17 da LRP, qualquer pessoa pode requerer certidão do registro sem informar ao oficial ou ao funcionário o motivo ou interesse do pedido.

O acesso ou envio de informações aos registros públicos, quando forem realizados por meio da rede mundial de computadores (internet), deverão ser assinados com uso de certificado digital, que atenderá os requisitos da Infraestrutura de Chaves Públicas Brasileira – ICP (parágrafo único do art. 17 da Lei n. 6.015/73, acrescentado pela Lei n. 11.977/2009).

As certidões serão lavradas em inteiro teor, em resumo, ou em relatório, conforme quesitos, e devidamente autenticadas pelo oficial ou seus substitutos legais, não podendo ser retardadas por mais de **cinco dias**, sendo que a certidão, de inteiro teor, poderá ser extraída por meio datilográfico ou reprográfico. Deverão, ainda, ser fornecidas em papel e mediante escrita que permitam a sua reprodução por fotocópia, ou outro processo equivalente (art. 19 e §§ 1º e 5º da LRP).

Sempre que houver qualquer alteração posterior ao ato cuja certidão é pedida, deve o oficial mencioná-la, obrigatoriamente, não obstante as especificações do pedido, sob pena de responsabilidade civil e penal (art. 21 da LRP).

No caso de recusa ou retardamento na expedição de certidão, o interessado poderá reclamar à autoridade competente, que aplicará, se for o caso, a pena disciplinar cabível. Para a verificação do retardamento, o oficial, logo que receber alguma petição, fornecerá, à parte, uma nota de entrega devidamente autenticada (art. 20 e parágrafo único da LRP).

As certidões do registro integral de títulos, expedidas pelo RTD, terão o mesmo valor probante dos originais, ressalvado o incidente de falsidade destes, oportunamente levantado em juízo (art. 161 da LRP).

Constarão das certidões as declarações sobre as circunstâncias de o apresentante do título para registro integral tê-lo deixado arquivado em cartório ou a sua fotocópia, autenticada pelo oficial (§ 1º do art. 161 da LRP).

Quando houver acúmulo de trabalho nos Ofícios de Registro, um dos suboficiais poderá ser autorizado pelo juiz, a pedido do oficial e sob sua responsabilidade, a lavrar e subscrever certidão (§ 2º do art. 161 da LRP).

Referências

ÁLVARES, Amilton. *A função primária e essencial do RTD é garantir publicidade e informação*. São José dos Campos, 2009. Disponível em: <http://www.titulosedocumentos.com.br>. Acesso em: 2 jun. 2011.

ALVARES, Luís Ramon. Legalização e registro de documentos estrangeiros. *Jus Navigandi*, Teresina, ano 19, n. 3.962, 7 maio 2014.

ARRUDA ALVIM NETO, José M. de, et. al. (org.) *Lei de registros públicos comentada*. Rio de Janeiro: Forense, 2014.

BATALHA, Wilson de Souza Campos. *Comentários à Lei dos Registros Públicos*. 2. ed. Rio de Janeiro: Forense, 1979. v. I e II.

BURTET, Tiago Machado. Cédulas de crédito; aspectos registrais. *Boletim Eletrônico do IRIB* n. 3.055, ano VII, São Paulo, 28 de julho de 2007.

CARVALHO, Afrânio de. *Registro de imóveis*. 4. ed. Rio de Janeiro: Forense, 1997.

CARVALHO, Carlos Eduardo Neves de. Contratos de *know-how* (fornecimento de tecnologia), *Revista da ABPI*, n. 128, jan/fev. 2014.

CENEVIVA, Walter. *Lei dos Registros Públicos comentada*. 19. ed. São Paulo: Saraiva, 2009.

DINIZ, Maria Helena. *Tratado teórico e prático dos contratos*. 2. ed. São Paulo: Saraiva, 2011, v. 4.

DIP, Ricardo; JACOMINO, Sérgio. *Doutrinas essenciais:* direito registral. 1ª ed. São Paulo: RT, 2011. v. I.

FLORES, Cesar. *Segredo industrial e o know-how: aspectos jurídicos internacionais*. Rio de Janeiro: Lumen Juris, 2008.

FRAN MARTINS. *Títulos de crédito*. 5. ed. Rio de Janeiro: Forense, 1993, v. 2.

GOMES, Orlando. *Contratos*. 12. ed. Forense: Rio de Janeiro, 1992.

INSTITUTO DE REGISTRO DE TÍTULOS E DOCUMENTOS E DE PESSOAS JURÍDICAS DO BRASIL. *Manual prático do registrador de TD & PJ*. São Paulo: IRTDPJ-BRASIL, 1999.

IOB INFORMAÇÕES OBJETIVAS PUBLICAÇÕES JURÍDICAS. *Juris Síntese IOB*, n. 139, set./out. 2019, São Paulo: Síntese, periódico jurídico em DVD.

JACOMINO, Sérgio. *Cadastro, registro e algumas confusões históricas*. São Paulo: IRIB, 2006, p. 21. Disponível em: <http://www.educartorio.com.br/documentos.htm>. Acesso em: 22 maio 2011.

JACOMINO, Sérgio (org.). *Propriedade e direitos reais limitados*. 1ª ed. São Paulo: RT, 2011, v. 5 (Coleção Doutrinas Essenciais de Direito Registral).

LAMANA PAIVA, João Pedro. *Procedimento de dúvida no registro de imóveis*. 2. ed. São Paulo: Saraiva, 2010.

LOUREIRO, Luiz Guilherme. *Registros Públicos; teoria e prática*. 9. ed. Salvador: Juspodivm, 2018.

MEIRELLES, Hely Lopes. *Direito administrativo brasileiro*. 14. ed. São Paulo: RT, 1989.

MELLO, Celso Antônio Bandeira de. *Curso de direito administrativo*. 10 ed. São Paulo: Malheiros, 1998.

MIRANDA, Henrique Savonitti. *Curso de direito administrativo*. 3. ed. Brasília: Senado Federal, 2005.

NÁUFEL, José. *Novo dicionário jurídico brasileiro*. 8. ed. São Paulo: Ícone, 1989.

OLIVEIRA, Marcelo Salaroli de. Cédulas de Crédito e o Registro Imobiliário. In: DIP, Ricardo; JACOMINO, Sérgio (orgs.). *Propriedade e direitos reais limitados*. São Paulo: RT, 2011, v. 5 (Coleção Doutrinas Essenciais de Direito Registral).

PALMEIRA SOBRINHO, Zéo. O contrato de estágio e as inovações da lei n. 11.788/2008. *Revista LTr – Legislação do Trabalho*, Editora LTr: São Paulo, 2008, v. 10.

PEREIRA, Rodrigo da Cunha (Coord.). *Código civil anotado*. 1ª ed. Porto Alegre: Síntese, 2004.

SERPA LOPES, Miguel Maria de. *Tratado dos registros públicos*. 3. ed. Rio de Janeiro: Freitas Bastos, 1955, v. I.

TEODORO JÚNIOR, Humberto. Contrato de agência e distribuição no novo Código Civil. *Juris Síntese DVD*, jul./ago. 2017, IOB Publicações Jurídicas: São Paulo.

Anotações